岩波現代文庫
学術 98

山我哲雄

聖書時代史
旧約篇

Dem „schrecklichen“ Gastgeber in München

Christoph Levin

mit Dankbarkeit, Freundschaft und Respekt

まえがき

旧約聖書とは何か

わが国で「聖書(The Bible)」と言えば、通常はキリスト教の聖典を指し、これは「旧約聖書(The Old Testament)」と「新約聖書(The New Testament)」の二つの部分からなる。このうち「新約聖書」はキリスト教固有の聖典であるが、「旧約聖書」は、キリスト教成立以前に古代イスラエル・ユダヤ民族が生み出した宗教文学の集成であり、現在にいたるまでユダヤ教の聖典をなしている。キリスト教がこのユダヤ教の聖典を受け継いで自分たちの「聖書」に取り入れたのは、キリスト教がユダヤ教を母体として成立した宗教であって、後者から多くの思想を継承しているからであり、とりわけ「旧約聖書」の中に、イエス・キリストについての数々の預言を見出したからである。

さらに、イスラム教は、旧約聖書の預言者たちをムハンマドの先駆者とみなし、旧約聖書の一部(モーセ五書〔タウラー〕と詩編〔ザブール〕)を「コーラン」と並ぶ「啓典(キターブ)」とみなしている。それゆえ旧約聖書は、今日のユダヤ教、キリスト教、イスラム教のいわゆる三大一神教の共通の母体であり、それら共通の精神的源泉をなしていると言える。

「旧約」の語は「旧い契約」を意味し、具体的にはモーセを通じてシナイ山で神ヤハウェと結ばれた契約(出一九―二四章参照)を指す。その後、イスラエルの罪によりこの契約が破綻したとき、預言者エレミヤがシナイの契約に替わる「新しい契約」が結ばれて救いが実現すると預言した(エレ三一31―34)が、キリスト教徒はその「新しい契約」がイエス・キリストにおいて成就した、と信じた(ルカ二二20、ヘブ八7―13)。それゆえキリスト教では、イエス以前のこれらの文書群を「旧約聖書」と呼び、他方でイエス・キリストについて記した文書群を「新約聖書」(=新しい契約の聖書)と呼ぶのである。

したがって、「旧約」「新約」という呼称は、あくまでキリスト教の側の宗教的価値観と信仰に基づくものであり、ユダヤ人は当然ながら「旧約聖書」に当たる語は用いず、ユダヤ教聖典の三部分(「律法」(「トーラー」)、「預言者」(「ネビイーム」)、「諸書」(「ケトゥービーム」))のヘブライ語の頭文字を取って「タナッハ」、ないし「読まれるべきもの」の意味で「ミクラー」と呼ぶ。最近の欧米の学界では、以上のように「旧約」の語が特定の価値観を含むために、この語の使用を避け、より中立的な表現を用いる傾向が広がっている(「旧約聖書」の研究者にはユダヤ人やユダヤ教徒も多い!)。例えば、「旧約」の大部分が古代イスラエル人の言語ヘブライ語で書かれている(例外としてアラム語で書かれた部分については、本書二一〇頁参照)ことから、「ヘブライ語聖書(The Hebrew Bible)」と呼んだり、「ユダヤ教聖書(The Jewish Bible)」という呼称がしばしば用いられる。ただし、わが国ではこれらの用語はまだあまり親しまれていないし、かえって誤解を与えたり意味不明になったりするおそれがある。非キリスト教的、非ユダヤ教的文化圏である日本で、「旧約」の語を用いてもそれほど「実害」があるとは思われないので、本書では従来通り、「旧約」の語を用いることにした。

なお、「旧約聖書」と言えば、通常はヘブライ語ないしアラム語で書かれた三十九の文書を指すが、ローマ・カトリック教会や聖公会では伝統的に、ギリシア語版(七十人訳)やラテン語訳(ウルガータ)に収められた追加的な文書(いわゆる「外典」ないし「アポクリファ」)をも「旧約聖書」に含めてきた。現在では、それらの文書は「旧約聖書続編」と呼ばれている。

旧約聖書の中心主題

さて、その旧約聖書を一度も開いたことのない人に、「旧約聖書にはいったい何が書いてあるのか」と聞かれたとしよう。これに簡単に答えるのは容易ではない。旧約聖書を構成する諸文書は、その内容も、文書としての性格も、書かれた時代も、成立事情も、それぞれ実に多種多様だからである。それにもかかわらず、この問いに、「イスラエル・ユダヤ民族の歴史が書かれている」と答えたとしても、それほど的外れにはならないであろう。実際、旧約聖書のほぼ三分の一をなす十二の文書(ヨシュア記—エステル記)は狭い意味での「歴史書」であり、その全体で、イスラエル民族のカナンの地への定着から、王国建設とその滅亡、バビロン捕囚を越えて、ペルシア帝国に支配される時代にまで至る一続きの民族史を描き出している。

さらに、ユダヤ教で「律法(トーラー)」と呼ばれて特別に重視される「モーセ五書」(創世記—申命記)も、(天地創造等の神話的部分は別として)カナンの地におけるイスラエル民族の祖先の物語に始まり、彼らの子孫がエジプトでの奴隷生活を脱出して「乳と蜜の流れる地」カナンにたどり着くまでのイスラエルの最初期の歴史を中心主題としており、神との契約の内容をなす狭義の「律法」(出二〇章—民一〇章)は、あくまでカナンからエジプトへ、そしてそこからまたカナンへという歴史の展開の中に組み込まれているのである。

旧約聖書のもう一つの焦点をなす預言書群にその言葉の集められた預言者たちもまた、無時間的な普遍的真理を直接考察の対象としたインドやギリシアの哲学者とは異なり、破局へと向かう時代のイスラエルの歴史の流れの中で、そのような歴史の運行の意味を明らかにし、同時に、来るべき「未来の歴史」を指し示した歴史解釈者であり、大小十五冊からなる預言書(イザヤ書―マラキ書、ただしダニエル書を除く)は、それぞれの預言者の時代背景と歴史的状況について知ることなしにはほとんど理解できない。

百五十の宗教的詩歌からなる『詩編』の多くも、イスラエルの歴史の特定の時代の出来事(例えばエジプト、ダビデ時代、バビロン捕囚)を主題にしている。

時と場所を越えた人間の普遍的な諸問題を扱う点でイスラエルの歴史との関わりが最も薄いとも言える知恵文学でさえ、『箴言《しんげん》』や『コヘレトの言葉(伝道の書)』は、ソロモンという歴史上の賢王に仮託して、それぞれの人生哲学を展開している。ソロモンがどのような時代のどんな人物であるのかをまったく知らずに、これらの書の著者ないし編集者の意図を把握することは難しい。

このように、旧約聖書中のほとんどの文書は、直接的、あるいは間接的にイスラエル・ユダヤの歴史に密接に関連した内容を持っている。ここに、旧約聖書を理解するうえでイスラエル・ユダヤの歴史について学ばねばならない最大の理由がある。ここにはまた、例えば古代インドやギリシアの思想や文書を研究する場合とまったく異なる、旧約聖書研究の特殊な事情がある。すなわち旧約聖書の場合、イスラエル・ユダヤ民族の歴史は、思想や文書成立の単なる「前提」や「背景」であるだけでなく、その本質的な内容、全体を貫く中心主題をなしているからである。

「信じられた」歴史

ただし、旧約聖書がイスラエルの歴史を主たる内容としていると言っても、そこで言う「歴史」とは、現代の科学的な意味での、過去の出来事の正確な記録とその因果の客観的究明ということとはかなり趣を異にする。

第一に、旧約聖書の歴史書の多くは、部分的に古い伝承や資料を用いているものの、語られる出来事よりもかなり後になってからまとめられたものであり、起こったと信じられている出来事や経過についての後代の信念と解釈を伝えるものなのである。それゆえ、旧約聖書が語ることと、科学的に再構成される歴史経過が食い違うことも稀ではない。このような傾向は、本書第二章「歴史と伝承」でより具体的に述べられるように、一般的に記述の対象となる時代が古くなれば古くなるほど顕著になる。旧約聖書をより深く理解するためには、この二つの「歴史」の双方について知る必要があろう。

第二に、古代イスラエル人にとって歴史とは、神によって動かされるものであり、神の意志、神の行為の展開する舞台であった。例えば出エジプトという出来事は彼らにとって、神による救いの歴史、すなわち「救済史」(Heilsgeschichte)(フォン・ラート)に他ならず、王国滅亡とバビロン捕囚という破局に向かう歴史は、イスラエルの度重なる契約違反の罪とそれに対する神の審判の歴史、すなわち「災いの歴史」＝「反救済史」(Unheilsgeschichte)(ペルリット)を意味するものであった。彼らにとっては、民族が「乳と蜜の流れる地」を獲得できたり、優れた王のもとで国家が繁栄すること自体が、直接彼らの神ヤハウェの恵みと救いを意味し、異民族の支配や国家の滅亡、民族の離散等は、そのまま自分たちの罪に対するヤハウェの裁きとして解釈された。

この意味で、旧約聖書においては、歴史的現実世界を離れた天国も地獄も存在しない。イスラエル・ユダヤ民族が体験する歴史的事態が、そのまま天国になりもすれば地獄にもなるのである。東アジアの宗教が一般的に、現実世界の変化を無意味な「諸行無常」と見なし、そこから「解脱」して「彼岸」に至る救済を希求する傾向が強いのに対し、旧約聖書は、歴史の中で生起する事柄をそのまま神の意志、神の行為の表現として、限りなく真剣に受け止めるように説くのである。この意味で旧約聖書の信仰は極めて「此岸的」、「この世的」(ツィンマリ)であるとも言えよう。そして此岸的であるということは、同時に歴史的であるということをも意味する。それゆえ旧約聖書の語る「神の歴史」は、古代イスラエル人の信仰の内容をなすものでもあった。

以上のように、旧約聖書に描かれた歴史は二重の意味で「信じられた歴史」であると言えよう。

旧約聖書時代史の課題と問題点

ただし、この「信じられた」歴史の内容とその諸特質と意義について詳しく論ずることは、むしろ旧約聖書神学の課題である。「時代史」(Zeitgeschichte)としての本書の意図と課題は、そのような「信じられた歴史」の背後にあるもう一つの「歴史」、すなわち現実に生起した諸事態について、各時代ごとにできるだけ客観的に論じることにある。しかし、このような試みには、宿命的に二つの大きな障害、ないし制約がつきまとう。

聖書外史料の不足

一つは、聖書外史料の絶対的不足ということである。古代オリエント世界全体から見れば、聖書の歴史の舞台となるカナンの地、すなわちパレスチナは、エジプトとメソポタミアという二大文明圏の狭間に位置する「辺境」に過ぎず、「神の民」と自称したイスラエル・ユダヤ民族も、この二つの中心地域に興亡した大帝国の征服対象となる群小民族の一つに過ぎなかった。それゆえ、エジプトやメソポタミアの史料では、イスラエルへの言及があったとしても、何人かの王たちの遠征碑文の中に他の民族に混じって列挙される場合がほとんどであり、極めて断片的なものに止まっている。

パレスチナとその周辺からの聖書外文書史料は、極めて遅い時代(前二―一世紀)の「死海文書」と後一世紀のユダヤ人歴史家ヨセフスの記述を除けば、さらに少ない。それゆえ歴史家は、多くの場合、主として考古学的所見と聖書の記述の整合性を批判的に検討しながら、歴史経過の再構成を試みねばならない。ただし考古学的遺物の評価については、専門家の間でも年代や解釈にははなはだしい見解の相違が生じる場合も少なくない。

旧約聖書の歴史記述の主観性

第二の障害は、皮肉なことに、先に述べた、聖書の記述が二重の意味で「信じられた歴史」だという点にある。別の言葉でいえば、聖書の歴史記述の主観性ということになろう。すなわち、科学的な歴史研究者は、しばしばずっと後の時代の著者たちが神の業として述べていることに基づき、それを「神ぬきで」客観的に再構成していかなければならないのである。

ただし、最近では、この「主観性」を「虚構性」ということと同義に解し、聖書の記述の歴史性をほとんど否定してしまう急進的な研究者(いわゆる「ミニマリスト」、最小限主義者)も少なくないが、これでは結局は歴史研究の放棄に他ならない。本書では、新味には欠けるかもしれないが、従来の主流の研究方法を踏襲して、少数とはいえ存在する聖書外史料や、しばしば解釈の分かれる考古学的所見をも参考にしつつ、聖書の記述内容の歴史的蓋然性をケースバイケースで批判的にチェックしつつ、歴史的経過を再構成していく方法を採った。

旧約時代史の仮説的性格

このような障害ないし制約のゆえに、旧約聖書時代史の再構成は多くの場合、仮説的なものに止まらざるを得ない。何か大きな発見があったり(例えば、いわゆる「死海文書」の発見や、一九九三年にテル・ダンで発見されたいわゆる「ダビデ碑文」〔一一九—一二一頁参照〕)、新しい理論(例えばアンフィクチオニー仮説〔六三—六五頁参照〕やイスラエルの土地取得に関するモデル〔四六—五五頁参照〕)が提唱されるだけで、従来の考え方の基礎が崩れたり、全体的な理解の枠組みが変わってしまう分野なのである。旧約聖書の歴史的・批判的研究が始まった十九世紀中葉以来、世界中で数多くの「イスラエル史」や「聖書時代史」が書かれたにもかかわらず、ほぼ十年から二十年ごとに新しいものが書かれ続けているという現実も、そのような事情に基づいている。本書もまた、現時点での聖書時代史についての暫定的な見取り図を提示しようとするものに過ぎない。

本書では、研究者の間で大きく考え方の分かれている場合(例えばカナンの地におけるイスラエル民族の成立経過や、捕囚後のエズラとネヘミヤの歴史的関係)については、代表的な考え方の相違点を概観できるように努めた。また、今回文庫化されるに当たっては、できるだけ最近の知見や研究動向をも取り入れるように配慮したつもりである。

本書が旧約聖書の内容や、そこに含まれた諸文書の成立事情のより深い理解のための一助になれば幸いである。

目 次

旧約・新約聖書および諸文書略語表

I　旧約聖書

創	創世記
出	出エジプト記
レビ	レビ記
民	民数記
申	申命記
ヨシ	ヨシュア記
士	士師記
ルツ	ルツ記
サム上	サムエル記上
サム下	サムエル記下
王上	列王記上
王下	列王記下
代上	歴代誌上
代下	歴代誌下
エズ	エズラ記
ネヘ	ネヘミヤ記
エス	エステル記
ヨブ	ヨブ記
詩	詩編
箴	箴言
コヘ	コヘレトの言葉
雅	雅歌
イザ	イザヤ書
エレ	エレミヤ書
哀	哀歌
エゼ	エゼキエル書
ダニ	ダニエル書
ホセ	ホセア書
ヨエ	ヨエル書
アモ	アモス書
オバ	オバデヤ書
ヨナ	ヨナ書
ミカ	ミカ書
ナホ	ナホム書
ハバ	ハバクク書
ゼファ	ゼファニヤ書
ハガ	ハガイ書
ゼカ	ゼカリヤ書
マラ	マラキ書

II　旧約聖書続編（外典）

Iマカ	第1マカベア（マカバイ）書
IIマカ	第2マカベア（マカバイ）書

シラ　シラ書(ベン・シラの知恵)

Ⅲ　新約聖書

マタ　マタイによる福音書
マコ　マルコによる福音書
ルカ　ルカによる福音書
ヨハ　ヨハネによる福音書
使　使徒行伝(使徒言行録)
ロマ　ローマ人への手紙
Ⅰコリ　コリント人への第一の手紙
Ⅱコリ　コリント人への第二の手紙
ガラ　ガラテヤ人への手紙
エフェ　エフェソ人への手紙
フィリ　フィリピ人への手紙
コロ　コロサイ人への手紙
Ⅰテサ　テサロニケ人への第一の手紙
Ⅱテサ　テサロニケ人への第二の手紙
Ⅰテモ　テモテへの第一の手紙
Ⅱテモ　テモテへの第二の手紙
テト　テトスへの手紙
ピレ　ピレモンへの手紙
ヘブ　ヘブル(ヘブライ)人への手紙
ヤコ　ヤコブの手紙
Ⅰペト　ペトロの第一の手紙
Ⅱペト　ペトロの第二の手紙
Ⅰヨハ　ヨハネの第一の手紙
Ⅱヨハ　ヨハネの第二の手紙
Ⅲヨハ　ヨハネの第三の手紙
ユダ　ユダの手紙
黙　ヨハネの黙示録

Ⅳ　その他

『古代誌』　ヨセフス『ユダヤ古代誌』

『戦記』　ヨセフス『ユダヤ戦記』

章は漢数字で、節は算用数字で記した。例えば「王上五5」は「列王記上五章5節」を意味する。

第一章　乳と蜜の流れる地

乳と蜜の流れる地

旧約聖書時代史の舞台をなすパレスチナ地方は、旧約聖書では「カナンの地」とも呼ばれ、地中海東部沿岸地方の南端に位置する。周囲は、西は地中海、南はネゲブおよびシナイ砂漠、東はシリア・アラビア砂漠によって境界づけられている。北は開けており、カルメル山地およびガリラヤ山地を挟んでそのままフェニキア(レバノン)、シリアへと移行する。

この地はまた、メソポタミアから延びるいわゆる「肥沃な三日月地帯」の南西端をなすが、これは地中海から蒸発した水分が雲となり、風に押されて東に進み山地に当たって季節的に雨を降らせるので、全体として比較的肥沃だからである。事実、この地は聖書で「乳と蜜の流れる地」(出三8等)とも呼ばれるが、これは牧草や果樹が豊富なことを表わしている(「蜜」はこの場合、蜂蜜ではなく果汁を意味する)。ただしこれはあくまで周辺の

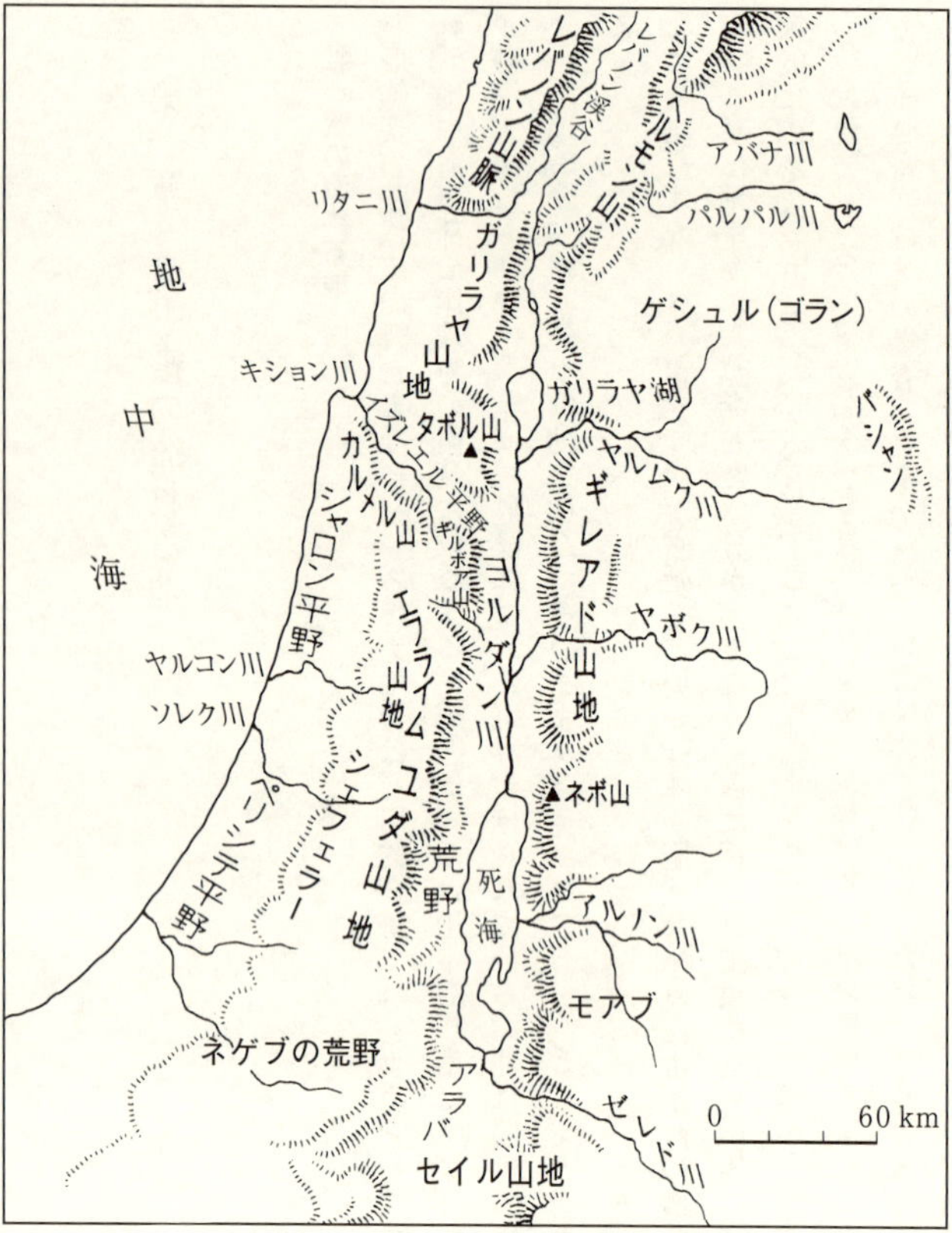

地図 1　古代パレスチナとその周辺

砂漠地帯から見た場合の印象であって、気候は非常に乾燥しており、山地などは石灰質の土壌が多く、東アジアのモンスーン地域から見れば決して豊潤とは言えない。

地理と諸地方

大きさに関して見れば、伝統的にイスラエルの領土範囲として定形句ともなっている「ダンからベエル・シェバまで」(王上五5等)は、直線距離で約二四〇キロメートル、ダビデ時代のイスラエル領土の最東端とされるアンモン人の町ラバト・アンモン(現在のヨルダンの首都アンマン)から地中海までは約一二〇キロメートルで、全体としても日本で言えば四国より少し大きい程度の小さな土地であるが、地形風土は変化に富み、複雑に入り組んでいる。

西の海岸平野は南のペリシテ平野と北のシャロン平野に分かれ、いずれも比較的肥沃である。これを東に少し進むと、南部では「シェフェラー」と呼ばれるなだらかな丘陵地帯に移行する。そのさらに東側には、この地全体の背骨とでも言うべき中央山岳地帯が南北に走り、随所で小盆地やワディ(季節河川)の谷に寸断されながら、海抜六〇〇メートルから一〇〇〇メートル級の連山が連なっている。

中央山岳地帯は大まかに見ると、エルサレム以南のユダ山地、中央部のエフライム(サマリア)山地、肥沃で広大なイズレエル平野を挟んで北のガリラヤ山地の三つに分かれ、さらにガリラヤの北東部には標高二八一四メートルのヘルモン山がそびえる。中央山岳地帯では、ほぼシケムからエルサレム、ヘブロンを結ぶ線が分水嶺を形成し、現在とは異なり旧約聖書の時代には、かなり多くの場所が密度の濃い森林に覆われていたらしい(ヨシ一七15、18等を参照)。

この地の最大の特徴をなすのは、中央山岳地帯の東側が険しく陥没して深い地溝帯(ヨルダン渓谷)を形成し、その中をアンチ・レバノン山脈およびヘルモン山にいくつかの水源を持つヨルダン川が北からガリラヤ湖を貫流して南の死海まで流れ、この地全体を東西に分断している点で、この地溝帯は地中海の海面よりはるかに低い位置にあり、北のガリラヤ湖ですでに海面下二一二メートル、南の死海湖面では海面下三九二メートルに達し、地表上の陥没としては世界最低の位置をなす。旧約聖書では、ヨルダン川の西側が狭義の「カナンの地」である。

地溝帯の東側では、かなり険しい斜面を登ると、丘陵状の山地を縁取りとしたヨルダン川東岸(トランス・ヨルダン)の台地状ないし高原状の地域が幅三〇キロメートルほどの帯をなして南北に広がるが、これがさらに、それぞれ東側からヨルダン川および死海に流れ入る、北からヤルムク、ヤボク、アルノン、ゼレドの各河川によって、いくつかの地域に細分されている。旧約聖書では北のガリラヤ湖東岸のゴラン高原の地域がゲシュル(サム下一三37—38)、ヘルモン山とヤルムク川の間の地域がバシャン(民二一33)、ヤルムク川とアルノン川の間の地域がギレアド(民三二1、申三12—13)、アルノン川とゼレド川の間の地域が「モアブの地」と呼ばれた。

気候と経済

気候は全体として典型的な地中海性気候であり、季節は大雑把に見て夏と冬の二つしかない。十月半ばから四月半ば頃までが冬の雨期で、植物は比較的温暖な(摂氏一〇度より下がることは稀)冬を越すが、四月後半から十月前半の夏の乾期は高温でまったく雨が降らず、植生はほとんど枯れ死にする。したがって穀物は、十二月から二月にかけて種を蒔き四月から六月にかけて収穫する(サム上一二17等を参照)。このような自然の循環的リズムを反映して、カナンの土着の宗教の豊穣神バアルは、エジプトのオシリスやギリシアのディオニュソス同様、いわゆる「死して甦る神」の特性を備えていた。すなわち、バアルは敵対者である死の神モトや海の神ヤムとの戦いで殺されるが、翌年には再び甦るのである(ただし、日本などの感覚とは逆で、冬でなく夏が死の季節であることに注意)。主要な作物は、平野部では大麦、小麦、エマー麦などの穀類やレンズ豆などの豆類で、丘陵地帯や山地ではオリーブやブドウなどが果樹園で栽培された。パレスチナのオリーブ油や葡萄酒は品質が高く、古くからメソポタミアやエジプトにも輸出されていた。

ただし、ヨルダン地溝帯だけは亜熱帯の気候で、乾燥度が高く、深い谷底を流れるヨルダン川は古代にはほとんど農耕に利用できなかったので、概して荒野状であったが、いくつかの場所では、エリコなどのオアシスが点在し、なつめやしの林などが生い茂っていた(申三四3)。また、山地の一部(特に中央山地の東側斜面)や砂漠地帯との境界地帯は帯状のステップをなし、主として羊や山羊の放牧に利用された。

陸橋地帯——交通と戦略の要衝

天然資源(古代では金・銀・銅、近代以降では石油)にほとんど恵まれないこの猫の額ほどの土地が、歴史時代全体を通じてオリエント世界の火薬庫とでも言うべき重要な役割を果たしてきた最大の理由は、それがエジプト、メソポタミア、シリアとアナトリア(小アジア)、さらにアラビア等のオリエント世界の大文化圏を結ぶ陸橋地帯を形成していることである。メギドを通って海岸平野を南下するいわゆる「海の道(ヴィア・マリス)」(イザ八23)は、エジプトとメソポタミア、北シリア間の交易での大動脈をなしていた。また、ダマスコからヨルダン川東岸地方を南下する「王の道」(民二〇17)は、特に古代オリエントで珍重された南アラビア産の香料の交易で重要な役割を果たした。それゆえ、古代オリエント全体に覇を唱えようとする野望を持つ勢力にとって、この地が戦略上の拠点であり、この地を抑えることが不可欠であったことも言うまでもない。

以上のことは、この地に住んだ古代イスラエル人にとって、時によっては大きな富と繁栄をもたらす契機にもなったが、他の多くの場合には、この地の領有をめぐって鎬《しのぎ》を削る周辺の大勢力の抗争に巻き込まれて翻弄されるという、民族的悲劇の原因となった。

カナンの地の先住民

歴史的に見ると、カナンの地ではすでに初期青銅器時代(前三三〇〇—二二〇〇年頃)から、主として平野部を中心に多数の都市が形成されていた。この都市の多くは、前二二〇〇年頃あまりはっきりしない原因により、一時全面的に衰退するが、中期青銅器時代に入る前二〇〇〇年頃から、各地に再び都市が再建され始め、前一八〇〇年頃から一六〇〇年頃にかけては文化的にも経済的にも活況を呈することになる。これらの都市はほとんどの場合、城壁に囲まれ王が統治する単独の都市国家をなし、限られた範囲の周辺の農地と村落を支配下に置いた。カナンの地全体にこのような都市国家が分立し、この地が単一の領土国家に統一されることはイスラエル時代以前にはなかった。都市の多くは海岸平野や谷あいの平地に建設されたが(ガザ、ラキシュ、ベト・シェメシュ、ベト・シャン、メギド、タアナク、ハツォル等)、少数ながらシケム、エルサレム、ヘブロンのように山岳地帯に建てられたものもある。

なお、カナン人とはあくまで総称であり、住民は人種的には単一ではなく、複合的であったと思われるが、北西セム語を話す人々が主流であり、この点で後のイスラエル人と広い意味では同系統であった。研究者の中には、この中期青銅器時代のカナン都市文化の担い手を、メソポタミアの文書に出てくる「アムル人」、すなわち旧約聖書の「アモリ人」(申一19—20、士一34—36等を参照)と関係づける見方もある。なお、アムル人の本拠はシリアであり、北シリアには「アムル」の名で呼ばれる重要な王国が存在した。

カナン人は、文化的・宗教的には北のフェニキア人と同系統であり、天の神エルや土地の豊穣と関係を持ったバアル、アシュタルトなどの神々や女神たちの崇拝を中心とする多神教が信じられた。

前一五〇〇年頃からは、カナンのほぼ全土がエジプトの宗主権下に入る。そして前一二〇〇年頃になると、カナンの地の周辺のヨルダン川および死海東岸地方には、牧羊系文化の背景を持った集団が定着して、アンモン、モアブ等の領土国家を建設し始める。多少遅れて、南部のセイル地方にも、エドム人が領土国家を建設する。これとあい前後する時期にカナンの地に出現するのが、聖書時代史の主人公イスラエル人である。

第二章　歴史と伝承

第一節　イスラエル人とは何者か

「アブラハムの子孫」

古代イスラエル人とは何者か。簡単に言えば、旧約聖書で「カナンの地」と呼ばれる現在のパレスチナに住んだ、十二の部族からなる民族である、ということになろう。この民族はどのように成立し、どのようにしてパレスチナに住むようになったのか。この問いに、旧約聖書に基づいて答えることはそれほど難しくない。すなわち彼らは、神ヤハウェに祝福を受け、「大いなる国民」となるという約束(創一二2)を与えられた族長アブラムないしアブラハム(二つの名前の形については、創一七5を参照)の末裔であり、直接的には、アブラハムから数えて三代目に当たる族長ヤコブの十二人の息子の子孫がイスラエル十二部族である(創二九―三〇章)。「イスラエル」の名は、このヤコブが神に命じられて改名したことにちなむ(創三二29、三五10)。

イスラエルの祖先に当たるヤコブの一族は、アブラハム同様、土地を持たず牧草地を求めて移動を繰り返す遊牧民であったが、飢饉に追われて難民としてエジプトに下る(創四七4)。そこで一つの民族へと成長するが、エジプトの王によって奴隷とされ、強制労働に苦しめられる(出一章)。しかし神ヤハウェは、モーセを遣わしてイスラエルの民をエジプトから脱出させ(出三―一四章)、シナイ山で彼らと契約を結び、彼らに律法を与える(出一九―二四章)。その後イスラエルの民は荒野を放浪してカナンの地に至る。モーセはカナン侵入の直前に死ぬが、イスラエルは彼の後継者ヨシュアに率いられてカナンの地を一気に征服し(ヨシ一―一二章)、その土地をクジで十二の部族に分配したのである(ヨシ一三―二二章)。

「信じられた」歴史

以上はそのまま、旧約聖書の最初の六つの文書(『モーセ五書』と『ヨシュア記』)の要約といえる。それらの一連の物語は、その内容からしばしば「救済史」とも呼ばれてきた。そしてこの「救済史」によれば、イスラエル民族は最初から、共通の血縁と歴史によって結び合わされていたということになる。しかし、これはあくまで「伝承」であって、「歴史」ではない。なぜなら、「神の祝福」云々を度外視しても、これらの物語は同時代の出来事の正確な記録ではなく、長く口から口へと伝えられた伝承を素材にしつつ、ずっと後の時代に文書にまとめられたものだからである。というのも、たとえアブラハム、モーセ、ヨシュアが実在の人物だったとしても、彼らの時代には明らかにまだ文字がなかったからである。イスラエル人が文字を用いるようになるのは王国成立(前一〇〇〇年頃)前後からであり、その文字もカナンの文字を取り入れたものなのである(九三頁参照)。したがって、これらの物語の一部が文書化され始めたのは、早くとも統一王国時代以後であり、伝えられる出来事よりも数百年も後ということになる。

しかも、現在の研究によれば、「モーセ五書」や『ヨシュア記』は、一人の著者により一気に書き下ろされたものではなく、長い複雑な編集過程を経て段階的に発展したものであり、最終的に現にある形になるのはバビロン捕囚(前六世紀)以後のことだったと考えられている。これは、族長時代と想定される時期から見れば、ほぼ一千年近くも後ということになる。それゆえこの「救済史」の物語は、実際に起こったことの正確な記録ではなく、後のイスラエル人が自分たちの祖先の体験として信じた信仰の内容だと理解すべきである。

それでは、そこで語られたことすべてが歴史的根拠を欠く空想の産物であり、作り話であり、歴史の形を借りた神話にすぎないのか。急進的な研究者の中にはそのように主張する人々もいないではないが、必ずしもそう言いきれないところにイスラエル史研究の面白さと難しさがある。他の多くの民族の伝説や叙事詩の場合も多かれ少なかれそうであろうが、長く口頭で伝えられた伝承の中に、遥かな過去の出来事の記憶が反映しているということは決してありえないことではない。

ただし、そこに同時に後代の状況や観念が重ね合わされていたり、もともと歴史的文脈を異にする相互に無関係な出来事が一つに結び合わされていたり、出来事の性格や規模が非常に異なったものとなっているということは十分に考えられる。そこで、初期イスラエル史研究の主要な課題は、伝承の中にどのような歴史的「核」があるのか(あるいはないのか)、またその伝承の背後にどのような歴史的事情があったのか(あるいはなかったのか)を一つひとつ批判的に精査していくということに集中する。

集合論的に譬えるなら、歴史と伝承は重なり合った二つの円のようなものと言えよう。イスラエル史研究の課題は、この二つの円がどの部分で重なり、どの部分で離れているかを確認することにある。もちろん二つの円の重なった部分の割合がどのぐらい大きいのか(あるいは小さいのか)については、個々の研究者や、特にその研究者の属する「学派」の伝統や傾向によってかなりの見方の相違がある。

イスラエル民族の歴史的起源

まず、大原則に当たることから確認しておこう。先に述べた、「救済史」の伝承を支える二つの柱ともいうべき大前提、すなわちイスラエル民族が共通の祖先から出た血縁集団であるという観念と、彼らが出エジプトという共通の前史を持つという観念は、現在の研究ではいずれも歴史性を否定されている。

第三章でより詳しく述べるように、現在のイスラエル史研究では、イスラエルという民族は、カナンの地の内部で、血統も前史も異にする多種多様な集団が一つの部族連合にまとまることによってはじめて成立したという考え方が主流になっている。例えば同じイスラエル民族に属する諸部族でも、北部のガリラヤの集団と南部のネゲブの集団では、血統的にも歴史的にも起源を異にすると考えるのが自然である。したがって、アブラハム―イサク―ヤコブ(イスラエル)―イスラエル十二部族と続く図式は、後代に構成された架空のものであり、後のイスラエル民族の「イスラエルは一つ」という共属意識を系図の形で表現したものと考えられるべきである。

ただしこのことは、アブラハム、イサク、ヤコブ、モーセといった人々の個々の歴史的実在や、彼らについて創世記や出エジプト記が語る個々の物語の史実性を必ずしもすべて否定するものではない。それどころか、アブラハムやイサクやヤコブが後にイスラエル民族を構成することになる諸集団のうち、有力なグループの祖先として実在したということさえ不可能ではない。しかし、彼らが後のイスラエル民族全体の共通の祖先だということは歴史的に見てありえないことである。そもそも、エジプトに下った七十人程度の集団(創四六27)が、たとえ四百三十年間の期間(出一二40)があったとしても、「壮年男子だけで六十万人」(出一二37)の大民族に発展するという発想そのものが現実的でない。しかも、四百三十年間という数字も、数百万人規模の出エジプトという観念についても、歴史的には根拠のないものとして否定されているのである。

第二節　族長物語

「アブラハム、イサク、ヤコブ」

さて、族長物語の個々のエピソードを見ていくと、そこに古い時代の状況の名残りを伝えると考えられるものが散見される。例えば、創世記は族長たちを天幕に住み、羊や山羊を飼う牧羊民として描いている。実際、後にイスラエルを構成することになる集団の多くが文化的に牧羊的背景を持つことは、歴史的にも確からしい(第三章を参照)。牧草の量に依存しつつ移動を繰り返す彼らの不安定な生活ぶりの描写(創一三5―9等)には、古い時代の記憶や伝承が反映していよう。ただし、族長たちが自らの手で時おり農耕をも行うように描かれていること（創二六12―13等）は、当時の農耕と牧羊の関係を考えるうえで興味深い。聖所の建立のエピソード（創二八16―19、三三19―20）や、悪霊的存在との格闘の物語（創三二23―31）にも、その原形に関して見るなら、古い伝承の名残りが留められていよう。

ところで、これらの族長たちの物語を、その舞台となっている場所に関して整理すると、それぞれの族長の物語が意外にも比較的少数の固着点に集中していることが分かる。例えばアブラハムの物語の場合、それはユダ地方南部のヘブロン近郊の「マムレの樫の木」のある場所（創一三18、一四13、一八1）や、さらに南方のネゲブ地方のベエル・シェバ（創二一31）であり、イサクの場合は同じくベエル・シェバ（二六32―33）とその近郊のベエル・ラハイ・ロイ（創二四62、二五11）である。これらの土地は、いずれも後のユダ部族の領土に当たる。

これに対しヤコブの物語は、より北方のサマリア山地のシケム（創三三18―19、三四章）やベテル（創二八18―19、三五1―8）、およびヨルダン川東岸のマハナイム（創三二2―3）やペヌエル（創三二31）、スコト（創三三17）を舞台としている。これらのことから、アブラハムやイサクがかつては南部の集団の祖先像であったのに対し、ヤコブが北部やヨルダン川東岸の集団の祖先像であったことが推測できる。

系図——イスラエルの統一性の表現

後のイスラエル諸部族(最初から十二であったとは限らない)の直接の祖先とされているのはヤコブである。彼が「イスラエル」という別名を持ったとされるのも(前述)、このことと符合する。したがって、系図上まずイスラエルの共通の祖先とみなされるようになったのは、このヤコブであろう。このことはまた、初期のイスラエルの中心が比較的北部にあったことを示唆する。しかしその後、おそらくはダビデのもとで、南部のユダがイスラエルの中で主導的な役割を果たすことになったことに伴い、南部集団の中で有力な祖先像であったイサクやアブラハムがイスラエルの共通の祖先として追加されることになった。しかし、系図上での直接の祖先の位置は、すでにヤコブが占めていた。そこで、系図を前に遡る形でイサク、アブラハムが共通の祖先の位置に追加されたものと考えられる(M・ノート)。ちなみにアブラハムの物語とイサクの物語では内容的に重複するものが多い(創二〇1—18と二六6—13、創二一22—24と二六26—33を比較のこと)。このことは、アブラハム伝承とイサク伝承それぞれの担い手たちが、地理的にも南部で「交差」していたことを考えさせる。

イスラエル十二部族の表をより詳しく見ると、大きく見て二つの異なる形態がある。一

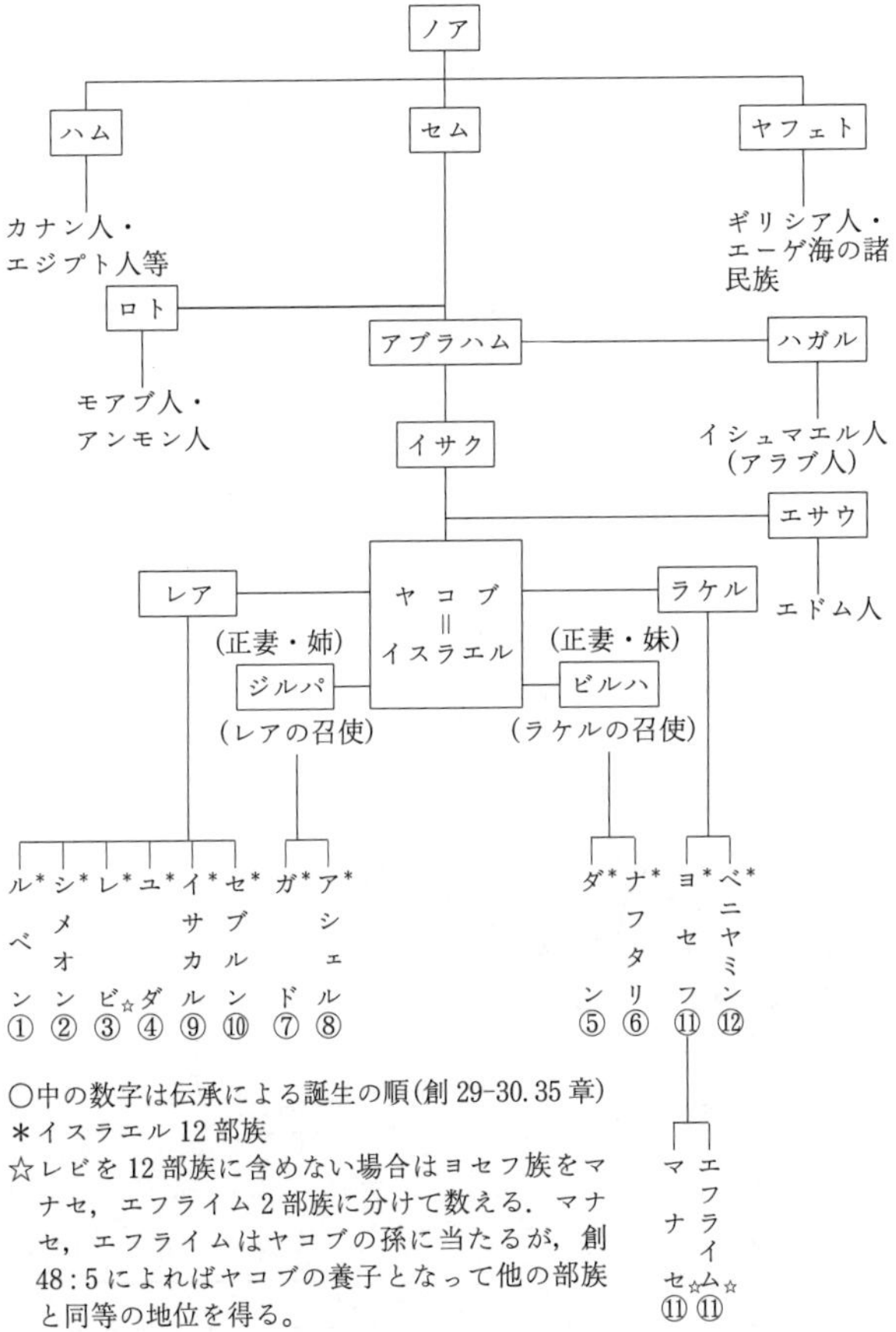

○中の数字は伝承による誕生の順(創 29-30. 35 章)
＊イスラエル 12 部族
☆レビを 12 部族に含めない場合はヨセフ族をマナセ，エフライム 2 部族に分けて数える．マナセ，エフライムはヤコブの孫に当たるが，創 48:5 によればヤコブの養子となって他の部族と同等の地位を得る。

系図 1　創世記によるイスラエル 12 部族と周辺諸民族の系譜

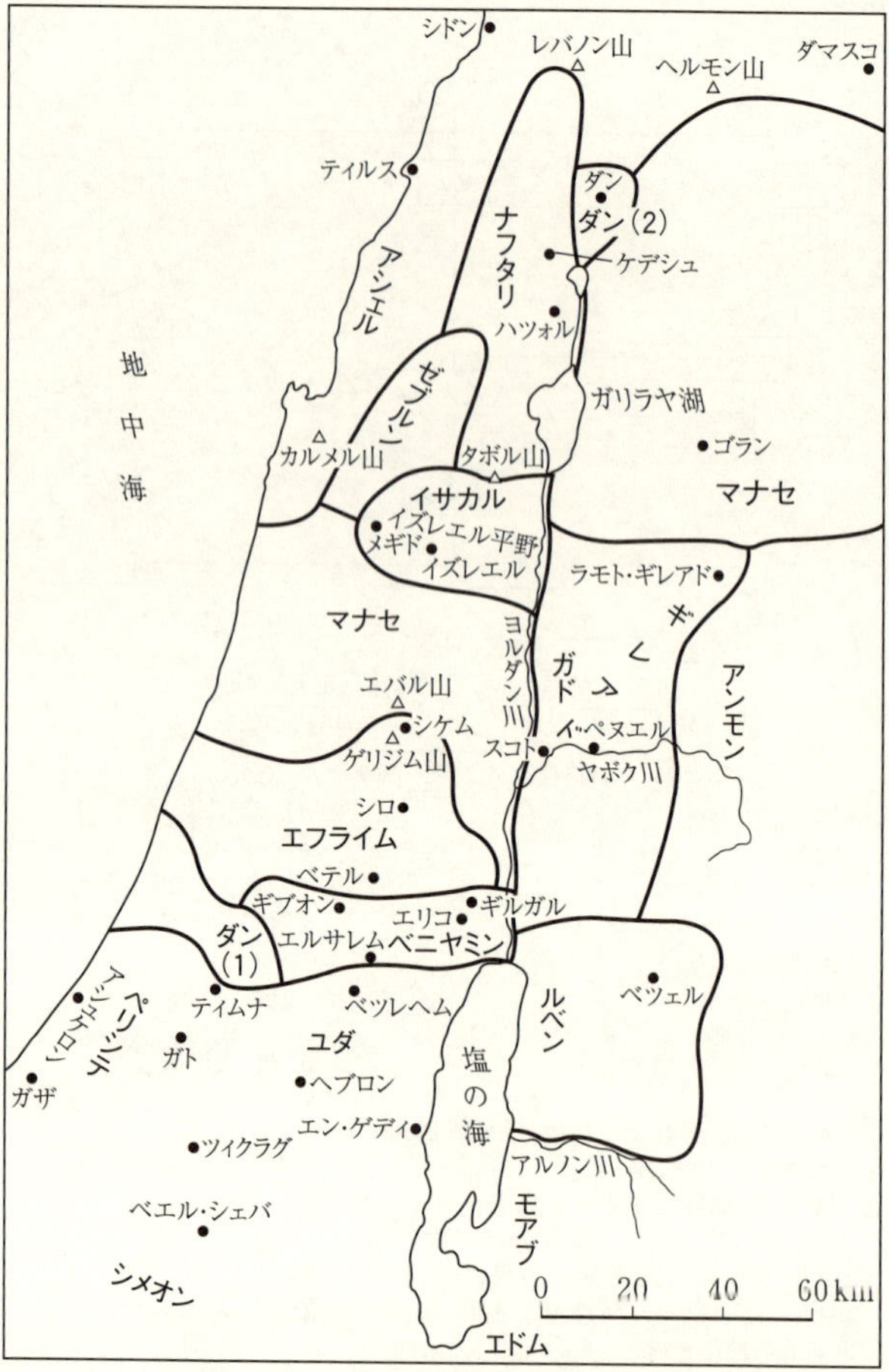

地図2 カナンにおけるイスラエル12部族
ダン部族は(1)から(2)に移動(士18章参照)

つはレビとヨセフをそれぞれ一つの部族として数えるもので(創二九―三〇章および三五16―18、四六8―27、四九3―27、出一1―4、申三三6―24等)、もう一つは部族としてのレビを欠き、ヨセフを(系図上はその息子に当たる)エフライムとマナセ(創四八5)に分けて数えるものである(民一5―43、二3―34、二六5―51等)。このことは、系図の形成が単純な経過ではなく、またその背景となるイスラエル民族の組成にも複雑な事情があったことを示唆している。

ヤコブの息子たちとイスラエル十二部族

さて、伝承によれば、イスラエル十二部族の直接の祖先は、父親はヤコブただ一人だが、母親は四人いたとされる。すなわちヤコブの二人の正妻たちのうち、姉のレアの産んだとされるのが、①ルベン、②シメオン、③レビ、④ユダ、⑨イサカル、⑩ゼブルンの六部族であり、妹のラケルが生んだとされるのが、⑪ヨセフ(すなわちマナセ、エフライム)、⑫ベニヤミンの二部族である(数字は誕生の順)。これに対し、二人の側女《そばめ》たちのうち、妹のラケルの召使ビルハの産んだとされるのが⑤ダン、⑥ナフタリの二部族であり、姉のレアの召使ジルパが産んだとされるのが、⑦ガド、⑧アシェルの二部族である(創二九31―三〇24、三五16―18)。

このような系図上の母親の違いは、何ら意味のない後代の自由な創作にすぎないのだろうか。まず、ユダ、レビ、エフライム、ベニヤミンといった、後のイスラエルの歴史で中心的な役割を果たす諸部族がいずれも正妻のどちらかの子とされているのが目に付く。これに対し、側女の子とされる諸部族は地理的にも辺境に住み、イスラエルの中ではあまり重要な役割を果たさなかった部族が多い。古代イスラエルでは、正妻の子と側女の子の間に格の違いのようなものがあったらしい（創二一9―10参照）。したがって、正妻の子とされるか、側女の子とされるかは、イスラエルの中での各部族の役割の大小や地位に関係がありそうなことが漠然と推測できる。

しかしこの「母子関係」説には、後のイスラエルの歴史から説明できない要素も少なくない。例えば、歴史時代にはほとんど役割を演じず、それどころか早い時期に部族として解体してしまったと思われるルベン（創三五23、四九3―4、申三三6を参照）とシメオン（創四九5―7を参照）が、系図上長男、次男という重要な位置を占めていることである。このことは、これらの二つの部族が、もはや我々の知らないイスラエル共同体の初期の段階で主導的な役割を果たしたことを示唆する。しかしその後これらの部族は何らかの理由で衰退し、中心的な役割をユダやエフライムに取って替わられてしまったのであろう。

次に正妻の子らのうち、地理的に最南部に住むユダ、シメオンと、北部のガリラヤに住んだイサカル、ゼブルンが同一の母で年長であるレアの子とされていることも奇妙である。二つのグループの間に歴史的な関係はほとんど認められないし、両者は王国分裂後はそれぞれ南王国と北王国に分かれてしまうからである。それゆえ、部族連合形成の経過の中で、十二部族連合の成立に先駆ける古い段階において、レア系の六部族だけがより小規模な連合を形成していた可能性を考える研究者が多い。これに対し、同じ正妻でも若いほうのラケルの子とされる諸部族(マナセ、エフライム、ベニヤミン)は、いずれも中部パレスチナに住んだが、生まれたとされる順番も最後であり、歴史的に比較的新しい段階でこの連合に加わったと推測できる。

なお、歴史的な新旧と力関係の逆転という現象は、ヨセフ系部族内部においても、ヤコブが祝福の際に、兄マナセと弟エフライムの頭に交差して手を置いたとされる伝承で説明されている(創四八13―19)。以上のように、族長物語の複雑な系図には、部族連合形成の歴史的経過が間接的に反映している可能性が高い。

族長たちの故郷?

さて、族長物語によればアブラハムの故郷はメソポタミア南部の「カルデア人のウル」である(創一一28、31)。しかしこれは、歴史的にはまったくありえないことである。羊や山羊を連れた牧羊民がこのような数千キロにおよぶ移動を行ったとはおよそ考えられないし、もしアブラハムがウルの出身者なら南東セム語を話すはずなのに、イスラエル人の言葉ヘブライ語は立派な北西セム語である。何よりもまず、「カルデア人」とはバビロン捕囚(前六世紀)時代の新バビロニア帝国を築いた民族であり(王下二五1—7等を参照)、彼らが歴史上南メソポタミアに登場するのは、早くとも前九世紀以降にすぎず、族長時代の事態としては問題にならない。また、ウルに言及する個所は、いずれも文献学的に遅い時代の文脈に属すると判断されている。おそらく後のバビロン捕囚民が、祖先アブラハムの移住に自分たちの帰還の希望のイメージを重ねたのであろう。

これに対し、イスラエルの祖先が北西メソポタミア(現在のトルコ南東部)のハランのアラム人と密接な関係を持っていたとする伝承には、何らかの歴史的核が潜んでいる可能性がある。アブラハムは一定期間この地に留まり、そこから直接カナンの地に移住したとされるし(創一一31、一二4)、イサクもヤコブも「親族」との結婚が望ましいとの立場から、この地から妻を迎えている(創二四2—10、二五20、二八1—5)。したがって前述のヤコブの二人の正妻レアもラケルも、アラム人女性ということになる(創三一17—21を参照)。

さらに、申命記中の信仰告白的定形句では、イスラエルの祖先について、「わたしの先祖は放浪する(もしくは「滅びゆく」)一アラム人でありました」とさえ語られている(申二六5)。このようなアラム人との親族意識の自覚は、後の歴史時代のイスラエルとアラムの関係からは説明できない。王国時代になるとアラムは、イスラエルにとって不倶戴天の宿敵になるからである(サム下一〇15―19、王上二〇1―34、二二29―38、王下一二18―19、一三1―7等を参照)。

北西メソポタミアは隊商交易などを通じてパレスチナとも密接な人的、物的交流のあった地域であり、アラム人は前一二〇〇年頃北シリアのステップ地域からこの地方に流入して各地に都市国家を建設した。その移動波の一部がパレスチナ地方までやってきて、後のイスラエル形成に加わった可能性も否定できない。ただし、そのような要素があったとしても、後のイスラエル全体から見れば少数派であったに違いない。イスラエル人の言語であるヘブライ語は、北西セム語である点でアラム語と同属ではあるが、よりカナン語やモアブ語に近いものであった(王下一八26―28、イザ一九18)。

族長物語の主要主題

族長物語全体を貫く中心主題は、神ヤハウェの祝福と約束である。すなわち族長たちは、繰り返し神の啓示を受け、子孫が数の多い「大いなる国民」となることと、カナンの地の所有を約束される(創一二2、7、一三14―17、一五5―21、二六2―4、二八13―15等)。このような観念は、明らかに族長時代のものではなく、後に実際にカナンの地を支配し、「大いなる国民」として自分たちを理解するようになった王国時代以降のイスラエルの自己意識を表現するものであり、同時にそれを神の約束の成就として意味づけようとする神学的営為を示すものである。他方で創世記には、いわば副次主題として、イスラエルと何らかの意味で緊張関係を持つ周辺民族の成立についての物語が数多く見られるが（創九18—27〔カナン人〕、一六1—12〔イシュマエル人〕、一九30—38〔モアブ人とアンモン人〕、二七1—40〔エドム人〕）、これも、カナン定着以降から王国時代にかけてのこれらの民族との対立抗争を踏まえたもので、それが起源論的に族長時代に投影されているものと思われる。

第三節　出エジプト

出エジプト伝承の歴史的「核」

次に、出エジプトについて見よう。言うまでもなく出エジプトは、ダビデのもとでの統一王国確立、およびバビロン捕囚と並んで、旧約聖書の語るイスラエル民族の歴史の中でも最も重要な出来事であり、イスラエル民族の自己理解と神理解を根本的に規定したものである。イスラエル人は何よりもまず、ヤハウェを、自分たちをエジプトの奴隷生活から解放した神として理解し(出二〇2等を参照)、また自分たちを、ヤハウェによってエジプトから導き出された民として理解したからである(申二六5―9等を参照)。

さて、旧約聖書は、出エジプトを当然のごとくイスラエル民族全体の共通体験として語っている。しかし、前にも述べたように、イスラエルという民族がカナンの地の内部で雑多な起源の集団の漸進的結合によりはじめて形成されたものだとすれば、当然ながら、「イスラエルの」出エジプトは存在しなかったということになる。しかし、このことは、出エジプトの伝承全体がまったくの架空の物語であることを意味するものではない。後にカナンの地でイスラエルを形成することになる諸集団の一部分が、エジプトで奴隷生活とそこからの脱出を体験し、その記憶と伝承を他の集団に伝えたということは十分ありうることだからである。実際、出エジプトの物語の細部には、到底後代の創作とは説明できない正確な歴史的情報が含まれており、多くの研究者はこの伝承にも歴史的な「核」が秘められていると考えている。

出エジプトの前提としての「入エジプト」とエジプトの「ヘブライ人」

旧約聖書によれば、イスラエルの祖先たちは、カナンの地の飢饉に追われてエジプトに下っていった。カナンの地とエジプトの距離は、海岸の道を通れば数百キロに過ぎず、そこでは古くから、隊商や軍隊が常に移動するなど人的・物的交流が活発であった。牧草に頼る牧羊民にとって、雨の不足は直ちに死活問題となった。彼らにとってほとんど唯一の生き残りの道は、ナイル河があるため天水に左右されないエジプトの地に逃れることであった。エジプトで「シャス」と呼ばれたカナン南部の牧羊民が、難民としてエジプトにしばしば流れ込むということは、エジプトの国境管理文書や壁画などにも描かれており、よく見られた現象であった。したがって、後のイスラエルの祖先の一部が飢饉を避けるためエジプトに行ったということは、歴史的にも十分可能である。

エジプトに住んだイスラエルの祖先は、強制労働に駆り出され、特にレンガ造りなどをさせられたというが、補強のために藁を混ぜたレンガ造り(出五7—19)は、エジプト特有の工法であり、パレスチナやメソポタミアでは見られないものである。エジプトで奴隷とされたイスラエル人の祖先は「ヘブライ人」(イブリー)と呼ばれたが(出一16、19等)、これは新王国時代のエジプトで建築活動に従事した非エジプト系寄留者が「アピル」と呼ばれたことと呼応する。なお、このアピルは、シリアやメソポタミア文書に出てくる「ハビル」ないし「ハピル」と対応する語であり、本来は特定の人種や民族を表わす語ではなく、当該地域において正式の市民とはみなされず、奴隷や傭兵などとなった非土着系集団を総合的に指す社会学的概念であったらしい(本書四〇—四一頁参照)。

したがって、エジプトのアピルの一部がヘブライ人、すなわち後のイスラエルの祖先の一部になった可能性がある。なお、アピルそのものを旧約聖書のヘブライ人と同一視することはできない。アピルは出エジプトの時代として問題になる時代(後述)以降にもエジプトに存在するからである。

出エジプトの年代

出エジプト記によれば、イスラエルの祖先はナイル・デルタ東部の「ゴシェンの地」に住み、「ピトムとラメセス」の町の建設に従事した(出一11)。これらの町のうちラメセス(正しくは「ピ・ラメセス」=「ラメセスの家」)はエジプト第十九王朝のラメセス二世(在位前一二七九―一二一三年)がデルタ地方の首都として建設したものであることが判明している(現在のカンティール近郊のテル・ダブア)。しかもこの町は、その後百年間ほどしか存続せず、後にはまったく廃墟となって、その建築資材の一部は近くの別の町タニスの建設に再利用された。後に創作された架空の物語で、何百年も前に一時的にしか存在しなかった町が物語の舞台になるなどということはおよそ考えられない。そこで多くの研究者は、出エジプト伝承の核になる物語は、ラメセス二世の時代か、(出二23の抑圧のファラオの死を考慮して)次代のメルエンプタハ(在位前一二一三―一二〇三年)の時代におこったのではないかと推測している。

モーセ

出エジプトの指導者はモーセ(ヘブライ語で「モシェー」)である。この人物についての聖書外史料は存在せず、エジプトの文書中にあらわれる特定の人物と同定しようとするいくつかの試みも、広い承認を受けるには至っていない。しかし少なくとも確かなのは、モーセという名がヘブライ語系の人名でなく、エジプト系の人名であるということである。なお、アジア方面出身の人物が、エジプトでエジプト系の名を名乗ることはめずらしいことではなかった。しかも、モーセという名がエジプト系であることは、近代のエジプト学の研究によってはじめて明らかにされたものである。これは、古代の架空の人物の命名法としてはうまくできすぎている。それゆえ、エジプトを脱出したグループの指導者にこの名の人物がいたということは、歴史的にも十分ありうることと考えられる。

出エジプトの規模

出エジプトの規模は、旧約聖書によれば「壮年男子だけで六十万人」だったという(出一二37、民一46)。家族を合わせれば数百万人規模の民族大移動だったことになる。もちろんこれは、イスラエル民族全体が出エジプトに参加したとする前提のもとに、後代の民族全体のイメージを(しかも誇張して)出エジプトに投影したもので、到底歴史的とは言えない。それだけの規模の民族移動があれば、それは当然、何らかの形でエジプトの文書にも反映するだろうし、考古学上の痕跡も残るであろう。

ところが、エジプトの膨大な文字資料の中に、出エジプトに対応する出来事への言及はまったく見られないのである。当時のエジプトは東部の国境をかなり厳しく防衛しており、二人(!)の逃亡奴隷の追跡についての報告書さえ残っている。それにもかかわらず、例えばアピルたちの大量脱出に類する報告はまったく残されていない。また、エジプトとパレスチナを結ぶシナイ半島の諸ルートや、特にイスラエルの祖先たちが長く逗留したとされるカデシュ(申一46等参照)にも、前十三世紀に大きな集団が通過したり滞在したことを示す住居跡や土器の破片など、何も発見されていないのである。

これらのことは何を意味するのであろうか。考えられるのは、出エジプトが、旧約聖書が描き出しているような仕方、規模では起こらなかったということである。大エジプトから見れば、それは記録にも残らない些細な出来事、一部の奴隷の逃亡にすぎず、考古学的な痕跡もほとんど残さないような小規模な事態だったのであろう。それが、数百人、それどころか数十人規模の出来事だったということさえありえないことではない。

神の救いの業としての出エジプト

しかし旧約聖書は、出エジプトを単なる奴隷たちの逃亡(ただし出一四5をも参照)としてではなく、多くの奇跡を伴う神ヤハウェの偉大な救いの業として描いている。もちろん現在の出エジプト記の十の災害の物語(出七―一二章)や海の奇跡の物語(出一四章)は、極度に誇張された伝説的要素が濃厚である。

しかしこの物語がそもそも長く語り伝えられ、それどころかやがて民族全体の共有体験と理解されていくからには、当事者たちによって出来事が最初から宗教的な意味で理解され、語り伝える価値のあるものと認められたと想定する必要があろう。おそらく逃亡者たちは、エジプトの軍隊に追われ、「海」のほとりで窮地に陥った。しかし、いずれにせよその時、彼ら自身には奇跡としか思えない出来事が起きて、彼らは追跡を免れたのであろう。この救いへの感謝は、旧約聖書中の最古の歌の一つ、「ミリアムの歌」に歌われている。

「ヤハウェに向かって歌え、
　ヤハウェは大いなる威光を現わし
　馬と乗り手を海に投げ込まれた」(出一五21)

なお、この「海」がどこに当たるかは、出エジプトのルートについての旧約聖書中の伝承自体が相互に矛盾しており、残念ながら特定不可能である。

一部の集団の体験から、民族全体の共通体験へ

次章(六一頁以下)でより詳しく述べるように、宗教史的に見れば、イスラエル民族の中で最初からヤハウェという神が崇拝されていたのではない可能性がある。他方で、ヤハウェと出エジプトの関係は密接で切り離しえない。それゆえ、ヤハウェ崇拝は、出エジプト集団が出エジプトの伝承と共にイスラエルにもたらしたという可能性を考えることができる。したがって、出エジプトと元来関わりを持たなかった諸集団から見れば、ヤハウェ信仰の受容は出エジプト伝承の受容と表裏一体をなしていたことになろう。

それでは、後者の諸集団は、いったいなぜ、後のイスラエル全体から見ればごく一部分にすぎない出エジプト集団の信仰と伝承をあえて受容し、それを自分たち自身の信仰および救済体験として共有していくことになったのであろうか。

おそらくその理由の一つは、この信仰と伝承が、それまで彼らが知らなかった種類の強力な神観念を表現するものだったからであろう。それは、当時のオリエント最強のエジプトの軍事力をも凌駕する偉大な力を持った戦いの神の観念、抑圧に苦しむ奴隷たちを解放

する神の観念、人間の支配から解放し自由を与える神の観念であった。次章で詳しく述べるように、カナンの地に出現した原イスラエル集団は、先住民や周辺民族との厳しい戦いを強いられていた。このような状況下で、強力な戦いの神、救いの神の観念は積極的に受け入れられていったものと思われる。

ヤハウェ信仰が、カナンに散在した諸集団を一つに結び付け、強固な結束を促す(あるいは、萌芽的に存在していた共同体をより大規模に拡大させる)求心力として働いた可能性さえ考えることができる。強烈な神観念が集団を形成、結集する強力な作用を持つことは、後のムハンマドを中心とする数十人の集団から出発しながら、百年を経ずして内紛に明け暮れていたアラビア半島を統一し、さらにインドと地中海世界へも支配を広げていったイスラム共同体に類例を見ることができる。

他方でイスラエルにおいては、民族集団の統一性を表現するために、すでに見たように早くから系図の観念が発展していた。すなわち、イスラエルは一つであり、共通の祖先の観念が示すように、過去においても一体であったはずである。それゆえ、後になると、イスラエルは出エジプトをも一つの全体として体験したと信じられるようになった。出エジプトを直接体験した世代自体は、やがて死に絶えた。しかしその子孫たちは、出エジプトを記念して毎年祝われる過越《すぎこし》(ペサハ)の祭(出一二1—27を参照)のたびに、自分たちの祖先に対するヤハウェの偉大な救済の業を想起し、それを自分たち自身への救いとして再体験しつつ、世代から世代へと語り伝えていったのである。

第四節　シナイを経てカナンの地へ

シナイ契約

旧約聖書によれば、エジプトを脱出したイスラエル人はシナイ山でヤハウェと契約を結び、律法を与えられた。これがいわゆる「シナイ契約」である。しかし最近の研究では、シナイ山に関わる伝承が元来は契約締結とも律法授与とも関係のない、聖なる山における神顕現(テオファニー)の伝承であったことが広く認められている。それはおそらく、もともとは出エジプト伝承やモーセとさえ無関係の独立した伝承であったと推測される。

それが、やがて伝承史の経過の中で出エジプトと結び付けられ、契約―律法授与の物語へと二次的に「改造」されたのであろう。その時期については諸説あるが、いわゆる「契約の書」(出二〇22―二三33)と「申命記法」(申命記中の法的部分、申一二―二八章)の内容上の比較から、前七世紀の申命記運動(本書一五五―一五六頁参照)が本格化する以前であったと考えられる。ただし十戒(出二〇1―17＝申五6―21、両者のうち申命記における形の方が古いと考えられる）の存在などから、現在の出エジプト記におけるシナイ契約についての記述が申命記主義的な編集を経ていることも明白である。

なお、シナイ山の位置についても多数の仮説があるが、正確なことは分からない。何よりもまず、出エジプトのルート自体が不明だからである。現在シナイ山とされ、観光地化しているシナイ半島南部のジェベル・ムーサ（「モーセの山」、標高二二四四メートル）は、いかにも「霊峰」というのにふさわしい神秘的な形姿であるが、これがシナイ山と見なされるようになったのは、ようやく紀元後四世紀以降のことである。

カナンの地の征服

ヨシュア記のカナン征服の物語によれば、イスラエルの民は東側からヨルダン川を渡り（ヨシ三章）、まずエリコ（ヨシ六章）を征服した後、電光石火の勢いで中部山地の諸都市国家を占領し（ヨシ八1―一〇28）、次に南部の諸都市を（ヨシ一〇29―43）、そして最後に北部の諸都市を（ヨシ一一章）征服した。この間、イスラエルはヨシュアの指揮下で常に一丸となって行動し、征服は短期間で大勝利のうちに終わり、カナン全土が一気にイスラエルのものになったかのように描かれている。

これがかなり後代の、極度に図式化され理想化されたイメージであることは明白である。

それは、個々の部族集団が独立して個別的に領土獲得の努力をし、その結果についても差し当たっては非常に不完全であったとする士師記一章の記述と矛盾するばかりでなく、多くの場合、各地の考古学的所見とも一致しない。

例えば、イスラエルが角笛を吹きながら周囲を行進すると、堅固な城壁がひとりでに崩れ落ちたとされるエリコの城壁は(ヨシ六章)、考古学的調査の結果、何と初期青銅器時代末の前二三〇〇年頃に破壊されたものであり、イスラエルの登場時にはエリコはほとんど人の住まない場所であったことが判明した。すなわち前一二〇〇年頃イスラエル人がこの地に住むようになった時、その近郊には約一〇〇〇年以上前に破壊された城壁の廃墟だけがあったことになる。したがって、エリコの城壁の崩壊の物語は、その廃墟の由来を説明する起源譚として創作されたものであることは明白である。カナンの地におけるイスラエルの土地取得が、ヨシュア記の記述はもとより、士師記一章が述べる経過以上に複雑で、長い経過をたどるものであったことは、次章で詳しく述べることにしよう。

第三章　カナンの地におけるイスラエル民族の成立

（前十二世紀―前十一世紀前半）

第一節　イスラエルの出現前後のカナンの地

エジプトのカナン支配

第一章でも述べたように、カナンの地には前二千年紀初頭以降、主として平野部や山間の平地部分を中心に数多くの都市国家が成立し、この地全体が複雑な政治単位に分かれていた。しかし前十五世紀中葉になると強大なエジプト第十八王朝のトトメス三世（在位前一四九七―一四二五年）がこの地に遠征を繰り返し、カナンの地全体をエジプトの宗主権下に組み入れた。最初に「ファラオ」（「大きな家」の意味）の称号を名乗ったとされるこのエジプト王が残した、征服されたシリア・パレスチナの諸都市を列挙する遠征碑文は、イスラエル登場以前のカナンの地の状況を知る上で貴重な史料となっている。カナンの地がエジプトの支配下に入ったことにより、カナンの地の要所にはエジプトの役人や軍隊が置かれ、この時代以降、文化的にもエジプトの影響が強まることになる。

しかしそれ以降のエジプト王のパレスチナ支配は、時おり支配確認のための遠征が行われる他は、主として名目上のものに止まっていたらしい。特に、第十八王朝末期のアメンヘテプ四世(別名イクナトン、在位前一三五三—一三三六年)は、新たに建設した首都アケトアトン(アマルナ)を中心に、従来のエジプトの神々の崇拝を廃止して太陽神アトンへの排他的崇拝を行う宗教改革(世界最初の一神教的現象と言われる)に熱中するあまり、対外政策を事実上ほとんど放棄してしまったので、カナンの地では都市国家間の争いが頻発するようになった。すなわち、カナンの都市国家群はこのような状況下で、あるいはエジプトへの表面上の忠誠をよそおいながら自己の勢力拡大をはかり、あるいは公然と独立し、互いに激しい抗争を繰り広げていた。

「ハビル」

この混乱にさらに拍車をかけたのは、この時期に「ハビル」ないし「ハピル」と呼ばれる集団がパレスチナに出現し、至るところで略奪行動を繰り広げたことである。このような騒乱の中でカナンの諸侯からエジプト王イクナトンに送られたいわゆる「アマルナ文書」は、危急を訴え援助を求める声や、カナン諸侯の相互非難、反逆の告発の声に満ちている。例えばエルサレムの領主アブディ・ヘパは、自分が反逆したという告発が偽りであること、シケムのラバヤの息子たちとゲゼルのミルキリがハビルと結んでエルサレムを攻撃していることを訴え、援軍を送ってほしいと繰り返し嘆願している。しかしエジプト王が彼の要請に応えたという形跡はない。

ここでハビルと呼ばれている人々は、メソポタミア、ヒッタイト、ウガリットなどの文書で「ハビル」ないし「ハピル」と記され、さらに前章でも述べたエジプトの文書で「アピル」と呼ばれている人々(二八頁参照)と関連するものと言われている。これらの人々はいずれも、奴隷、雇い人、傭兵、山賊行為をはたらく略奪集団等として描かれている。これらは特定の民族をあらわす呼称ではなく、むしろ、ある種の社会層——すなわち、既成の社会秩序の内部に含まれず、法的保護の枠外にあるような「アウトロー」集団——を一般的に表す概念であったと思われる。しかもこのハビル/アピルという語は音韻学的に「ヘブライ人(イブリー)」という語とも通じる。そこで今日少なからぬ研究者は、このようなハビルと、後のイスラエル人のカナンの地への出現との間に何らかの関連性があったと考えている。

メルエンプタハ碑文の「イスラエル」

いずれにせよ、エジプトで強力な第十九王朝が成立すると、カナンの地での混乱はひとまず沈静化する。この王朝の初期の王たち、セティ(セトス)一世(在位前一二九〇―一二七九年)やラメセス二世(在位前一二七九―一二一三年)がパレスチナ・シリアに遠征を繰り返し、この地の支配を再強化したからである。特に、ラメセス二世が、この時期にアナトリア(小アジア)で強大化し、北からシリア・パレスチナに勢力を拡大してきたヒッタイト帝国のムワッタリ二世とオロンテス川畔のカデシュで一大決戦を行い(前一二七五年)、引き分けて和を結んだエピソードは有名である。

ラメセスの息子メルエンプタハ(在位一二一三―一二〇三年)もシリア・パレスチナに遠征を行ったが、この遠征(前一二〇七年頃)を記念した石碑(カイロ博物館蔵)中の、征服したとされる地名のリストの中に、「イスラエル」の名が見られる。

「カナンはあらゆる災いをもって征服され、アシュケロンは連れ去られた。

ゲゼルは捕らわれの身となり、ヤノアムは無に帰した。

イスラエルは子孫(ないし「種」)を断たれ、フルはエジプトのために寡婦とされた」

これは、カナンの地におけるイスラエルという集団の存在に言及する最初の聖書外史料である。しかも興味深いことに、他の地名とは異なり、このイスラエルという集団には、都市(国家)や地方ではなく民族集団を表わす決定詞(語句の意味を示す、発音されない記号)が付けられている。このことは、この集団がはっきりとした国家の態をなしておらず、またその領土も明確でなかったことを示唆している。なお、前章でも述べたように、いわゆる出エジプトに当たる出来事は、このメルエンプタハかその前任者ラメセス二世の時代に起こったと考えられるが、このことと、メルエンプタハ碑文に「イスラエル」と呼ばれる民族集団が言及されることが、直接歴史的に関連するとは限らない。出エジプト集団が少数で、後のイスラエル全体の一部にすぎないとすれば、出エジプト以前に、すでにカナンの地に「イスラエル」という集団が存在したとしてもおかしくはないからである。

前一二〇〇年頃のカナンの地における政治的・社会的変動

この「イスラエル」と呼ばれる集団は、それではどのようにしてカナンの地に出現したのであろうか。この問題を考える際には、前一二〇〇年頃カナンの地に生じた大きな変動に注目する必要がある。

考古学的に後期青銅器時代の末期から鉄器時代への移行期とされる前一二〇〇年頃になると、それまでカナンの地に乱立し覇を競ってきた多くの都市国家が相次いで破壊され、放棄されたり、非常に衰退したりし始めるのである。都市の規模も各地で著しく縮小し、文化の水準も著しく低下し、人口もかなり減少したと考えられる。何がこのようなカナン都市国家群の没落をもたらしたのであろうか。一つには、メルエンプタハの死後、エジプトでは反乱などで第十九王朝が倒れ、国内が再び混乱状態に陥り、カナンの地への支配が弱まったため、カナン都市国家相互の闘争が再度激化したということが考えられる。この時期に大きな気候変化が起こり、凶作が続いたと考える研究者もいる。しかし、最大の原因は、ほぼはっきりしている。すなわち、シリア・パレスチナがいわゆる「海の民」の移動に巻き込まれたのである。

海の民とペリシテ人

「海の民」とは、前十三世紀の後半から前十二世紀の前半にかけて、エーゲ海やアナトリア南西部から大挙して東部地中海地方に侵入した民族移動群の総称である。その起源は謎に包まれているが、人種的には単一でなく、古ギリシア系の人々を中核とする混成集団であったらしい。ギリシア本土におけるほぼ同時期のドーリア人の移動や、ミュケナイ文明の崩壊と関連づける研究者もいる。いずれにせよ、彼らの移動によってアナトリアで栄華を誇ったヒッタイト帝国や、北シリアの有力な国家であったアムル(旧約聖書の「アモリ」)王国、シリアで商業都市国家として栄えたウガリット、アララクなどは次々と滅亡した(前一二〇〇―一一七〇年頃)。海の民の諸集団は、シリア・パレスチナの海岸平野を南下し、最終的にはエジプト侵入を図ったが、エジプト第二十王朝のラメセス三世(在位前一一八五―一一五五年)が国家総動員体制で奮戦し、海戦・陸戦の双方で海の民を打ち破ってかろうじて彼らのエジプト侵入を食い止めた(前一一八〇年頃)。

行き場を失った海の民の一部は、(おそらくエジプトの黙認のもとに)いくつかのグループに分かれて、シリア・パレスチナの海岸地方に定着し始める。彼らのうち、前十二世紀の中葉までにパレスチナ西部の沿岸平野地域に定着した集団が、エジプト文書で「ペレシェティー」と呼ばれた人々、すなわち旧約聖書のペリシテ人である。彼らは、この地にあったガザ、アシュケロン、エクロン、ガト、アシュドドの五つの都市国家を征服し、ペリシテ人の都市国家に建て直して相互に同盟を結び(いわゆる「ペンタポリス」、「ペリシテ人五都市」、サム上六17等を参照)、カナンの地の内陸部に進出を始めた。その際に多くのカナン都市が破壊されたものと考えられる。

ちなみに、「パレスチナ」の地名はこの「ペリシテ」に遡り、直接的にはギリシア・ローマ時代にこの地が「ペリシテ人の地」の意味で「フィリスティア」と呼ばれたことに由来する。念のために記すが、これと現在のアラブ系の「パレスチナ人」とは人種的に何の関係もない。

第二節　イスラエルの起源

いわゆる「土地取得」についての三つのモデル

さて、ペリシテ人が南西の海岸平野からカナン内陸部に進出を始めた時期に、逆方向の西部山岳地帯からカナンの平野部に進出を図っていた集団があった。言うまでもなく、これがイスラエル人、もしくはその祖先たちである。

ここで、彼らがどのようにしてカナンの地に登場したのか、という問題に戻ることにしよう。まず大前提として改めて確認しておかねばならないのは、すでに前章で見たように、イスラエルが(ヨシュア記が描くように)一まとまりの大きな集団として、カナン外部からやって来て、この地を一気に征服したという可能性は、考古学的にも歴史学的にも否定されているということである。そこで、カナンにおけるイスラエルの出現を説明するために、一九七〇年代頃までは、主として以下の三つの相互に対立する基本的な考え方が提唱されてきた。なお、このような理解の対立から、学界では、カナンの地におけるイスラエルの出現については「征服」、「侵入」、「定着」といった経過についての内容的示唆を含む語の使用を避け、「土地取得」(occupation of the land, die Landnahme)という分かりにくい、中立的な用語が使用されるようになったほどである。

(1)軍事征服説――ヨシュア記に描かれたほど組織的なものではないにせよ、基本的には沃地の外部から侵入した集団が先住民の諸都市を軍事的に征服したと理解するもの(オールブライト、ブライト、ヤディン等)。この立場の研究者はしばしば、前一二〇〇年前後のカナン諸都市が各地で大規模な破壊を受けているという前述の考古学的事実をイスラエルのカナン侵入に関係づける。ただしこの時期には前述のように、カナン都市国家同士の激しい抗争が繰り返され、ペリシテ人の侵入やエジプトの遠征も行われたので、そのような破壊の跡がイスラエル人によるものかどうかは確定できない。また、考古学的調査による破壊状況は、必ずしもヨシュア記の記述と符合しない。例えば有名なエリコの城壁(ヨシュア記六章)がすでに前一三〇〇年頃に破壊されており、前一二〇〇年頃にはこの地にほとんど誰も住んでいなかったことは、前章でも述べたとおりである。

(2)平和的浸透説――イスラエルの土地取得は、季節ごとに牧草を追って移動していた半遊牧民諸集団が、次第にカナン都市国家のない山地を中心に定着した、本質的に平和的な経過であり、これは後のカナン人との平地をめぐる軍事的対決とは本質的に区別される過程であると考えるもの(アルト、ノート、アハロニ、ヴァイベルト等)。この立場については、最近ではそこで前提とされているような牧羊民の定期的牧草地交替ないし移牧(transhumance）という生態が古代パレスチナに実際に存在したかどうかに異論が唱えられている。

（3）農奴反乱・革命説――前二者があくまでパレスチナの「外から中へ」という運動を想定するのに対し、この発想をくつがえし、カナン都市国家に支配されていた（牧畜者を含む）農奴たちが支配階級に反乱を起こし、その支配網から離脱し、その影響力外にある山地に「引き上げ」、平等主義的共同体としてのイスラエルを再部族化により結成したとするもの（メンデンホール、ゴットワルド等）。この仮説は、後に見るヤハウェ宗教の反権力的、平等主義的性格をよく説明するが、族長物語の平和的性格や、自分たちが外部から来たものとする旧約聖書全体を貫くイスラエルの意識と矛盾する。

このように、これらの仮説はいずれも一長一短を持つ。いずれにせよ、イスラエルの「土地取得」の経過が、単一的なモデルで説明されるような単純なものでなく、より複雑なものであったことは疑いない。そこで、このようなモデルからの「三者択一」を行うのでなく、それらを総合的に活用しつつより適切な理解を得ようとする試みが模索されるようになった。

イスラエルの起源についての新しい見方――居住パターンの変化

イスラエルの「土地取得」の理解が「三すくみ」の状態から新しい方向へ動き出すよう

になったきっかけは、一九八〇年代にイスラエル、アメリカ、ドイツの研究者により従来の遺跡(テル)をひたすら掘り返す方法に替わって、組織的で広範囲にわたる表層調査と局地的な発掘により、かなり広い地域を単位とした居住パターンの変化が調査されたことである。

この結果、前一二〇〇年頃の平野部での都市国家文化の没落に呼応するかのように、それまでほとんど人の住んでいなかったガリラヤ山地や中央山岳地帯(サマリア山地)、ユダ南部のネゲブ地方北部などに同時多発的に数多くの小規模な居住地が出現したことが分かった。例えば中央山岳地帯では、後期青銅器時代(前一二〇〇年頃以前)には居住地はわずか二十三であったものが、鉄器時代(前一二〇〇年頃以降)に入ると百十四に急増している。その数は、さらに時間の推移と共に飛躍的に拡大し、前一二〇〇年頃にパレスチナ全土で二百五十程度(総人口四万五千人程度)であったものが、前一〇〇〇年頃には居住地数、人口とも二倍から三倍に激増している。位置的には、これらの新居住地は中央山岳地帯で言うと、まず東のステップ地帯との境界地域で起こり、時と共に西方に拡大していく。

新しい居住地

これらの居住地は、いずれも従来のカナン都市国家の影響圏を意図的に避けるかのよう

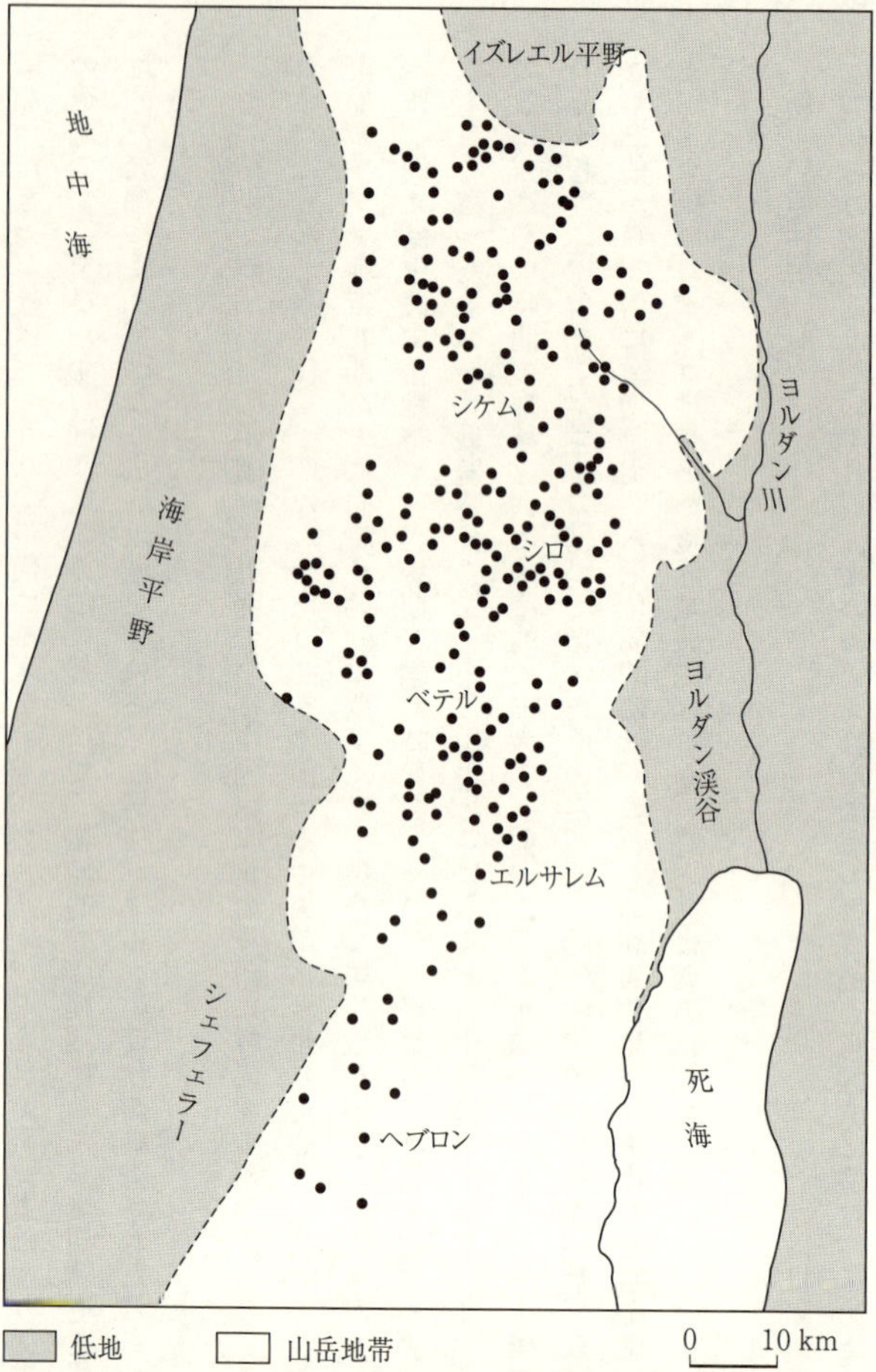

地図3　前1200年頃，中央山岳地帯に突如多数出現した居住地群

に、丘の上か山の尾根などの人里離れた場所に設けられ、ほとんど防壁を持たず、広さは平均して〇・五から一ヘクタールほどで、二十軒から五十軒の自然石造りの質素な家屋の集合体をなす。個々の家屋の構造は、従来のカナンの都市や平野部の村落にはあまり見られなかった、中庭と石柱による仕切りを持つ三部屋から四部屋の住宅が多く、一家の住人は四人から五人、一つの居住地の人口は五、六十人から多くとも数百人程度であったと推測される。神殿、宮殿、政治支配機構の存在を推測させるような大きな公共建築物は皆無であり、家屋は形はさまざまだが、大きさはほぼ同じで、社会階級の分化はなかったようである。

経済的には穀物栽培と牧羊を並行的に営み、地面に水漏れ防止用の漆喰を塗った水溜や穀物保存用のサイロを掘り、斜面にテラス(段々畑)を設けて穀物栽培を行った。各居住地は基本的に自給自足であったことが窺われる。そして興味深いことに、カナン人やペリシテ人、ヨルダン川東岸の住民たちとは異なり、発見された動物の骨から、ブタを飼育したり食用にした形跡がない。

物質文化については、先行するカナンの後期青銅器時代の文化との関係をめぐる微妙な問題があり、土器の形式などには先行するカナン文化とのある程度の連続性が認められるが、家屋の形式や建築方法、居住地のプランなどはカナン都市国家のそれとはかなり異なるものであった。この山岳地帯の住民の文化は、そのままイスラエル王国時代の初期まで連続していくので、前一二〇〇年前後に現れたこれらの新しい居住地の住民の中に、後のイスラエル人の祖先たちが含まれていたことは疑いない。

カナン人＝イスラエル人？

それでは彼らは、いったいどこからやって来たのか。エジプトからであれ、アラム地方からであれ、大規模な民族移動の流入が想定できない以上、これらの人々の由来はカナンの地自体、もしくはその周辺部を含めた広い意味でのパレスチナ自体に求められねばならない。これを具体的にどう再構成するかについては、大きく見て二つの考え方に分かれる。

一つの考え方は、これらの山地の新居住地の住民が、カナンの都市国家の住民自身、もしくはかつてそれらの都市国家に属していた農民であったというものである（レムチェ、クート、デーヴァー等）。つまり、非常に短絡化した言い方をすれば、カナン人の一部が後のイスラエル人になったことになる。彼らはカナン都市国家の没落を受けて、生き残りのために山地に移り、そこに新たな生活の場を開拓したのである。このように見れば、両者の間の文化的連続性の面や、これらの人々が山地に定着後直ちに水溜やテラス農地を設営して農耕に取り組むことができたことがうまく説明できる。すなわちこれらの人々は、すでに農耕の伝統と技術を持っていたのである。しかし、見方を変えれば、これは従来の反乱・革命説からその中心的要素を取り除いた「引き上げ説」であると見ることもできる。

イスラエル人＝定着した遊牧民？

もう一つの考え方は、カナン人が直接イスラエル人になったとは考えずに、もともとカナン都市国家と密接な関係にあった(非定着の牧羊民という意味での)遊牧的集団が、この時期から集団で定着を開始したと見るものである(ドンナー、フリッツ、フィンケルシュタイン等)。

この見方は従来の平和的浸透説に近いが、決定的な違いは、それらの遊牧集団が「外から中へ」移住したとは見ずに、もともとカナン都市国家との共生関係にあったと見る点である。すなわち、ラクダの家畜化以前の牧羊民は、ベドウィンとは異なり、砂漠では生きてゆけず、都市や農村の周囲でそれに依存した生活を営んでいた。牧羊民といえどもパンのための穀物を必要とする。通常なら、彼らは自分たちが生産する皮や肉や乳製品と交換して定着民から穀物を得ていたが、カナン都市国家の没落は穀物生産の著しい低下をもたらし、このシステムが機能しなくなった。そこで牧羊集団は止むを得ず、従来の移動する生活を放棄して山地に定着し、自らの手で穀物栽培を始めることになったのだ、と見るのである。

山地の新居住地の初期の形態に、家屋群を楕円状に建て中央に広場を残したものが見られるが、これは天幕群を楕円状に張り、夜には中央部の空間に家畜を集めた遊牧民の宿営の伝統を残したものと解釈された。なお、フィンケルシュタインは、パレスチナではこのような牧羊民の定着は、大きなサイクルで何度か繰り返されたと考えている。

イスラエルの複雑な起源

私見によれば、旧約聖書には自分たちの先祖が土地を持たない牧羊民であったという意識(創四七3等参照)や、自分たちがカナン生粋の者ではなく(エジプトからであれ、アラム地方からであれ)この地への移住者であるという意識が強く残されており、後のイスラエル人のほとんどがかつてのカナン人の一部であった、というのはいささか説得力に欠けるように思われる。いずれにせよ、イスラエル民族の成立は複雑な現象であり、これを単純化して一元的に説明することは避けるべきであろう。

牧羊民の定着と、没落したカナン住民の「引き上げ」は必ずしも相互に排除し合うものではない。もともとほとんど住む者のなかった南の砂漠的風土のネゲブと、比較的肥沃で周囲にカナン都市国家が乱立していたガリラヤでは状況も異なり、地域差もあったことであろう。さらに、前章で見たように、後のイスラエル民族の中にはエジプトから脱出してきた人々の子孫や、アラム地方から移住してきた人々もいたに違いない。それゆえ、地理的にも文化的にも起源を異にする多様な人々の「るつぼ」の中からイスラエル民族が出現した、と見る研究者も少なくない(ヘイズ、ミュラー、キャラウェイ等)。

同時に考え合わせねばならないのは、これらの新しい山岳地帯の住民のすべてがそのまま後のイスラエル民族になったとは限らない、ということである。前述のように、それらの居住地は、少なくとも初期の段階では原則的に自給自足であり、相互の間に緊密な連絡があったようには思われない。それらの集団は、差し当たっては相互に無関係に並存していた。これらの人々のうち、やがて同じ民族(ヤコブ＝イスラエルの子孫!)、共通の体験としての出エジプト!)としての強烈な共属意識とアイデンティティーを獲得した部分が、イスラエル民族となったのであり、なかには「イスラエル人」としての意識を持たずに孤立した存在を続けた人々もあったに違いない。この地の住民がすべて「イスラエル人」となるのは、王国時代の政治的統一以降であろう。

第三節　民族的統一性の形成

共通の敵との戦い

諸集団の結合を促した要素の一つは、疑いもなく、土地と生活を確保するための共通の敵(平野部の住民や侵入者)との戦いであった。山地の居住地は、前述のようにもともとカナン都市国家から離れた場所に建てられ、防壁もなく、その生活は初期の段階では比較的平和的なものであったと思われる。しかし、やはり前述したように、これらの居住地ではその後急速な人口の増加と居住地域の西への拡大が見られる。集団の中には、より条件の適した平野部への進出を図った部分もあったに違いない。廃棄された都市跡に、山地と同じような居住地が建てられた例もいくつか見られる。

他方で平野部、特に肥沃な地域には、衰退したとはいえ、各地に依然としてカナン人の都市国家が存在し(士一21—36等を参照)、山地の住民よりははるかに高度の文化と軍事力を持っていた。旧約聖書にも、「ユダは山地を獲得した。だが、平野の住民は鉄の戦車を持っていたので、これを追い出すことはできなかった」(士一19)、「アモリ人はダンの人々を山地に追い込み、平野に下りて来ることを許さなかった」(士一34)と書かれている。

しかし、やがて人口の増加や集団の規模の拡大と並行して、平野部への進出が不可避的になったことは、その後の事情から見ても明白である。他方で、平野部に出た集団が、より強力な武力を持ったカナン都市国家の支配下に組み込まれて抑圧されることも稀ではなかったらしい(士四2―3等を参照)。何とか新しい土地を手に入れても、周辺のモアブ人(士三章)、ミディアン人(士六―八章)、アンモン人(士一一章)などの侵入が繰り返された。それゆえ、後にイスラエルを構成することになる諸集団(便宜上「原イスラエル」と呼ぶ)は、先住民であるカナン人や周辺民族としばしば戦いを交えなければならなかった。

部族の形成

先住・周辺民族との戦いと簡単に言うが、いったい誰が、どのようにして戦ったのか。原イスラエルの諸集団は、この段階では明らかにまだ、戦いに専念する職業軍人も常備軍も持たず、成年男子たちがその都度主体的に編成する召集軍が主たる戦力であった。このような戦いが繰り返されるうちに、隣接し合う集団同士がより大きな集団単位としての「部族」を形成し、さらにそのような部族同士が集まってさらに大きな枠組みとしての部族連合を形成していったものと思われる。

なお、いわゆる「部族」が歴史的には二次的に形成された単位であり、血縁原理というよりも地縁的原理に基づくものであったことは、後の部族名のいくつかが明らかに地名から取られていることに示されている。例えばエフライム部族や、ユダ部族、そしておそらくはナフタリ部族の名は、それぞれ同名の山地の名から取られており、ベニヤミン部族の名は、「南の人」を意味し、この部族が住んだ土地の地理的位置関係から名づけられたものである。

いわゆる「士師」たち

カナン人や周辺民族との戦いについて物語る士師記の現在の形態は、明らかに後代のものだが、他方でそこに数多くの古い伝承が取り入れられていることもまた確実である。そこに描かれたカリスマ的軍事指導者や英雄たちの活躍の伝承は、このような困難な戦いの相次ぐ時代の雰囲気の中から生み出されたのであろう。ただし、士師記の編集者（いわゆる申命記史家、後述一七四―一七五頁を参照）は、カナン定着と王国成立の間の時期に何らかの意味で指導者的な役割を果たした人々をすべて画一的に「士師」（ショーフェート）すなわち「裁き人」として描いているが、その役割には個別的にさまざまな違いがあったと思われる。

例えば「なつめやしの木の下」に座って「イスラエルを裁いた」とされるデボラ（士四

4―5)は、神の意志を告げるシャーマン的な女性であったと思われる。これに対し、「ヤハウェの霊」に取りつかれて超人的な活躍をしたという軍事指導者たち(後述の軍事的性格を持たない「小士師」と対比して、しばしば「大士師」とも呼ばれる)は、もともとは「救助者」(モーシーア)と呼ばれたらしい(士三9)。現在の士師記では、これらの軍事指導者たちの活躍がいずれもそれぞれ全イスラエル的意味を持ち、しかも個々の英雄たちが相次いで交互に登場したように描かれているが、実際にはそれぞれの戦いは、いくつかの特定の部族集団のみを当事者とする局地的なものであり、歴史的にも相互に連関性を持たず並行的に生起したものと思われる。すなわちそれらは、すでにイスラエルという統一性と連帯感を前提として行われたものと言うよりも、むしろ次第にそのような統一性に向けての運動を促進し、連帯感を陶冶していく経過であったと考えられる。

なお、直接戦闘には関わらず、むしろ平常時の日常生活に関わる役割を果たしたと思われるいわゆる「小士師」(士一〇1―5、一二8―15)についても、彼らの活動の具体的内容は不明であるが、もともとは現在の士師記で「イスラエルを裁いた」と言われるような全イスラエル的意味や、代々前任者の地位を継承していくという行政制度的意味は持たず、特定地域で、住民間のさまざまな問題の解決に当たって指導的な役割を果たした有力者以上のものではなかったと思われる。ただし、戦争にあたって司令官を指名するようなこともあったらしい(士四6―7参照)。なお、現在の士師記やサムエル記では、伝説的な豪傑(軍隊指揮者ではない!)であるサムソン(士一六31)や、祭司のエリ(サム上四18)、預言者サムエル(サム上七15―17)までもが「士師」として描かれている。

デボラの戦い

おそらく前十二世紀の後半に、肥沃なイズレエル平野の領有をめぐって行われたと思われる(いわゆる)デボラの戦い(士四―五章)は、このような経過のかなり後期の段階を表現しているものと考えられる。そこでは「イスラエル」諸部族の連合軍が、キション川のほとりでハツォルを中心とするカナン北部の都市国家連合軍の戦車軍団を撃ち破る。この戦いの戦勝歌である「デボラの歌」(士五章)では、「イスラエル」にすでに十の部族が属し、この戦いに参加したか(エフライム、ベニヤミン、マキル＝マナセ、ゼブルン、イサカル、ナフタリ)、あるいは当然参加すべきであった(ルベン、ギレアド＝ガド、ダン、アシェル)と考えられている。このことは、この時代にすでにイスラエルという部族連合の統一性がほぼ大筋において出来上がっていたことを示している。

その際ユダとシメオンの二部族の名が挙げられていないのは、それらの部族がまだ「イスラエル」部族連合に参加していなかったからなのか、それともそれらがパレスチノ最南部に定着した部族であるため、北部で行われたこの戦いに参加することが不可能であったからなのかについては議論が分かれている。もし後者のように解釈できるとすれば、前十二世紀後半にはすでに十二部族からなる「イスラエル」という部族連合＝民族の母体が成立していたことになろう。

ヤハウェ宗教

共通の敵との戦いが諸集団をイスラエルという部族連合へと結束させる、いわば受動的・消極的要素をなしたのに対し、諸部族を一つの部族連合へと統合する能動的・積極的要素をなしたものは、共通の神の崇拝という集団間の宗教的紐帯であったと考えられる。これに関わるのがヤハウェ宗教の起源ないし導入の問題である。おそらく当初より排他的唯一神の性格を持っていたと思われる神ヤハウェは、人々を抑圧から解放する救いの神(出二〇2)、敵の戦車を撃ち負かす戦いの神(出一五21)であり、この神への信仰は、困難な状況下にある諸集団を戦闘的な共同体に統合し、その戦力を高めるうえで強力なイデオロギーとしての役割を発揮したものと思われる。すでに「デボラの歌」で、イスラエルは「ヤハウェの民」と呼ばれている(士五11、13)。

ヤハウェ崇拝以前の「イスラエル」？

ただし、「イスラエル」というこの部族連合の名称は、それが当初よりヤハウェという神の崇拝を中心に形成されたものではなかったことを示唆している(創三三20参照)。イスラエルとは「エル戦い給う」ないし「エル支配し給う」を意味するが(創三二29参照)、「エル」とはセム語共通の「神」をあらわす普通名詞であるとともに(アラビア語の「アッラー」も同じ語根に由来する)、他方でウガリット(シリア北部)出土の文書に見られるように、フェニキア＝カナン神話における最高神の固有名でもあった(八頁参照)。

イスラエルという名称におけるエルがいずれの意味であるにせよ、このことは、まずヤハウェ宗教が到来する以前に、すでにエルを中心として「イスラエル」という部族連合の形成が始まっており(前述のメルエンプタハ碑文の「イスラエル」？)、その後、より強力な神ヤハウェがもたらされ、このエルとの同一視によって「イスラエルの神」とされたことを推測させる。そしてこのような想定は、創世記や出エジプト記の登場人物にヤハウェ系の名前(例えば、イザヤ＝「ヤハウェは助け」、ヨナタン＝「ヤハウェ与え給う」)がほとんどあらわれないという事実や、イスラエルではモーセ(すなわち、歴史的には出エジプト集団)以前にはヤハウェの名が知られていなかったとする伝承(出三13―15、六3)とも符合する。部族連合の形成自体も単純で一回的な出来事ではなく、いくつかの段階に分かれた複雑な経過であったと考えられる。

この連関で興味深いのは、ヨシュア記二四章のいわゆるシケム契約の記述である。そこではヨシュア(ちなみに彼の名は「ヤハウェは救い」を意味し、旧約聖書に現れる最初の明確なヤハウェ系の人名である)が「イスラエル」の人々をシケムに集め、従来の神々を放棄してヤハウェのみを崇拝するように「伝道」している(ヨシ二四14―28、なお創三五2―4参照)。このような伝承には、(異論もあるが)イスラエルへのヤハウェ宗教の導入という歴史的経過の記憶が反映しているかもしれない。

いわゆるアンフィクチオニー仮説について

イスラエルという民族の成立の問題に関連して、最後にいわゆる「アンフィクチオニー仮説」問題に触れておく。アンフィクチオニー(隣保同盟)とは、本来は古代ギリシアやイタリアにおいて国家形成以前の諸部族が共通の中央聖所や祭儀、法などを通じて形成した部族連合で、各部族が月ごとに輪番制で中央聖所の管理をつかさどるため、六ないし十二の構成員からなることを特徴とする。かつてドイツの旧約学者マルティン・ノートは、イスラエルの部族組織で成員の入れ替わりにもかかわらず常に十二という全体数が保たれる事実に着目し、王国以前のイスラエルが、シナイ契約の際に与えられた律法の石板を収めたとされる「契約の箱」(出四〇20—21参照)の所在地を中央聖所とするアンフィクナオニーを形成していたと推測した。

ノートのアンフィクチオニー仮説は、イスラエル民族の起源の複雑さとその統一性との間の困難な諸問題を見事に説明するものであったので、急速に広い支持を受け、二十世紀中葉には旧約聖書研究やイスラエル史学における最も基本的な学説となった。それゆえ、やや古い研究書や旧約聖書の概説書等には「イスラエル・アンフィクチオニー」という語が自明のように盛んに出てくる。

しかし一九六〇年代から一九七〇年代になると、インド・ヨーロッパ系の定着民の制度をセム系遊牧民の社会に移すことの可否、中央聖所や全イスラエル的な祭儀・職務の有無、部族表を歴史史料として用いることの可否、聖書中における該当する制度への言及の欠如などをめぐって、ノート仮説に多くの批判が投げかけられ(ヘルマン、フォーラー、ドゥ・ヴォー、デ・ハウシュ、石田友男、等)、今日ではノート説をそのまま受け入れることはほとんど不可能になっている。

とは言え、ノート説に代ってイスラエルの歴史的起源を説明する定説が現われたわけではない。例えば、フォーラーはイスラエルの起源を定着時代以前に遡らせ、遊牧民の間の系図を通じた血族意識の獲得にそれを求めるのに対し、ヘルマンはむしろ逆にイスラエルの統一性は王国の建設とともに始まるのであり、王国以前の時代における統一イスラエルへの聖書の言及は、そのような王国時代における統一性の過去への投影、ないしフィクションにすぎないと論ずるが、いずれも幅広い承認を受けるに至ってはいない。

部族連合としてのイスラエル

ここでは、アンフィクチオニー説の当否と、イスラエルの母体となる部族連合の存在という問題とを区別して考えることが重要であろう。一方において、イスラエルが聖書の語るように当初から血縁と共通の歴史によって結び付けられた一体をなす存在ではなく、パレスチナにおけるさまざまな集団の統合によって一つの部族連合として成立したとする理解自体は、アンフィクチオニー仮説の当否に関係なく有効なのであり、他方では前述のメルエンプタハ碑文や「デボラの歌」に見られるごとく、すでに王国形成以前のパレスチナに「イスラエル」の名をもって呼ばれる集団が一つの勢力として存在していたということは極めて確からしい。

したがってノート説は、イスラエルの起源を土地取得と王国建設の間に挟まるいわゆる士師時代に置いたことと、それが部族連合という形をとったということを指摘したという点において基本的に正しいのであり、ただ誤まり(ないし行き過ぎ)があったとすれば、その部族連合の構造と本質をギリシア世界のアンフィクチオニーという歴史的に異質な概念によって説明しようとした点にあると言ってよい。したがって今後の研究は、ギリシアのアンフィクチオニーとは無関係に(したがってこの用語は用いずに)、固有の存在としてのこのイスラエル部族連合の成立と本質とを(それが十二数のものであったか否かを含めて)より詳しく解明することに向けられるべきであろう。

第四章　王制の導入といわゆる統一王国の確立

（前十一世紀後半―前十世紀）

第一節　イスラエルにおける王制導入

ヤハウェ宗教と王制

すでに早くから都市国家網を組織していたカナン人や、この時期にあい前後して民族国家を建設した東方および南方のアンモン人、モアブ人、エドム人とは異なり、イスラエルは民族成立後も約二百年から三百年の間、王制を採用しなかった。このことは単なる偶然ではなく、一つには、すでに述べたように、ヤハウェが「奴隷の家から解放する」神であり（出二〇2）、ヤハウェ宗教が、人間が人間を支配することを認めない、本質的に反王権的性格を持つ宗教だったからであろう（士八22―23、九7―11等参照）。それにもかかわらず、イスラエルが王制国家に向けた道を歩み始めたことには、複雑な事情があった。

他のほとんどの歴史的現象の場合と同様、イスラエルにおける王制導入の問題についても、内的要因と外的契機の両面から考察する必要がある。

王制導入の内的要因

内的要因としては、まず、前にも述べた、山地における人口の著しい増大と居住地域の拡大、社会構造の複雑化、多様化ということが挙げられる。前章で見たように、イスラエル民族はパレスチナの中央山岳地帯に定着した牧羊的背景を持つ諸集団が共属意識（民族的アイデンティティー）を獲得することによって生まれたと考えられ、初期の段階では、各地に分散していた諸集団が基本的に自律性を保ちながら、（多分に擬制的な）系図に基づく血縁意識や共通の歴史についての伝承、共通の敵との戦い、共通の神ヤハウェの受容などを通じてゆるやかに連帯していた部族連合であったと想定できる。

しかし、やはり前述したように、前十二世紀から前十世紀にかけて中央山地では人口と居住地の数の著しい増大と、東から西に向けての居住範囲の拡大が見られる。明らかに、土地が供給する農耕や牧羊の産物が人口の増加に追いつかず、より条件の劣った土地への居住地拡大が行われたのである。

社会構造の変化

中央山地の西側は東側に比べてはるかに生活条件が悪く、そこで生活するためには組織的な森林の伐採や開墾、多数の段々畑(テラス)や漆喰を塗った水溜の設営のために超氏族的、超地域的な大規模な共同作業が必要とされたと考えられる。しかも、中央山地の西側は牧羊や穀物栽培には適さず、そこではもっぱらオリーブやブドウなどの果樹栽培が営まれた。したがってこの地域での産業は、葡萄酒やオリーブ油の生産に特化せざるを得なかった。当然ながら、このことは共同体間の分業化と地域的差別化を促進すると共に、他の共同体が産する余剰の穀物や畜産物との地域間交易を盛んにしたはずである。

他方で、これに伴い、直接生産には携わらず主として交易や流通に従事する新しいタイプの職業人が生まれ、市場が成立し、交易の安全と秩序を保障する必要性も生じたことであろう。このような経済・社会諸関係化の変化は、当然ながら、より大きな枠組みの社会・政治システムの組織化を促したはずである。同じような現象は、多少の時間的なずれはあったが、ガリラヤ山地やネゲブ高原、ベエル・シェバの盆地でも進行した。南部の住民たちは、「王の道」を通じたアラビア方面の交易にも従事し始めたかもしれない。

さて、初期の段階では、防壁を持たない村落の構造などから見て、「原イスラエル人」たちは比較的平和裏に生活していたようであるが、前十二世紀の末期になると、前章で見た「デボラの戦い」にも示されるように、山岳地帯を出て平野部に進出しようとする動きも顕著になってくる。このことは当然ながら、平野部に点在するカナン人都市国家との衝突をもたらした。前述のように、この時代のイスラエルには、戦いに専念する戦士階級や常備軍はまだ存在しなかったが、このような事態に対処するためには、一定数の戦力を動員し、訓練を施し、指揮統率する指導者の存在が要求される。

これらのことは、本来自給自足的であった氏族社会や村落共同体の構造を根本的に変え、社会構造の組織化、内部的多様化、階層化、および強い力をもって社会を統制する権威の出現、すなわち集権化を要請したであろう。それゆえ、より強大な権力を持ち、より制度化された支配構造を持つ「王権」の出現を要請する内的圧力は相当高まっていたと考えられる。また、士師記九章に描かれたアビメレクの王権掌握の試みに示されているように、王制導入に向けての具体的な動きも、局地的にはすでに見られたらしい。

外的契機——ペリシテ人の脅威

これに対し、外的契機として挙げられるのは、海岸平野へのペリシテ人の定着と内陸部進出による軍事的脅威ということである(ただし、従来の研究ではもっぱらこの要素だけが偏って強調されてきた感がある)。ペリシテ人は、前章でも述べたようにエジプト侵入を阻止された「海の民」の一部であり、前十二世紀の中葉には海岸平野に定着し、ガザ、ガト、アシュケロン、アシュドド、エクロンの五つの都市国家(ペンタポリス)を拠点に、北部のイズレエル平野および内陸丘陵地帯(シェフェラー)への進出を開始した。

ペリシテ人は職業軍人の重装歩兵(サム上一七5―7におけるゴリアトの武装の描写を参照)が編成する強力な軍隊を持ち、鉄の武器と戦車軍団、および弓兵をその軍事力の基盤としていた。サムエル記上一三19―22によれば、ペリシテ人は鉄の精錬を独占してさえいたらしい。彼らは各地の拠点に守備隊を置き、征服地の実効的な継続的支配を図った(サム上一〇5、一三3等参照)。これに対して、イスラエルの側は明らかに劣勢であった。もともと海岸平野に定着したイスラエルのダン部族は、彼らの圧力によりガリラヤ北部への移動を余儀なくされたほどである(士一七章)。また、西方からのペリシテ人の脅威と並んで、イスラエルの窮地に着け込むような形で、南部ではアマレク人(サム上一五、三〇章)、東部からはアンモン人(サム上一一章)の侵入も繰り返されたらしい。

その後もイスラエル人は、ペリシテ人の圧倒的な軍事力の前に繰り返し撃ち破られ、丘陵地帯のエベン・エゼルで決定的な敗北を喫し、神の加護を与えるものと信じられていた「契約の箱」さえ戦利品として奪われてしまった(サム上四1―11)。おそらくこの時期に、当時イスラエル人の聖所であり、最大拠点であったシロも破壊された(エレ七12―14参照)。

イスラエル民族は、これによって文字通り存亡の危機に瀕することになった。

王制導入の歴史的要請

このようなペリシテ人の持続的圧迫は、それまでの、その都度召集される民兵軍で何とか対処できた先住民や周辺民族からの脅威とはまったく性質を異にするものであった。ペリシテ人はいわば、イスラエル人がそれまで知らなかった種類の敵であった。このような組織的な軍事力を持つ侵略者と互角に戦うためには、イスラエル自身もまた、職業軍人による強力な軍隊を持たねばならない。しかしそのためには、イスラエルが、諸部族の平等で自発的な結合を基盤とするゆるやかな部族連合から、中央集権的な統治体制と強力な軍隊を持つ王制国家へと変身しなければならない。なぜなら、戦いに専念する戦士階級と常備軍を創出し、生産者からの徴税などを通じてこれ政治的・経済的に支える社会構造が不可欠となるからである。

こうしてイスラエルの中から、王を求める声が上がってきた。「我々もまた、他のすべての国民と同じようになり、王が裁きを行い、王が陣頭に立って進み、我々の戦いをたたかうのです」(サム上八20)という民の声には、イスラエルにおける王制が、主としてそのような軍事的必要性から要求されたことが反映している。

王制批判とその背景

以上のように、人間的支配権力を持たない分権的な部族連合から、一人の人間を頂点にする王制という支配構造へと移行することは、当時のイスラエルにとってもまたいわば歴史的必然であった。しかしイスラエルの場合、王制導入の経過をより複雑にしたのは、そのような一般的な生態学的、経済的、軍事的傾向に対して頑強に抵抗する逆の力が働いたことである。

前述のサムエル記上八章によれば、王を求める民の要求は、当時の民族指導者であり最後の士師でもあったサムエルの目には「悪と映った」のであり、イスラエルの本来の支配者たるヤハウェを退けることに他ならなかった。そこでサムエルは、王という存在が民を搾取し圧迫するものであることを指摘して、民に警告する(サム上八6―18)。また、サムエル記上一三章や一五章には、宗教的指導者であったサムエルが初代の王サウルと衝突し、神の名においてその廃位を宣言したという伝承が残されている。

この種の王権批判的な伝承をどう理解するかは、最近の旧約学やイスラエル史研究の重要な論点の一つである。かつてはそれらを、王たちの暗愚な統治が結局国家滅亡に導いたという歴史的体験を踏まえた、後代(捕囚時代以降)の反省の産物とする見方が有力であった。しかし最近では、王国以前のイスラエルが意図的に中心的権力の形成を回避し、氏族社会の分権的・平等主義的秩序を維持しようとする「分節社会(segmentary society)」ないし「無頭制社会(acephalic society)」であったという見方から、イスラエルにおいてはすでに王国成立期や初期王国時代に、王権に批判的に対立する強力な運動が存在したことが積極的に想定されるようになった。

いずれにしても、人間の支配を拒否するそのような反王権的エートスないしセンチメントの存在は、出エジプト伝承に表現された「奴隷の家から解放する」神ヤハウェの理念ともよく見合っており、士師時代における王権樹立の試みの挫折を描くアビメレクのエピソード(十九章)や、後のダビデ支配に対するシェバの反乱のエピソード(サム下二〇章)から見ても、王制が何の摩擦もなくすんなりとイスラエルに定着したようには思えない。おそらく王制導入をめぐって、現実的・合理的な歴史認識からそれを推進しようとする人々と、ヤハウェ宗教的理念からそれに反対する人々との間にかなりの対立と葛藤があったと考えられる。このことは、例えばサムエル記自体の中のサムエル像の分裂、矛盾(サム上八6―22と九15―17、一一14―15を比較のこと)にも示されている。それぞれの立場の人々が、王国成立以前の最後の指導者であったサムエルを自分たちの代弁者として描いているからである。

第二節　イスラエル初代の王サウル

王としてのサウル

しかし、結局のところ主導権を握ったのは、王制の導入に積極的な人々であった。イスラエルの初代の王に選ばれたのは、ベニヤミン族のサウルであった。サウルとその息子ヨナタンは、ギブアを拠点に有能な軍人を集めて常備軍を編成し、主としてゲリラ戦によりペリシテ人の守備隊を撃ち、彼らを一時的にせよ海岸平野に追い返すことに成功した(サム上一三2―4、一四1―23)。しかしペリシテ人の海岸平野における本拠は依然として無傷であり、彼らが反撃に出ることは時間の問題であった。一方でサウルは、自分の新しい王国の体制を固めきれずにいた。何よりもまず、サウルは部族連合時代から王国時代への歴史の転換の過渡期に生きた人間であり、当時はまだ伝統的なヤハウェ宗教の理念に固執する人々が大きな発言力を持っていた。

前述のように、サムエルとサウルの対立の物語(サム上一三8―14、一五7―29)には、ヤハウェ宗教の伝統に忠実たらんとする人々と、王制というイスラエルにおける「新しい」秩序を代表し、そのための利益を合理的に追求しようとする人々の対立が反映している。

王制は、その本質からして聖俗を含めたあらゆる権力の専制的掌握を要求する(サム上八10—17、一二17—19等参照)。しかしヤハウェ宗教の立場からするならば、それは唯一の支配者たるべき神への反抗なのである(サム上八7—8、一二12、19等参照)。

サウルとダビデ

聖書の記述によれば、サウルは臣下であったベツレヘムの羊飼いエッサイの息子ダビデの有能さと人望に嫉妬し、彼を潜在的なライバルとして恐れてその命を狙った(サム上一八6—一九10等)。ダビデはサウルのもとから逃亡し、やがて宿敵ペリシテ人の地に亡命して彼らの傭兵となり、封土としてツィクラグを与えられた(サム上二七1—7)。サウルはダビデを付け狙うことに没頭し(サム上二四、二六章)、ペリシテ人の反撃に備え充分な体勢を整えることを怠った。

サウルの王国

サウルの王権が地理的にどの程度の範囲に及ぶものであったのかは定かでなく、特にユダ(およびシメオン)がサウルの王国に含まれていたかどうかをめぐって議論が分かれている。いずれにせよ確かなことは、その王国が明確な国境と統治・行政組織を持つ領土国家ではなく、人々の連帯感と帰属意識を基盤とする民族国家だったということである。このことに関連して、ユダ部族出身のダビデがサウルの戦士の中にいたという事実は、そのような意味でユダもまたイスラエルの王国に属していたことを表現していると考えることができよう。社会学的には、この段階でのイスラエルはまだ「国家」(state)というよりもいわゆる「首領制の共同体」(chiefdom)であったという方が適切だ、という指摘もある。

サウルの治世がわずか二年であったとする聖書の記述(サム上一三1)には疑問なしとしないが、いずれにせよサウルの王国は短命であった(イェプセンなどによれば、サウルの治世は前一〇一二—一〇〇四年頃。より最近のガリルは前一〇二五—一〇〇五年頃とする)。ペリシテ人はやがて体勢を立て直して反撃に転じた。彼らはイスラエルの戦力を南北に分断する形でイズレエル平原に進出し、イスラエルはギルボア山地での戦いで完膚なきまでに撃ち破られ、サウルおよびヨナタンを始めとするその息子たちのほとんどは、凄絶な戦死をとげた(サム上三一1—7)。

エシュバアルの王国

かろうじて生き延びたサウルの息子エシュバアル(名前の形については、代上八33を参照。なおサムエル記の「イシュ・ボシェト(恥の人)」は意図的な歪曲名)は、将軍アブネルの後ろ楯でヨルダン川東岸のマハナイムに逃れ、サウルを継ぐ「全イスラエルの王」となった。このこと自体は、世襲制を本質とする王制の理念からすればむしろ当然のことである。

エシュバアルの領土は東ヨルダン(ギレアド)、パレスチナ中部(エフライムとベニヤミン)および北部(イズレエル)であったとされるが(サム下二8—9)、当時の情勢から見てこれは名目的なものにすぎなかったであろう。ヨルダン川東岸のマハナイムを首都としていることから見ても、ある種の亡命政権のような状態であったと考えられる。エシュバアル自身もまた、アブネルに実権を握られた傀儡《かいらい》に過ぎなかったことは明白である。

第三節　ダビデと統一王国の確立

ユダの王としてのダビデ

他方でユダ部族は、サウルの死後ヘブロンに戻っていたダビデをユダ固有の王に選んだ(サム下二1—4)。このようにして、支配者としてのダビデの経歴の第一歩は、まずユダ部族単独の王として踏み出されたのである。このことは、民族としてのイスラエルの中に一つの独立した部族国家が成立した、ということを意味する(ちなみに、最南部のシメオン部族は、当時すでにこの「ユダ」に吸収されていたと見るべきである)。

このことは、ユダ族以外の部族から見れば明らかに分派行動であり、一つの民族の中に二人の王を自称する支配者が現れた以上、内戦が起こるのは必至である(サム下二8―32)。しかしこの権力闘争では、ダビデの側が明らかに優勢であった(サム下三1)。形勢不利と見たアブネルは、ダビデの側に乗り換えようと画策したらしい。しかしそれが実現する前にアブネルはダビデの将軍ヨアブに暗殺され、後ろ盾を失ったエシュバアルも間もなく暗殺者の刃にかかって死ぬ(サム下三―四章)。

王と実質的な指導者を失った「イスラエル」(この場合ユダを除く)の諸部族はヘブロンに使者を派遣し、ダビデをエシュバアルを継ぐ「イスラエルの王」とした(サム下五1―3、前一〇〇四年頃)。ダビデには、サウルの娘ミカルとの結婚を通じてサウル王朝の継承者としての法的資格がなくもなかったのである(サム上一八20―27、サム下三13―16参照)。

いわゆる統一王国の確立

これによってダビデはユダ王国とイスラエル王国という二つの国家の王を兼務することになった(在位前一〇〇四―九六五年頃)。しかしこれによっても、南北の二つの国家が完全な意味で単一の国家に統合されたわけではない。両者はあくまで共通の王を戴く固有の国家として並存を続けたのであり、同君連合国(パーソナルユニオン)として外見上の統一を保ったにすぎないのである。このような二元性が顕在化するのが、ソロモンの死後のいわゆる王国分裂である。

ダビデのペリシテ戦争

ダビデはイスラエル・ユダに残された兵力を掻き集め、すぐれた戦術と土地勘を生かしたゲリラ戦を展開し、繰り返しペリシテ人を撃ち破り、ついにはイスラエルのこの宿敵を屈服させた(サム下五17―25、八1)。ダビデが一時的にペリシテ人の傭兵であったという聖書の記事が史実とすれば、この奇跡的な勝利の要因の一つは、ダビデがその経験によってペリシテ人の戦術に精通しており、いわばその裏をかいたという点にあると考えられよう。

ペリシテ人の征服により、彼らの影響下にあったヨルダン川西岸のカナン諸都市もほぼ自動的にダビデに服属するようになったものと思われる。少なくとも、次に述べるエルサレムの場合を例外として、ダビデが軍事的手段によってカナン諸都市を併合したという記録は残されていない。いずれにせよ、ダビデの手により、カナンの地はその歴史で初めて、一つの国家に統一されたことになる。これは後に述べるように、カナン系の住民にとっても大きな社会的・政治的諸関係の変化を意味したものと思われる。

エルサレム征服とその意味

ダビデは七年半ほどヘブロンで統治したと言われるが(サム下五5)、その後彼は、それまでカナン系のエブス人の手に残されていたエルサレムを征服し、これを新しい王都として定めた(サム下五6―10)。統一されたイスラエル全体を統治するためには、ヘブロンは明らかに南に偏りすぎていた。

この遷都には、ダビデが優れた軍人であると同時に巧妙な政治家でもあったことが示されている。まず第一に、エルサレムは南のユダと北のその他の部族の領土の中間にあり、これがそのまま先住民の手に残されていては、南北が分断される形になり、国家全体の統一が妨げられた。第二に、エルサレムは三方を山や谷に囲まれた天然の要害であり、第三に、それは北王国(イスラエル)と南王国(ユダ)の間にあって、しかもそれまでそのどちらにも属していなかった点で、いわばどの部族に対しても「中立的」であった。第四に、それまでカナン人の町であったエルサレムにはヤハウェ宗教の伝統が存在せず、宗教的勢力による王権への干渉(前述のサムエルとサウルの対立のエピソードを参照)の可能性がなかった。第五に、ダビデ以降「イスラエル」(連合王国)はもはやイスラエル人のみのものではなく、明らかにカナン系住民を含む領土国家となった。この点で「カナン人の町」エルサレムは、新たな国民となったカナン人を対象とする政策を行ううえでも好都合だったのである。

なお、エルサレムが北王国および南王国と並ぶ第三の、しかもダビデ王家に固有の領土をなしたかどうかについては、研究者の間でも見解が分かれている。しかし後に南王国の首都となるエルサレムが、南王国内で特殊で特権的な地位を与えられていたことは、「ユダとエルサレム」という二重表現にも示されている(王下二三1、イザ一1等)。

ダビデの宗教政策

政治家としてのダビデの老練さを示すのは、何よりもその宗教政策であった。サウルは、サムエルに代表される宗教勢力と衝突し、それが彼の没落の一因となったが、ダビデは前述のように王都をヤハウェ宗教に対して中立的であるエルサレムに移すことにより保守的な宗教勢力の影響力を排除し、他方で、シナイ契約の際の律法を刻んだ石板を収めたとされ、ヤハウェの現臨の象徴とも見なされていた「契約の箱」を、国民注視の中で大々的にエルサレムに搬入することにより(サム下六章、なお詩一三二をも参照)、この新しい王都に形式上ヤハウェ宗教の伝統を注入し、そこをヤハウェ崇拝の中心地としたのである。

なおダビデは、この「契約の箱」を安置するために神殿を建設することさえ計画したが、さすがにこれはヤハウェ宗教の伝統を引く人々の反対により挫折したらしい(サム下七1—7)。神殿(すなわち、神の住む「家」)とは、非ヤハウェ宗教的、カナン的な発想だったからである。しかし彼の息子ソロモンの時代には、早くもそのようなヤハウェ宗教的反対論は消滅したようである。後述するソロモンによるエルサレム神殿の建築の際には、何ら反対の声が聞かれなかったからである。

さらに、宮廷預言者ナタンがダビデに対して語ったとされる、ダビデの子孫による永遠の支配を約束する「ナタン預言」(サム下七章)に示されるような、宗教によるダビデ王朝の支配の正統化・絶対化(いわゆるダビデ契約)も、すでにダビデかソロモンの時代には始まったものと思われる。

「あなたの家〔ダビデ王朝〕、あなたの王国は、あなたの行く手にとこしえに続き、
あなたの王座はとこしえに堅く据えられる」(サム下七16)

「わたしが選んだ者とわたしは契約を結び　わたしの僕ダビデに誓った
あなたの子孫をとこしえに立て　あなたの王座を代々に備える」(詩八九4―5)

宗教の担い手の変化とともに、その宗教自体のありかたも変化する。かつて「奴隷を解放する神」、人間による人間の支配を認めない神(士八23等参照)であったヤハウェは、少なくともエルサレムにおいては、皮肉にもダビデ王朝の「万世一系」の支配を正統化する王朝の守護神に変身していくのである。

中央集権体制の確立と周辺民族の征服

サウルの王権がもっぱら軍事的性格のものであったのに対し、ダビデはおそらくエジプトに範をとって官僚組織を整備し、中央集権的体制を確立した(サム下八16―18、二〇23―26)。彼はまた徴税や賦役、徴兵のための人口調査を実施し(サム下二四1―9参照、ただし批判的視点から描かれている)、他方で軍事力を増強するためにペリシテ人やカナン人の戦士を傭兵として重用した(「クレタ人とペレティ人」、サム下八18、一五18、二〇7等参照)。

ダビデは国内を統一し、その支配を固めると、その過程を通じて獲得した強大な軍事力を駆って周辺民族の征服に乗り出し、南のエドム人、東のモアブ人、アンモン人、および北のダマスコのアラム人を撃って、小規模ながらオリエント的な帝国を樹立した(サム下八2―14)。彼はエドム、モアブ、ダマスコを属州として総督を置き、アンモンは直轄地として直接支配した。これに対し西のペリシテ人には、ダビデの宗主権を承認した上である種の自治権が認められたらしい。北では商業的、文化的に「先進国」であったフェニキアのティルス(サム下五11)、シリアの有力な国家ハマト(サム下八9―10)とは修好関係を結び、ゴラン高原にあったゲシュルからは王妃をめとって緊密な関係を構築した(サム下三3、一三37参照)。

いずれにせよ、以上のことは、ダビデがエジプトやアラビアとシリア、メソポタミアを

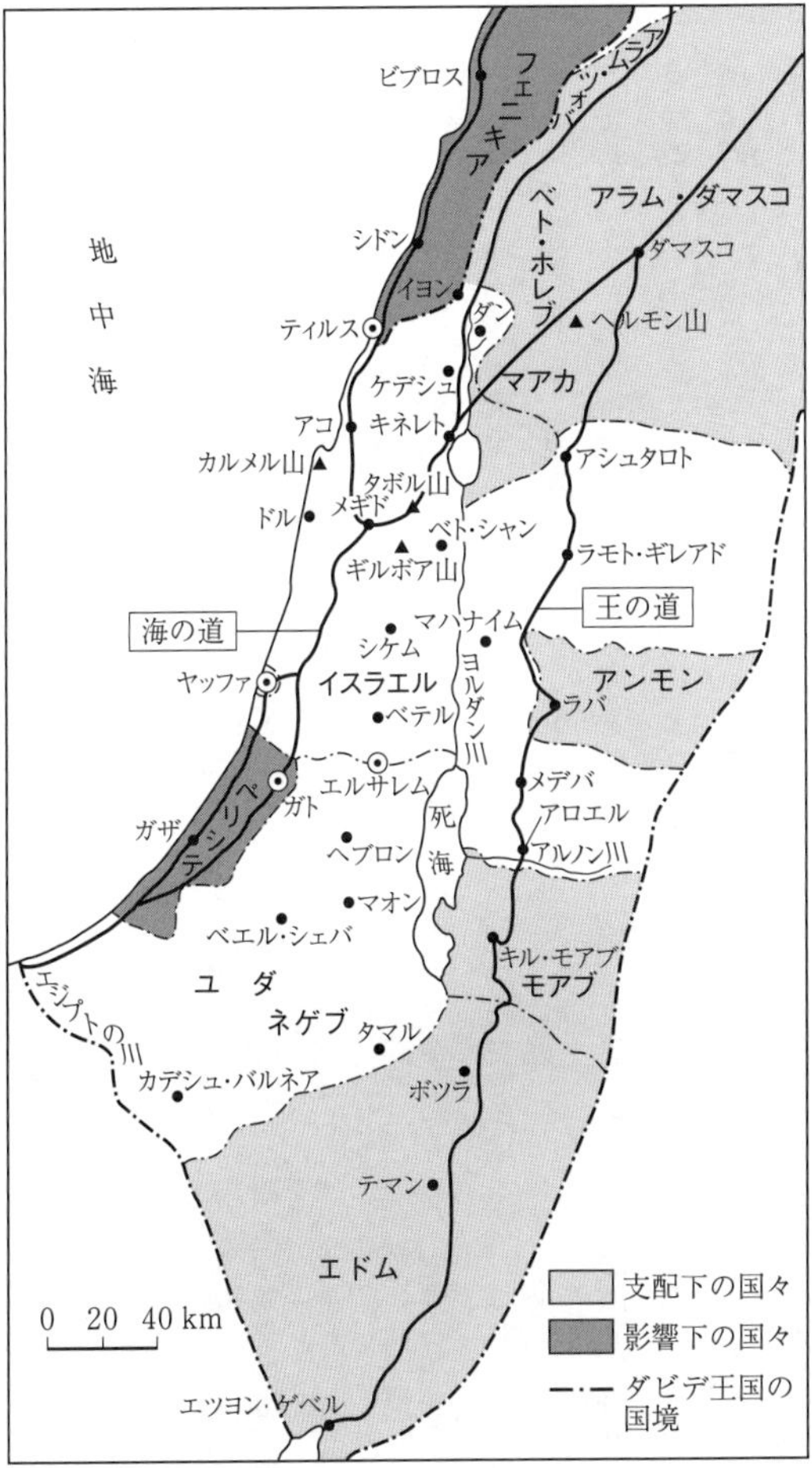

地図4　ダビデの統一王国

結ぶ二本の重要な交易路、「王の道」と「海の道」の双方を支配下に置いたということを意味し、これは次の時代のイスラエルの経済的繁栄の基礎をなすものであった。

勝利と救済の時代

こうしてイスラエルは、わずか数十年の間に、滅亡に瀕した王を持たない部族連合から、サウル時代の戦う民族国家、ダビデのもとでのパレスチナを統一した領土国家を経て、異民族をも支配する小帝国にまで躍進したことになる。それはまさにイスラエルにとって奇跡的な勝利と救済の時代であり、その栄光はイスラエルの記憶に深く刻みつけられた(民二四17—19参照)。そして後に再び苦難の時代に陥った時、イスラエルの人々は、再び苦境から救い、勝利と栄光をもたらしてくれる第二のダビデの出現を熱望した。これがいわゆるメシア待望である(イザ九1—6、一一1—9、ミカ五1—5等)。

なお、ダビデについては長らく聖書外史料が欠けていたので、その史的実在を疑問視する極端な説も出されたが、一九九三年にイスラエル北部のテル・ダンで発見されたアラム語の碑文に、南(ユダ)王国を指す呼称として「ダビデの家」という表現があることが確認された。これにより、間接的にではあるが、ユダ王国の王朝創始者としてのダビデの実在が裏付けられたことになる(後述一一九—一二一頁参照)。

統一王国確立の歴史的諸前提

ダビデの時代にイスラエルがこのような躍進を遂げることができた背景に、当時のオリエント世界の枠組みに大きな変化があったことも見逃せない。第一章でも見たように、パレスチナは、エジプト、アラビア、シリア、メソポタミアを結ぶ陸橋地帯にあり、戦略上、経済交流上の要衝であったので、常に周辺世界の大国の利害関心の集中する地域であった。

しかし一時はこの地域の覇権をめぐってエジプトと争ったアナトリア(小アジア)の大国ヒッタイトは、前十三世紀末に「海の民」の侵入によって滅ぼされ、そのエジプトもラメセス三世の奮戦によって「海の民」の本土侵入こそ食い止めたものの、その後国内は分裂に陥り、ナイルの水量不足による飢饉や市民の暴動や、弱体化した第二十王朝に替わって権力を掌握しようとする群雄の間の内戦が相次ぎ、ついには傭兵であったヌビア人やリビア人が実権を握る。

メソポタミアでは、新興のアラム人勢力に押されてアッシリアが一時的に歴史の舞台から後退し、バビロニアでも王朝交替とそれに伴う混乱やエラム人の侵入が続く。このように、この時代にはオリエント世界の諸大国がいずれも疲弊衰退し、もっぱら国内の問題に専念せざるを得ぬ状況に置かれていたのである。ダビデは言わば、このような国際政治力学上の一種の「真空」状態を満たす形でその王国を確立、拡大したのである。

王位継承をめぐる混乱と宮廷の分裂

ダビデは四十年間君臨したと言われるが(サム下五4、王上二11)、その治世の末期にはダビデの専制に対し民衆の間で不満がつのってきたらしい。このことは、アブサロムの乱(サム下一五―一八章)やシェバの乱(サム下二〇章)のような反乱の頻発に表現されている(前者は父王に対する王子の反乱であったが、民衆は明らかにこれを支持した。サム下一五1―13等を参照)。それらの反乱は結局鎮圧されたが、やがてより複雑で解決困難な問題が浮上してくる。すなわち死期迫ったダビデの王位継承権をめぐる王子たちの抗争である。アブサロムの乱の遠因となった王子アムノンとアブサロムの対立の背後にもそのような王位争いがあったのかもしれない(サム下一三章)。

最後に王位を争ったのは、ダビデの息子のうち、ハギトを母とするアドニヤとバト・シェバを母とするソロモンである。正統的な継承権は、当然年長であるアドニヤにあった。しかし列王記の記述によればバト・シェバは、ダビデの自分に対する寵愛(サム下一一章参照)を利用して自分の子ソロモンを後継者に指名することを要求した(王上一11―21)。二人の王子の争いは、やがてエルサレムの宮廷を二分する紛争にまで発展する。

アドニヤを支持したのは、国民軍の将軍のヨアブ、シロ出身の祭司アビアタルなど、ヘブロン時代からダビデに仕えてきた古参のイスラエル系の人々である。

これに対してソロモンを支持したのは、外国人を主力とする傭兵隊の隊長ベナヤ、(おそらくエブス人の系統を引く)祭司ツァドク、預言者ナタンなど、ダビデがエルサレムに入ってからその取り巻きとなった人々である(王上一7―8)。ソロモンの母バト・シェバはかつての「ヘト人ウリヤ」の妻であり(サム下一一3参照)、ソロモン自身がイスラエル人と先住民の混血であった可能性が高い。このことは、後述するようなソロモンの後の政策にも影響を与えたであろう。激しい権力闘争の末、最終的に勝利したのはソロモン派であった。それは同時に、イスラエル派に対する(カナン・)エルサレム派の勝利であった。

第四節　ソロモンの治世

王としてのソロモン

ソロモン(在位前九六五―九二六年頃)は即位後、血なまぐさい粛清によって政敵を無きものにした(王上二12―46)が、その後は戦いをほとんど行わず、もっぱら父王ダビデが建設した王国に経済的・文化的繁栄をもたらすことに意を用いた。彼はエジプトをはじめとするオリエント諸国と条約を結び、活発な平和的外交を展開した。エルサレムに多くの国々から王妃がやってきたという記録(王上一一1—8)は、ソロモンがオリエント世界で広く行われていた政略結婚を通じた外交政策を積極的に採用したことを示している。ソロモンの第一夫人は、エジプトのファラオの王女であり(王上三1等)、彼の王位継承者であるレハブアムの母はアンモン人であった(王上一四21)。

彼はまたダビデ以来のティルス王ヒラムとの同盟関係を更新し(王上五15—19)、紅海に面したエツヨン・ゲベルに港を開き、海上交易に精通していたフェニキア人の協力を得て商業船団を編成して紅海沿岸諸地域と活発な交易を行った(王上九26—28、一〇11、22)。特に彼は、シリアとエジプトを結ぶ陸橋地帯にあるという地の利を生かして、エジプトとシリアの新ヒッタイト系諸王国やアラム人の諸王国との間で仲介貿易を行い、莫大な富を得た(王上一〇28—29)。このことは、前述のように、オリエント世界の大動脈とも言うべき南北を結ぶ通商路のほとんどをイスラエルが掌握したということの上に成り立っている。

ソロモンの建築活動——エルサレム神殿

ソロモンは、このようにして流入した富を利用して、首都エルサルムを中心に大規模な建築活動を行った。何よりもまず、彼はエルサレムの市街を大きく北側に拡張し、町の北東のシオンの丘にフェニキア人の建築家の手により(王上五17―20)荘麗なフェニキア・カナン風の神殿を建設し(王上六1―37)、その中に、かつてダビデがエルサレムに搬入した「契約の箱」(前述八二―八三頁参照)を安置した。これにより、今日にまで至るエルサレムの「聖地」としての地位が確立された。それは同時に、イスラエルのヤハウェ宗教が特定の聖所と神殿を中心とするものに変質していく端緒を開くものであったろう。これ以降、民衆の宗教生活においては、エルサレム神殿への巡礼と、そこで行われる祭儀への参加が重要な役割を果たすようになった(詩四八、八四、一二二等を参照)。

ソロモンはまた、神殿と並んでエルサレムに豪華な宮殿を建築し(王上七1―12)、さらにハツォル、メギド、ゲゼルなどの町々を要塞化した(王上九15―19)。これらの町々や、さらにはラキシュ、アシュドドでは、ほぼ同一規格に基づくと思われる左右に三つずつの特徴的な部屋状の窪みを持つ大規模な城門が発掘されており、ソロモンの時代に各地で統一的かつ組織的な建築活動が行われたことを裏付けている。彼が「戦車隊の町」を建てたとする記述からは(王上五6、8、一〇26)、ソロモンがダビデ時代の歩兵を中心とする戦術に代って、戦車隊を採用したことがうかがわれる。このことは、ソロモンの権力の基盤を構成した人々の中で、戦車の操縦に熟練したカナン人、ペリシテ人の騎士階級が大きな役割を果たしたことを示唆する。もちろん、ソロモンがこの戦力を実戦に投入しなければな

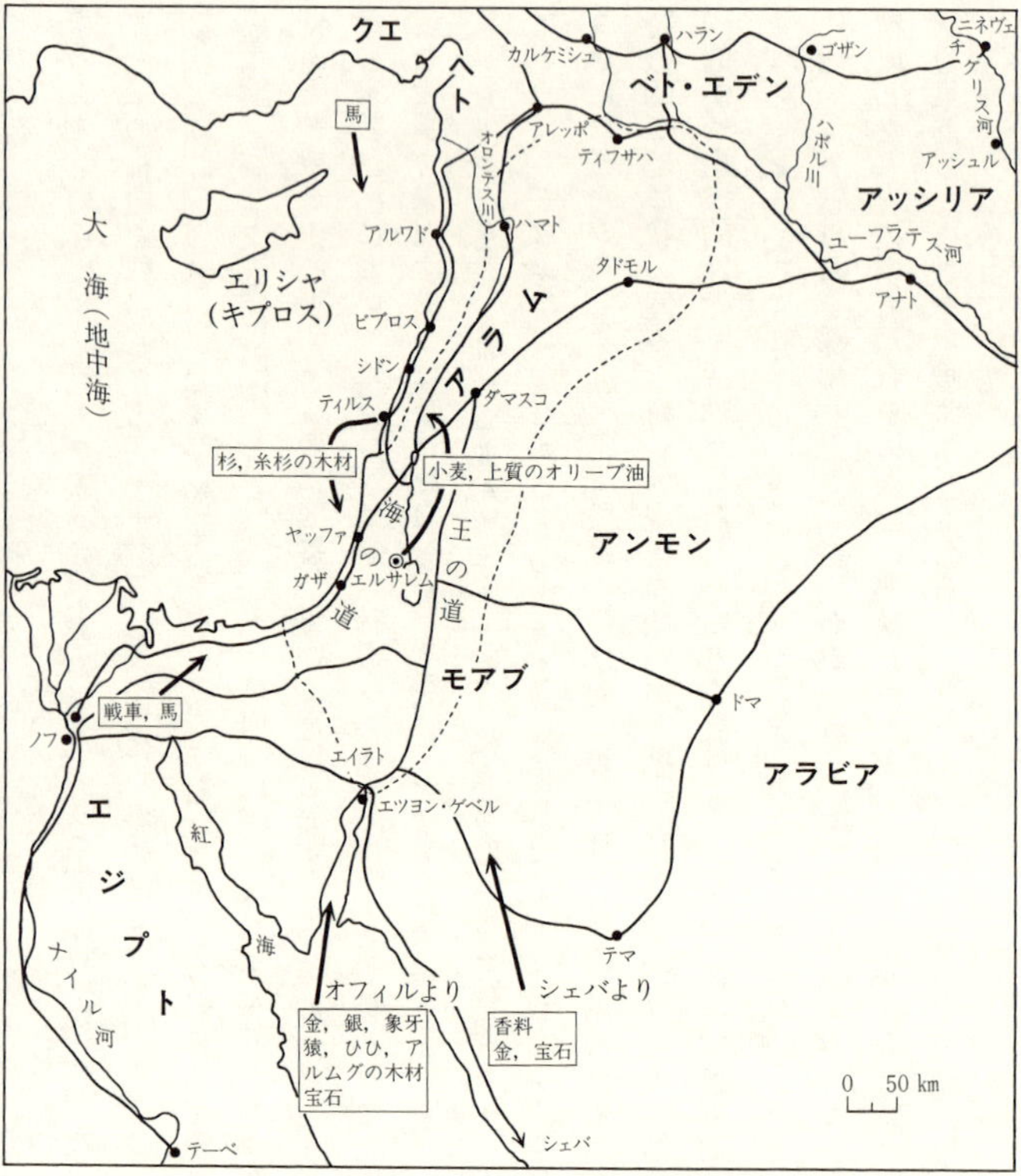

地図 5　メソポタミアとエジプトを結ぶ通商路とソロモン時代の国際交易(王上 6：15-32, 9：26-28, 10：22-29 参照)

らないような状況に陥ったことはなかったようであるが。

文化的繁栄

ソロモンの時代には、経済的繁栄と官僚制度の充実を背景に宮殿を中心にして、貴族階級や知識人階級が成立した。それは、戦士階級ともども、直接生産に従事しない、それまでのイスラエルには存在しなかったタイプの人々である。聖書はソロモンを典型的な知者の姿に描いているが(王上五9—14)、実際にソロモン時代には、オリエント諸国の精神文化との接触・交流が始まり、イスラエルでも知恵文化の発展が始まったものと思われる。知恵文化とは、なかんずく優れた宮廷人や官僚を養成するためのものだからである。もちろん、ソロモンの作として今日に伝わる旧約聖書中の『箴言《しんげん》』、『雅歌《がか》』、『コヘレトの言葉(伝道の書)』ははるかに後代の、おそらくは捕囚後の作品であるが。

イスラエルにおける最初の文学活動が始まったのも、この時代であろう。なお、イスラエルの文字は、カナンの文字体系をそのまま採用したものである。宮廷では、「書記」と呼ばれる文字を扱う役人が重要な役割を演ずるようになり(王上四3)、これらの人々を通じて初めて文字の使用が普及するようになった。その結果、当時の知識人により、『ダビデ台頭史』(サム上一六章—サム下五章)や『ダビデ王位継承史』(サム下九章—王上二章)、『ヨセフ物語』(もしこれが独立した著作であれば)のような宮廷文学が著された。最近では異論も多いが、イスラエルの太古の伝承を一つの国民文学という形でまとめ上げたいわゆる「ヤハウィスト」の著作(「モーセ五書」の最古の層)も、その中核部分に関しては、やはりこの時代に位置づけられるべきであろう。

黄金時代のイメージ――過去の理想化?

南アラビアで栄えていたシェバの女王がエルサレムにソロモンを訪問し、その栄華と知恵を賛嘆したという有名なエピソード(王上一〇1―11)は、伝説的色彩が濃厚であるが、このようなソロモンの時代のイスラエルの繁栄ぶりを象徴的な形でよく表現している。

この時代イスラエルの経済的・文化的繁栄の記憶は、「栄華を極めたソロモン」の格言のもとに新約時代に至るまで人々のイメージの中で生き続けた(マタ六29、ルカ一二27)。ただし、列王記のソロモン時代の記述がかなり理想化され誇張されたものであることも他方で忘れてはならない。活発に国際交易や交流に従事したはずのソロモンの名が、周辺諸国の歴史史料にまったくあらわれないことは奇妙である。オリエント世界全体の枠組みの中で見れば、ソロモンといえども周縁地域のさして重要性を持たない新興豪族の首領以上のものではなかったのかもしれない。いずれにせよ、ソロモンが「ユーフラテス西方の全域とユーフラテス西方の王侯をすべて支配下に置いた」(王上五4)とか、「あらゆる国の民が、ソロモンの知恵をうわさに聞いた全世界の王国のもとから送られてきた」(王上五14)とする列王記の記述は明らかに歴史性に乏しい。

社会的諸問題

ソロモン時代にイスラエルがどれほど繁栄したにせよ、その恩恵を享受し得たのは、宮廷を中心とした貴族・官僚層や、新たに勃興しつつあった商人層など限られた人々だけであったと考えられる。そしてその少なからぬ部分は、宮廷文化の伝統を持つカナン系住民であったろう。

ソロモンの時代は同時に、持てる者と持たざる者、富める者と貧しい者の社会的分化、階層化の進んだ時代であった。ソロモンは北王国を十二の州に分け、それぞれに知事を配置したが、これは膨大な宮廷の経費を月ごとの輪番制で負担させるためであった(王上四7―19、八五頁の地図4をも参照)。そこにはかつてのイスラエルの領土とカナン人諸都市が並んで挙げられているが、このことはソロモンにとってもはやカナン人とイスラエル人の間に何の区別もなかったことを示している。

なおこれに対応する南王国の徴税機構については何も語られていないが、ことによるとソロモンは、出身部族であるユダ部族を中心とする南王国に特権的地位を与えていたのかもしれない。もしそうであるとすれば、ソロモン死後の北王国国民の反発(王上一二4)はますますよく理解できるものとなろう。また、大規模な建築活動には、カナン系住民(王上九20―21)だけでなく、明らかにイスラエル人も強制労働に駆り出された(王上五27―32、なお九22はソロモンを弁護しようとする編集者の注釈)。ソロモン治下の「黄金時代」の裏面には、一般民衆に対するこのような圧迫があった。

ヤロブアムの乱と被征服民族の離反

すでにソロモンの治世に、特に北王国の人々の間でこのような圧政に対する不満が鬱積していたことを示すのが、ヤロブアムの乱である。ヤロブアムは北王国出身の若い有能な官吏であり、出身部族の強制労働の監督に任ぜられたが、おそらくはユダ部族出身の王による同族の者への圧迫を見かねて、ソロモンに対し謀反を企てた(王上一一26)。その際に、古いヤハウェ宗教的伝統を持った聖所であるシロ出身の預言者アヒヤがこの反乱を教唆したとされることは興味深い(王上一一29―39)。後の北王国では、暴君の打倒に預言者が積極的に関わることが珍しくないからである(王上二一21―24、王下九1―10等を参照)。ヤロブアムの乱は武力により鎮圧され、ヤロブアムはエジプトに亡命したが(王上一一40)、彼は

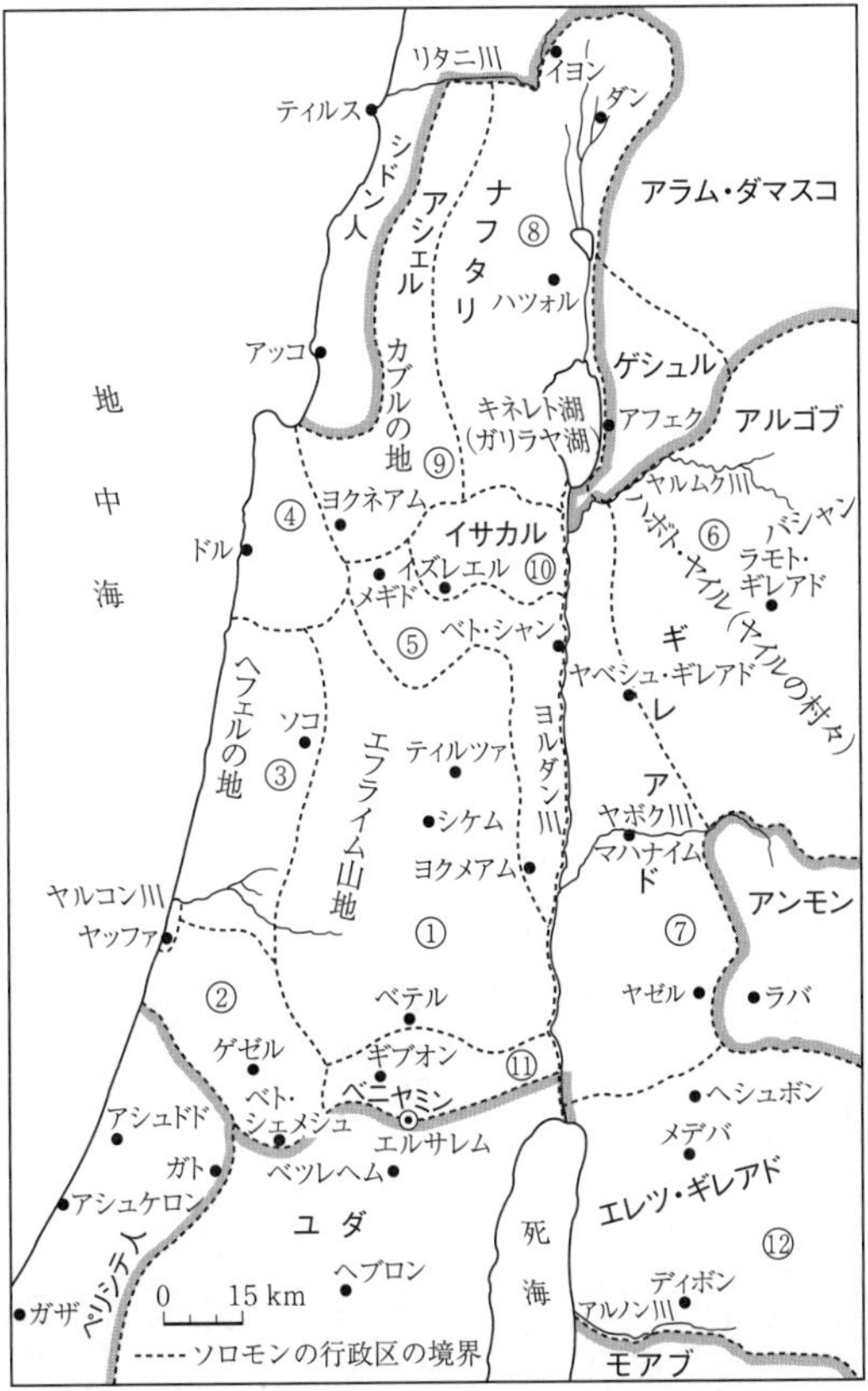

地図 6　ソロモンの 12 行政区(王上 4 : 7-10 参照)

やがてソロモン死後の動乱の中で再び大きな役割を演じることになる。

ソロモン時代にイスラエル統一王国がすでに没落への道を歩み始めたことを示すのは、被征服民族の離反である。ソロモンはもっぱら内政問題に努力を集中し、ダビデが征服して属国化した国々への支配権の維持ないし強化にはあまり関心もなく力も注がなかったらしい。このため、すでにソロモンの治世の初期には、エドム人が亡命先のエジプトから帰った王子ハダドのもとに叛旗をひるがえした(王上一一14—22)。さらにダマスコのアラム人もまた、レゾンなる人物がソロモンに反乱して独立を回復した(王上一一23—25)。こうしてダビデが作り上げた大王国は、早くも次王の代にその北と南の領土を失ったのである。

ソロモンの死と北部十部族の離反——いわゆる王国分裂

「ユダ部族の王」の支配に対する北王国の人々の反感と不満は、ソロモンの死によって爆発した。ソロモンの息子レハブアム(在位前九二六—九一〇年)は、南王国(ユダ)の王権を明らかに何の問題もなく継承することができた。しかし彼がダビデ以来の同君連合を形成するもう一つの要素である北王国の王権をも継承するためには、北王国の国民の承認を得る必要があった。このために彼は、北王国の中心地シケムにまで出向いて行かねばならなかった。

北王国の人々は、始めから問答無用に国を割ることを決意していたわけではなさそうである。むしろ彼らは、新しい王に自分たちの権利を認めさせ、ソロモンの治下でもはや耐え難いものとなった自分たちの負担を軽減させようと望んでいたのである(王上一二1—4)。彼らが企てたのは、差し当たっては要するに条件闘争であった。しかしレハブアムが、経験豊かな顧問官たちの助言を無視し、人々の要望を撥ね付け強圧的な態度をとったので、北王国の人々は態度を硬化させ、「ダビデの家」(=ダビデ王朝)の王によるこれ以上の支配を拒否して統一王国からの離脱を宣言した(王上一二6—19)。

それが単にレハブアム個人の王位の拒否ではなく、ダビデ王朝との絶縁を意味したことは、彼らがその際に掲げたスローガンからも明白である。

「ダビデの家に我々の受け継ぐ分が少しでもあろうか。エッサイの子(=ダビデ)と共にする嗣業《しぎょう》(=相続地)はない。イスラエルよ、自分の天幕に帰れ。ダビデよ、今後自分の家のことは自分で見るがよい」(王上一二16、なおサム下二〇1をも参照)

これがいわゆる王国分裂である(前九二六年)。しかしそれは同時に、エシュバアルの死とダビデの北王国王への即位以来、同君連合の観念のもとに潜伏していた南北の二元性の顕在化でもあった。

第五章　王国分裂後のイスラエル王国とユダ王国

(前九世紀—前八世紀前半)

第一節　分裂王国時代初期

王国分裂後の初代イスラエル王ヤロブアム一世

いわゆる王国分裂後、北王国の人々は、かつてのソロモンへの反乱の指導者で一時エジプトに亡命していたヤロブアムを独立後の北王国初代の王に指名した(王上一二20)。なお、この時代以降、「イスラエル」の語は狭義ではこの北王国を指すことになるが、同時にこの後は、共通の民族意識と選ばれた民の概念を通じてユダをも含む広義の意味をも持ちつづける(イザ五7、八14、四一8—16等参照)。

ヤロブアム一世(在位前九二六—九〇七年頃)は、シケムを新しい国家の首都に定め(王上一二25a)、また北の国境近くにあるダンと南の国境近くにあるベテルの古い伝統を持つ聖

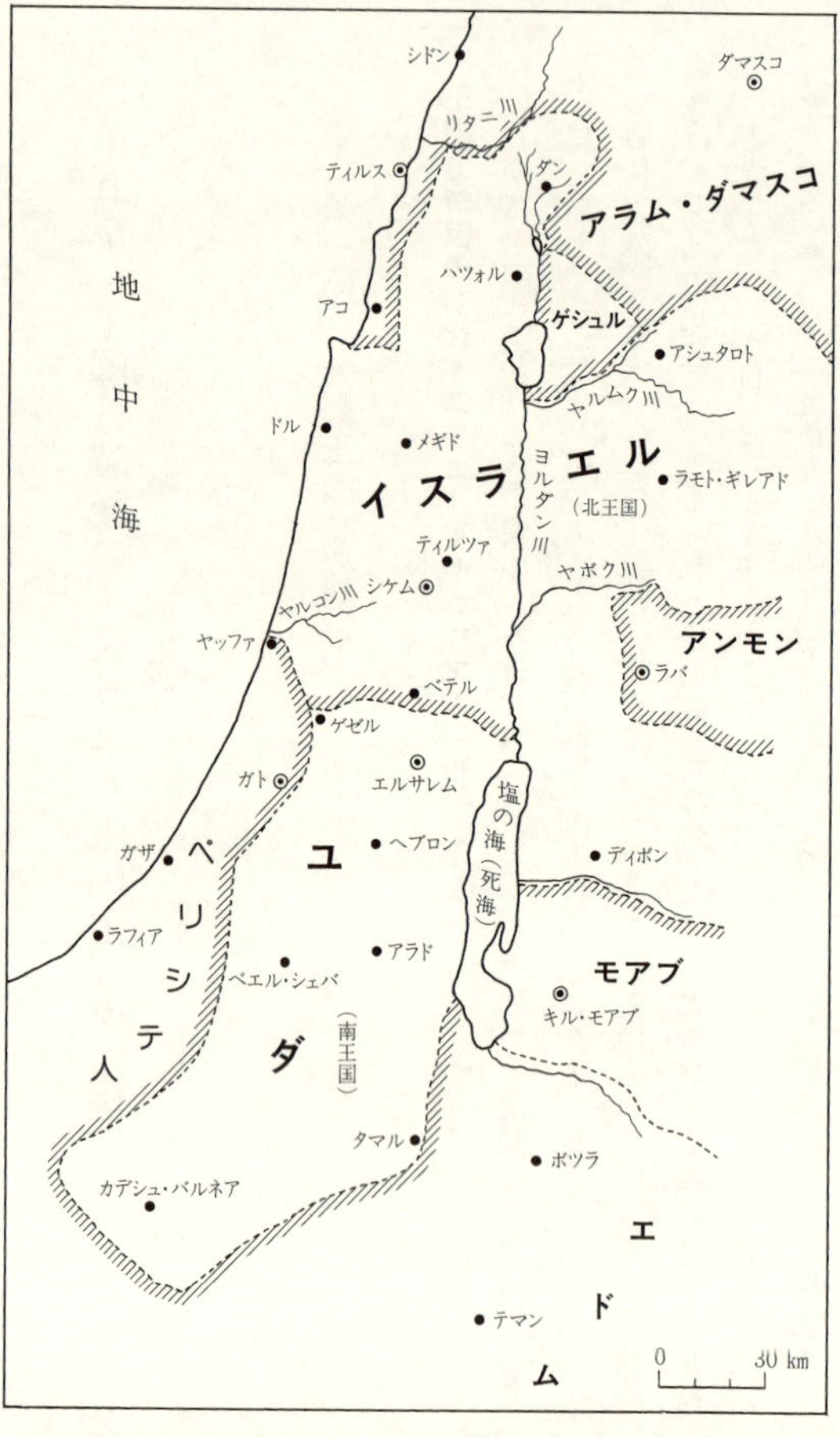

地図7　王国分裂後のイスラエル(北王国)とユダ(南王国)

所(創二八10―19、士一八30参照)を国家聖所として拡張した。これは、ダビデによる契約の箱の搬入とソロモンによる神殿建設以降、南王国の首都エルサレムが全イスラエル共通の有力な聖所となっていたため、固有の国家聖所の設置により宗教面での南王国への依存関係を断ち切るためであった(王上一二26―33)。

ヤロブアムはこの二つの新たな国家聖所に金の子牛の像を置いたが(王上一二28、なお出三二1―4参照)、このことは、当時宗教というものをカナン的表象抜きで考えることが不可能になっていたことを示唆する。もちろん同じことは、ソロモンがエルサレム神殿内部に置いたという半人半獣のケルビム像(王上六23―30、ある種のスフィンクス)についても言えるであろう。ヤロブアムはあくまで、「出エジプトの神」のためにそれらの聖所を築いたのであり(王上一二28b)、金の子牛は偶像ではなく、(オリエント世界で好まれた様式に基づき)目に見えぬ神を背に負って運ぶ聖獣をあらわすものであったと考えられる。

しかしこの行為は、後の歴史家によりヤハウェに対するイスラエルの背教の象徴として見られるようになる(王上一二30等、なおホセ一〇5、一三2をも参照)。なお、その後ヤロブアムは、まずヨルダン東岸のペヌエルに(王上一二25b、後述のエジプト王シェションクの遠征に関係するか?)、次いでシケム北東のティルツァ(王上一四17)に遷都を繰り返したらしい。

王国分裂後のユダ王国とエジプト王シェションクの遠征

北王国(イスラエル)王ヤロブアムと南王国(ユダ)王レハブアムのもとで、南北両王国は国境紛争を繰り返した(王上一四30、なお一二21―24をも参照)。その頃(前九二五年頃)エジプトの第二十二(リビア人)王朝の創始者シェションク一世(シシャク)がパレスチナに遠征してきた。ユダ王国の王レハブアムは多大の貢ぎ物を納めて、かろうじてエルサレム征服を免れたという(王上一四25―26)。

この遠征の歴史性は、テーベのカルナックのアモン神殿の壁に刻まれたシェションク自身の遠征記念碑文によって裏付けられる。そこにはパレスチナ地方の約百五十の町々の名が征服されたものとして記されているが、その大部分は北王国に属する地名であり、この遠征がヤロブアムの王国にも大きな被害を与えたものであったことが分かる(なお、エルサレムの名はそこには現われない)。このことは、ヤロブアムが以前エジプト(おそらくシェションク自身のもと)に亡命していたこと(王上一一40)とあいまって、この遠征の意図に関してさまざまな憶測を呼んでいる。

なお歴代誌にはレハブアムがユダ南部の各地に要塞を建設したことが伝えられているが(代下一一5―12)、これは考古学的調査によって部分的に裏付けられている。しかしこの要塞建築がシェションクの遠征の前に行われていたのか、それともこの遠征の体験を踏まえたその後であったかは定かでない。

王国分裂により、イスラエルとユダは、シリア・パレスチナ地方を支配する覇者から、単なる群小国家のうちの二つに転落してしまった。その後両国はしばらくの間、国境(とりわけ両国の境界に位置するベニヤミン地方)をめぐって小競り合いを繰り返すが、やがて北方からのアラム人の進出に脅かされることになる。

南(ユダ)王国でレハブアムを継いだ息子アビヤム(在位前九一〇—九〇八年、歴代誌では「アビヤ」)は短命であったが、彼は北王国の王ヤロブアムに対する父王(レハブアム)の戦いを続行した(王上一五7)。列王記上一五19からは、その際アビヤムが早くも北のアラム人と同盟を結んでいたことが推測できる。なお、アビヤ(ム)がベテルやエフロンをも奪回したとする歴代誌の記述(代下一三3—19)の歴史的信憑性は薄い。

北王国における王朝交替の頻発

北王国では、分裂後最初の王ヤロブアムが死ぬと、その息子ナダブ(在位前九〇七—九〇六年)が王位を継いだが、即位の翌年には早くもイサカル族のバシャのクーデターにより倒され、バシャ(在位前九〇六—八八三年)はヤロブアムの一族を根こそぎにした(王上一五27—29)。言うまでもなく、正統的な継承者を担いだ反対勢力の台頭を防止するためである。

(イスラエル統一王国)
サウル　(1012-1004)
ダビデ　(1004-965)
ソロモン(965-926)

(イスラエル王国)〔北〕	(ユダ王国)〔南〕
ヤロブアム1世(926-907) ナダブ(907-906)×	ダビデ王朝： レハブアム(926-910) アビヤム(910-908) アサ(908-868) ヨシャファト(868-847) ヨラム(847-845) アハズヤ(845)×
バシャ(906-883) エラ(883-882)×	
ジムリ(882)(七日天下)×	
オムリ王朝： オムリ(878-871) アハブ(871-852) アハズヤ(852-851) ヨラム(851-845)×	アタルヤ(845-840)×
イエフ王朝： イエフ(845-818) ヨアハズ(818-802) ヨアシュ(802-787) ヤロブアム2世(787-747) ゼカルヤ(747)×	ダビデ王朝： ヨアシュ(840-801)× アマツヤ(801-787/773)× アザルヤ(ウジヤ)(787-736) ヨタム(摂政, 759-744) アハズ(744-729) ヒゼキヤ(728-697) マナセ(696-642) アモン(641-640)× ヨシヤ(639-609) ヨアハズ(609) ヨヤキム(609-598) ヨヤキン(598-597) ゼデキヤ(597-587)
シャルム(747)×	
メナヘム(747-738) ペカフヤ(737-736)×	
ペカ(735-732)×	
ホシェア(731-723)	
722-721 サマリア, アッシリアにより陥落. イスラエル王国滅亡. 生存者の強制移住.	587-586 エルサレム, バビロニアにより陥落. ユダ王国滅亡. 神殿破壊. バビロン捕囚.

・年代は在位. 紀元前.
・横線は王朝交替を示す.
・×印はクーデターで倒れた王もしくは暗殺された王を示す.

系図2　イスラエル・ユダ歴代の王たち(年代は在位, 紀元前)

これは、その後北王国で何度も繰り返される血なまぐさい王朝交替劇の嚆矢《こうし》であった。南王国では後述するアタルヤによる王位簒奪を唯一の例外として、国家滅亡に至るまで一貫してダビデ王朝の支配が保たれたのに対し、北王国では王権が極めて不安定で、軍事的クーデターによる王朝交替が頻発したことが特徴的である。北王国では、十九人の王のうち八人が暗殺されるか自殺に追い込まれ、九人がクーデターで王権を簒奪した。三代以上にわたる「王朝」を形成できたのは、オムリ家とイエフ家の二つだけであった。

このような北王国における王権の不安定さの原因については、研究者の間でもさまざまな議論がある。一部の学者たちは、そこに士師時代のカリスマ的指導者の伝統の名残りを見ようとする。また、北王国では南王国よりもイスラエル系住民とカナン系住民の対立がはなはだしく、それが政治的な不安定さの一因となったことは確かである。しかし、南王朝では前述のように、おそらくダビデ・ソロモン時代から宗教的な王権イデオロギーが発展し(前述八三頁参照)、それがダビデ王朝の安定を支える大きな基盤となったのに対し、北王国では王たちが、そのような形で王権を宗教的に絶対化できなかった(ないしそのような操作を許さない宗教的な伝統と土壌が存在した)ことが、北王国における王権と政治の不安定さの一因になったことは疑いない。北王国では、宗教的指導者層は王権を支える側にではなく、むしろ——預言者たちの活動に見られるように——既存の王朝を打倒する側にまわったのである。いずれにせよ、北王国の人々にとって王権は相対的な意味しか持ち得なかった(ホセ八4参照)。

ユダの王アサ

南王国では、アビヤムを継いでその息子(王上一五8)ないしその弟(王上一五2、10を参照)のアサ(在位前九〇八—八六八年)が即位した。アサは、ある種の宗教改革を行い、エルサレム神殿から異教的要素を排除したとされるが(王上一五11—15)、その記述には後代の編集者(後述する申命記史家、一七四—一七五頁参照)の関心が色濃く表れており、そこに歴史的核が含まれるかどうかについては賛否が分かれている。歴代誌にのみ伝えられている「クシュ人ゼラ」との戦いについての記事(代下一四8—14)の歴史的背景はさらに曖昧である。エジプト側の史料には、これに関わる情報はまったく残されていない。

アサの治世における歴史的に確実な最も重要な出来事は、北王国の王バシャとの戦いである。バシャは明らかにダマスコのアラム王ベン・ハダドと同盟し(王上一五19b参照)、後方の安全を確保した上で、エルサレム北方わずか八キロメートルのベニヤミンの町ラマに要塞を築いた。これが単なる示威的なものか、それとも南王国侵略の拠点とするためなのかは不明である。

これに対し、アサはダマスコのベン・ハダドに神殿の宝物から莫大な贈り物(ヘブライ語では「賄賂」)を贈り、イスラエルとの同盟を破棄してユダと同盟を結ぶようにはたらきかけた。ベン・ハダドはこれを了承し、北方から上ガリラヤに侵入した。バシャは止むなく建設中のラマを放置してこれに応戦しなければならなかった。これを機にアサは南からベニヤミンの地になだれ込み、バシャがラマに放置した建築資材を用いてゲバとミツパに要塞を建設した(王上一五16―22)。こうしてアサはエルサレムの北方のベニヤミンの地に北王国に対する安全地帯を確保し、これ以後ゲバは、「ゲバからベエル・シェバまで」(王下二三8等)という成句に見られるごとく、南王国の北限を示すことになった。

第二節　北王国のオムリ王朝

北王国でのジムリのクーデターとオムリの即位

北王国ではバシャをその息子エラ(在位前八八三―八八二年)が継いだ。しかし彼は即位後まもなく、「戦車隊半分の長」であったジムリという男に暗殺されてしまう(王上一六8―10)。しかしジムリのクーデターは個人的な野心に駆られたものにすぎず、民衆的支持基盤を持たないものであったので、彼は直ちに軍によってティルツァに包囲され、わずか七日後にみずから王宮に火を放って死んだ（王上一六15―18）。後継者をめぐって民の意見は分かれ、おそらく四年間（王上一六15と一五23を比較のこと）の内戦状態に陥ったが、やがて軍司令官のオムリを支持する多数派がティブニを支持する少数派を圧倒し、ティブニは死んで（暗殺？）オムリが王となった（王上一六21―22）。

オムリ（在位前八七八―八七一年）は、他のイスラエルの王たちとは異なり、素性も父の名も不明である。純粋のイスラエル人でなかった可能性もある。それにもかかわらず、オムリは比較的安定した王朝（オムリ王朝、前八七八―八四五年）を樹立できた北王国の最初の王であった。彼はそれまでの南王国との対決姿勢を改め、共存共栄を目指す路線に切り換えたらしい。南北両王国の協調関係は、彼の息子アハブの時代にはオムリの孫娘アタルヤとユダの王子ヨラムの政略結婚によってさらに強化されることになる。

オムリはまた、北のフェニキア人の都市国家ティルスとも同盟を結び、ティルス王（王上一六31の「シドン」はこの場合フェニキア全体を指す）エトバアルの娘イゼベルを息子アハブの妻に迎えた。これらの外交政策が、バシャ時代の苦い体験を踏まえたアラム人対策であったというのはあり得ることである。また聖書には記述がないが、後述のモアブ王メシャの碑文（一一八頁参照）からは、オムリが、おそらく王国分裂後の混乱に乗じてイスラエルの影響圏から離脱していたモアブを再征服したことが知られる。これは、アラビア方面との重要な通商路である「王の道」をイスラエルが再び抑えたことを意味し、イスラエルの経済発展に大きな意味を持った。

サマリア遷都

内政面では、オムリはそれまでの王都ティルツァを放棄して、新たに新都サマリアを建設した。ティルツァが前述のジムリの放火によって破壊されていたということもあろうが、オムリはむしろ、それまでイスラエル系住民の町でもカナン系住民の町でもなかった新都を建設することにより、二つの住民要素の間に均衡を保とうとしたのであろう。サマリアがフェニキアとの重要な交易路に近いという経済的配慮も大いに働いたであろう。

オムリについての聖書の記述は極めて乏しいが(王上一六23—27)、オムリがイスラエルの中興の祖としてかなり有能な王であり、北王国の国力増大に重要な役割を果たしたことは、それ以後アッシリア文書で(北)イスラエル王国が(皮肉にもオムリ王朝を倒したイエフ王朝を含めて)「オムリの家(ビト・フムリー)」と呼ばれ続けたことに示されている。

イスラエルの王アハブ

オムリの息子アハブ(在位前八七一—八五二年)は、あらゆる点で父王の政策を継承し、それをさらに推し進めた。彼はティルス出身の妻イゼベルとの結婚を通じてフェニキア人との同盟関係を維持し、自分の娘（王下八18、代下二一6）ないし妹（王下八26、代下二二2）であったアタルヤをユダ王国の王子ヨラムに嫁がせて南王国との従来の緊張関係に終止符を打ち、協力関係と同盟を固めた（王上二二45）。アハブは豊穣神バアルの崇拝を振興したと言われるが（王上一六31—32）、これはおそらく、イスラエル系住民とカナン系住民の均衡を重視するオムリ王朝のカナン人への迎合政策の一部であったと考えられる。ここで言うバアル崇拝とは、アハブの妻イゼベルが母国から持ち込んだティルスの神メルカルトの崇拝がカナン土着のバアル崇拝と習合したものと思われるが、やがてイスラエル系住民にも浸透してイスラエル固有のヤハウェ崇拝を脅かすようになる。

このような傾向に対しては、預言者エリヤを中心とするヤハウェ宗教に忠実な人々が抵抗したが（王上一八16—40）、彼らはイゼベルによって迫害されたらしい（王上一八4、一九10参照）。ただし、アハブ自身が積極的にヤハウェ崇拝を棄て、バアル崇拝に身を投じたかどうかは疑わしい。彼の息子たち（アハズヤ、ヨラム）はいずれも立派なヤハウェ系の名を持っているからである。

アハブは父オムリの建設したサマリアを拡張し、堅固なケースメート城壁（間に空間を持つ二重壁の城壁）と見事な象牙細工の装飾を持つ豪華な王宮を造営したほか、メギドやイズレエル、ハツォル等、他の場所でも活発な建築活動を行った(王上二二39)。これらの場所では、この時代に由来する大規模な要塞建築が発見されている。これらのことは、オムリからアハブの時代にかけて、イスラエル北王国が経済的にかなりの繁栄を享受したことを物語っている。その際には、前述のフェニキア人との同盟・協力関係が貿易などで重要な役割を果たしたことであろう。

なお、列王記上二二39にはアハブが建てた「象牙の家」についての言及があるが、実際にサマリアの王宮跡や周辺の町々からは(フェニキア製と思われる)精巧な象牙細工の装飾用工芸品が発見されている(アモ三15、六4をも参照)。

カルカルの戦い

アハブの時代に、イスラエルはオリエントのより大きな政治的枠組みの力学の中に巻き込まれる。チグリス河上流を本拠とする大国アッシリアのシャルマナサル三世(在位前八五八―八二四年)が、大軍を率いてシリア地方に遠征を繰り返すようになったからである。アッシリアの進出に対抗するために、シリア・パレスチナの諸国家は、反アッシリア同盟を結成してこれを迎え撃とうとした。イスラエルのアハブもこの同盟に参加した。

シャルマナサルの年代記によれば、前八五三年には北シリアのオロンテス川畔のカルカルでシリア・パレスチナ・フェニキアの十二カ国の同盟軍がアッシリアと本格的に衝突した。その際同盟の中心となったのは、同年代記によれば、「ダマスコ王アダドイドリ(ハダドエゼル)、ハマトの王イルフレニ、およびイスラエルの王アハブ」であった。アハブはこの戦いに二千台の戦車隊と一万人の歩兵を派兵したという。これは反アッシリア同盟国でも最大規模の派兵であり、アハブがこの地方における最も有力な王の一人であったことを示唆している。

シャルマナサルは敵軍七万のうち一万四千人を殺し、大勝利をおさめたと豪語しているが、決定的な勝利は得られなかったらしい。この地方の諸国は抵抗を続け、シャルマナサルはその後も繰り返しシリア遠征を行わなければならなかったからである。なお、旧約聖書はこの当時の「世界史的事件」カルカルの戦いについてまったく沈黙している。おそらく列王記の編集者である申命記史家(一七四―一七五頁参照)には、イスラエルを宗教的(王上一八章)、道徳的(王上二一章)退廃に導いた「悪役」としてアハブを描き出すこと以外に関心がなかったのであろう。

これに対し旧約聖書は、アハブの時代にダマスコのアラム人とイスラエルの間で激しい戦いが繰り返され、アハブがその戦いのさなかに戦死したと語るが(王上二〇章、二二章)、少なからぬ研究者はそれらの物語の歴史性を疑っている。それらの記事の中にアハブの名は断片的にしか現われず、他の部分では匿名の「イスラエルの王」としか語られていないからである。この出来事がもともとはアハブの息子ヨラムやイエフ王朝のヨアハズの時代の対アラム戦争に関係していたとする見方もある。より確実なのは、前述のように少なくともアハブの治世の末期に、イスラエルとアラム人がシャルマナサル三世の率いるアッシリアの西進に対抗して同盟関係にあったことである。

ユダの王ヨシャファト

南王国におけるアハブの同時代人は、アサの息子ヨシャファト(在位前八六八—八四七年)である。ヨシャファトは北王国との和平(王上二二45)を背景に、ソロモン時代に失われたエドムへの支配権を取り戻そうとし、実際に少なくともその一部分を占領して総督に治めさせることに成功したらしい(王上二二48)。これは言うまでもなく、アカバ湾への道を確保するためであった。ヨシャファトは、ソロモン以来途絶えていたオフィル(アフリカのソマリア?)との海上交易を再開するため船団をエツヨン・ゲベルで組織したが、この企ては船の難破によって失敗した(王上二二49)。これは、ティルスとの同盟によって豊かになった北王国の経済力に対抗するためであったかもしれない。列王記上二二50によれば、ヨシャファトはこの事業への参加を申し出た北王国の王アハズヤの希望を退けているからである(ただし代下二〇35—37の逆内容の記述をも参照)。

ただし、ヨシャファトがイスラエル王ヨラムのモアブ遠征に参加したというのは(王下三章)、当時の両国の同盟関係(後述のユダの王子ヨラムと北王国の王女アタルヤの政略結婚を参照)から見てあり得ることである。しかし、彼がアハブのアラム人との戦いにも参加したとする聖書の記述(王上二二章)の歴史性には、前述のように疑問の余地がある。歴代誌はヨシャファトの業績を非常に誇張して描いているが(代下一七—二〇章)、ヨシャファトが数々の建築事業を行ったことや、彼が何らかの形で司法制度の改革を行ったことについての記事(代下一七7—9、一九5—11)は、何らかの歴史的核を含むものと思われる。

ユダの王ヨラムとイスラエルの王アハズヤ

ユダ王国におけるヨシャファトの後継者ヨラム(在位前八四七—八四五年)は、まだ王子の頃父王の同盟政策により北王国の王女アタルヤと政略結婚したが(王下八18、26)、彼自身は無能で短命な支配者であったにすぎない。この時期以降、おそらくアタルヤの影響で、エルサレムにも北王国のバアル崇拝の聖所が建てられるようになった(王下一一18参照)。ヨラムの治世には、南方でエドムが再び離反した(王下八20—22)。

北王国ではアハブをその息子アハズヤ(在位前八五二—八五一年)が継いだが、彼は屋上から転落し、おそらくその後遺症から回復せずに翌年死んだ(王下一2—17)。彼に替って王となったのは、アハズヤの弟ヨラムであった。なお、この時期には南北両王国に何人かの同名の王が出て、しかも政略結婚により両王朝が結び付いたのでいささかややこしい(一一八頁の系図を参照)。

第三節　北王国におけるイエフの乱とユダ王国におけるアタルヤの王位簒奪

イスラエルの王ヨラム

北王国のヨラム(在位前八五一—八四五年)の時代には、アッシリアの脅威が一時的に遠のいたので、ダマスコのアラム人の王ベン・ハダド(ハダドエゼル?)が南進を開始した。これは明らかに、メソポタミアとの交易路の支配権を確保するためであった。一時は、サマリアさえ攻囲されたらしい(王下六24—25)。前述のように、列王記上二〇章、二二章の対アラム戦争の記述は、もともとこの時代に関係していたのかもしれない。

このような混乱とイスラエルの弱体化につけ込んで、ヨルダン川東岸地方ではかつてオムリが征服したモアブ人が、メシャのもとで叛旗を翻した(王下三4—5)。この乱に関係

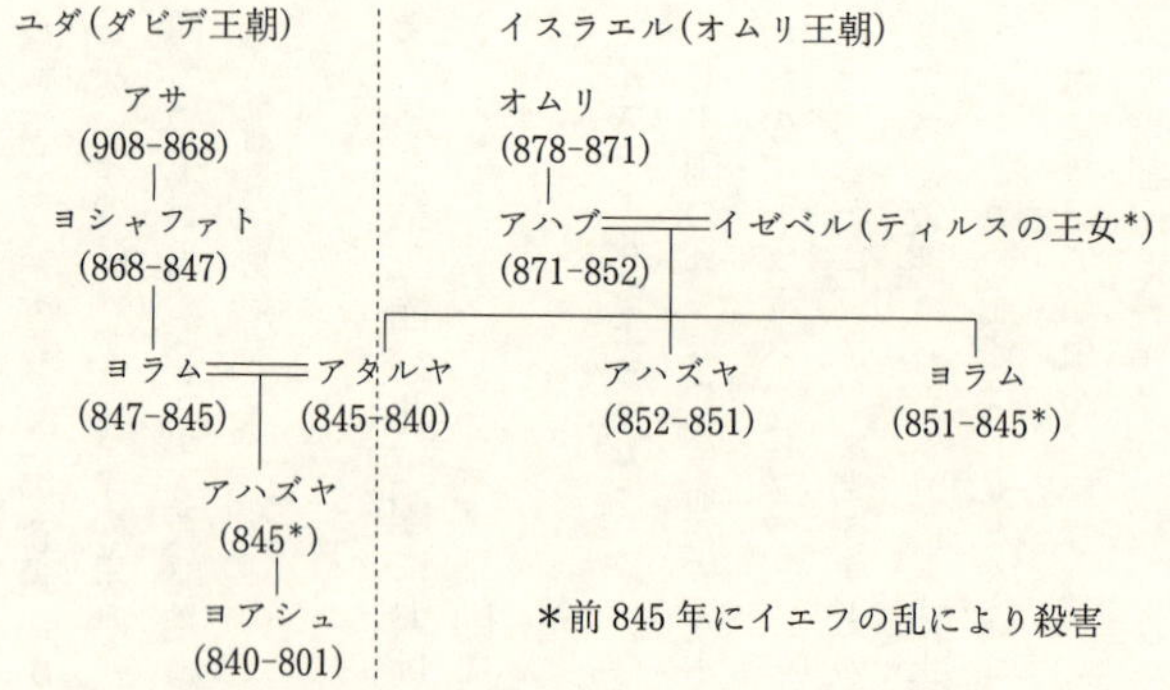

系図3　オムリ王朝とユダ王国の関係(年代は在位，紀元前)

する史料としてはモアブ王メシャ自身の碑文が残されている(ルーブル美術館蔵)。ヨラムは(前述のようにユダ王ヨシャファトの援助を得て?)この反乱を鎮圧しようとしたが、果たせなかった(王下三章)。

イエフの乱とオムリ王朝の滅亡

アハブの死とアラム人の攻撃によるイスラエルの弱体化は、国内にも大きな混乱を引き起こした。前八四五年に、北王国のヨラムはベン・ハダドに替わってアラム人の王となったハザエルとのラモト・ギレアデをめぐる戦いで負傷し、イズレエルで静養していたが(王下八28—29)、この機に乗じて軍の指揮官であったイエフがクーデターを起こしたのである。預言者エリシャがイエフを土に指名し、この反乱を教唆したという伝承(王下九1—

10)や、保守的なヤハウェ主義者であるレカブ人(エレ三五1―19参照)が反乱軍に加っていたという記事(王下一〇15―16)、さらにはイエフが実権掌握後、バアル崇拝者たちを大量虐殺したという記事(王下一〇18―28)には、この反乱が同時にオムリ王朝のバアル崇拝許容に反発するヤハウェ主義者の宗教革命でもあり、カナン系住民とイスラエル系住民の間に均衡を保とうとするオムリ王朝の政策に対する純イスラエル系住民の勝利でもあったことが示唆されている。

クーデターに成功したイエフは、イズレエルでヨラムと、王母として当時まだ影響力を保っていたイゼベルを殺し(王下九17―37)、さらにオムリ家の一族を皆殺しにした(王下一〇1―17)。その際には、おそらくアラム人への戦いの同盟者としてヨラムとともにいたユダの王アハズヤも巻き添えにされ、殺された(王下九27―29)。ユダのダビデ王家に嫁いだアタルヤの息子であったアハズヤは、オムリ王家の血を引く者の一人でもあったからであろう。こうして北王国最初の本格的な王朝であるオムリ王朝の支配は、ほぼ三十年間で絶たれたのである。

テル・ダン碑文

なお、オムリ王朝の終焉とイエフの乱に関連して、極めて興味深い発見が最近なされ、学界で激しい議論の的になっているので付記しておく。

一九九三年と一九九四年に、イスラエル北部のテル・ダンの発掘で、アラム語で書かれた石碑の断片が二つ発見された。この石碑は破壊された後に再利用されたので、保存状態はよくないが、その判読可能な数行には次のように書かれていたのである。

「〔余は〕イスラエルの王〔アハブの〕子〔ヨ〕ラムを殺し、またダビデの家の王〔ヨラムの〕子〔アハズ〕ヤを殺した。そして余は〔彼らの町々を廃墟とし〕彼らの国土を荒らした〕」

書体学的に前九世紀後半のものと判定されたこの石碑の建立者の名前は残念ながら残されていないが、イスラエルとユダを攻撃したアラム王であることは明らかであり、ハザエルである可能性が高い。しかし、ここで彼は、イスラエル王ヨラムとユダ王アハズヤの殺害を自分自身の功績として誇っているのである。これは何を意味するのであろうか。一つの可能性は、碑文がハザエルの功績を誇張しているということである。すなわち、イスラエルのヨラムはハザエルとの戦いで死んではおらず、列王記にある通り負傷しただけなのだが、その後彼とユダ王アハズヤがイエフの乱で死んだのを、ハザエルが勝手に自分の武勲として誇っているということである。

第二の可能性としては、ハザエルが背後でイエフの乱を支援し、ここでイエフを自分の代行者とみなしているということが考えられる。旧約聖書でハザエルとイエフ双方の権力掌握に預言者エリヤないしエリシャが関わっていたとされることは、何らかの仕方でこのことと関連するかもしれない(王上一九15―17、王下八7―九13参照)。この場合には、イエフはヨラム側からハザエル側に寝返ったことになろう。

第三の可能性は、ヨラムとアハズヤは碑文に書かれている通りハザエルとの戦いで殺されたのであり、その際の混乱に乗じて一将軍にすぎないイエフが王位を握ったが、それを正当化するために、現在列王記に伝わるような物語が作られたということである。その場合には、いわゆる「イエフの乱」は史実でなくフィクションということになる。その他にもさまざまな説が出されているが、真相は今のところ謎のままというしかない。なお、この碑文が、「ダビデの家」という表現を通じてユダ王国の王朝創始者としてのダビデの実在を初めて裏付けるものとしても注目を集めたことは、統一王国についての記述の際に述べた通りである(八六頁を参照)。

第四節　北王国におけるイエフ王朝と同時代のユダ王国

イスラエル王イエフ

イエフが創始した王朝は、オムリ王朝よりもさらに長く存続するが(前八四五―七四七年)、その治世は少なくともその前半に関しては決して平穏ではなかった。イスラエル王としてのイエフ(在位前八四五—八一八年)がいかなる統治を行ったかについては、ほとんど史料がない。当然ながら、オムリ王朝時代の南王国およびティルスとの同盟関係は断絶し、北王国は孤立せざるを得なかったであろう。このことは北王国にとって経済的な痛手となったに違いない。

他方でアラム人の脅威は、アッシリアのシャルマナサル三世が前八四一年頃に再び(彼にとっては四度目の)シリア遠征を行い、ダマスコを攻撃したので、一時的に中断した。今回は、シリア・パレスチナ諸国は前述のカルカルの戦いの際のような堅固な同盟を組織できなかったらしい。少なくともイスラエルとアラムは明らかに対立関係にあった。シャルマナサルはその年代記に、アラム人の中心国家であったダマスコの王ハザエルを撃ち破り、「一万六千人の兵を殺し、千百二十一台の戦車と四百七十頭の馬を奪った」と記している。このときティルス、シドン、イスラエルのイエフらは進んでシャルマナサルに服従し、貢物をおさめた。カルフで発見されたシャルマナサル三世のいわゆる「黒色オベリスク」(大英博物館蔵)の浮彫には、イエフがシャルマナサルの前に平伏している場面(一二三頁参照)が描かれているが、これはイスラエル王の姿を描いた最初の聖書外図画資料である。

しかしアッシリアの関心がその後小アジア方面に向くと、ハザエルは体勢を立て直し、

シャルマナサル3世に平伏するイエフ(大英博物館蔵)

主としてヨルダン川東岸のイスラエルの領土に侵入した。イエフとその息子ヨアハズ(在位前八一八―八〇二年)の時代に、北王国はバシャンからアルノン川までの領土を失った(王下一〇32―33)。ヨアハズの時代には、北王国はアラム人によって武装解除され、ほとんどその属国のような地位に甘んじていたらしい(王下一三3、7)。

ユダにおけるアタルヤの王位簒奪と祭司ヨヤダの乱

南王国では、ヨラムの息子アハズヤ(在位前八四五年)が北王国のイエフのクーデターに巻き込まれて殺された後に、その母アタルヤが王位を簒奪し、ダビデ王家の男子を皆殺しにしようとした。アハズヤの息子(それゆえアタルヤ自身の孫?)で生後間もないヨアシュだけがかろうじて救われ、祭司たちによって神殿内にかくまわれた(王下一一1―3)。本来北王国のオムリ家の王女であり、イエフによってオムリ家の王族すべてが虐殺された後に残された、おそらくただ一人の生き残りであったアタルヤは、今や南王国にオムリ家の王権を確立しようとしたのであろう。実際に彼女は六年間エルサレムで女王として君臨したが(前八四五―八四〇年)、この六年間は南王国においてダビデ王朝の支配が中断した唯一の例外期間であった。

ヨアシュが七歳になったとき、祭司長ヨヤダを中心とする神殿の祭司たちと近衛兵たちは、このダビデ王朝の血筋を伝えるただ一人の少年を担いでアタルヤに対してクーデターを起こし、彼女を処刑してヨアシュを即位させた。同時に、エルサレムのバアル聖所も破壊された(王下一一4―20)。この出来事は、おそらくダビデ・ソロモン時代以来のダビデ王権イデオロギーが南王国の人々の心に深く根付いており、ダビデ王家以外の支配者など考えられないほどになっていたことを示している(王下一一20参照)。

北王国で頻発した王朝交替のためのクーデターとは正反対に、ヨヤダの乱は、王朝を守るためのクーデターであった。同時に注目すべきことは、このクーデターとダビデ王朝の復興に関連して、「国の民」(アム・ハ・アレツ)と呼ばれる集団が初めて姿を現わし、一定の役割を演じたことである(王下一一18、20)。彼らはおそらくエルサレム以外のユダの地に住む自営農民で、南王国の歴史の後半で重要な役割を果たすことになる。

ユダの王ヨアシュ

ユダ王ヨアシュ（在位前八四〇―八〇一年）は、成人するまで祭司長ヨヤダの影響下にあった。ヨヤダはおそらく摂政を務めたのであろう。ヨアシュが広く募金を集めて神殿の改修事業を行った（王下一二5―17）というのも、そのような祭司的感化による神殿尊重の態度であろう。

なお、最近（一九九六年発表）、ヨアシュ（「アシュヤフ」）王による神殿のための献金の呼びかけを記した陶片が発見されており、この事業の史実性を裏付けている。ただし前八一四年頃には、ダマスコのハザエルがユダにも侵入し、ペリシテ人の町ガトを奪い、エルサレムをも脅かしたので、ヨアシュは神殿の財宝から莫大な貢物を納めなければならなくなったという（王下一二18―20）。歴代誌下二四20―22には、ヨアシュと祭司たちの対立が示唆されているが、それはこのことに起因するものかもしれない。ただしヨアシュが再び異教の崇拝を復興させ、これに抗議した祭司を虐殺したとする歴代誌の記述（代下二四17―26）は、おそらくはこの王の暗殺を応報主義的に説明しようとする歴代誌の著者の創作であり、歴史的信憑性は薄い。

アラム人の衰退とイスラエル王ヨアシュ

他方、北王国は前述のように、オムリ王朝末期からイエフ王朝前半にかけて、ダマスコに都を置くアラム人国家の侵入や攻撃によって苦しめられてきたが、前九世紀末には予想外の事態によってこの圧迫から解放される。シャルマナサル三世の孫に当たるアッシリアの王アダドニラリ三世(在位八一〇—七八三年)が、前八〇六年から八〇二年にかけてと前七九六年に二度にわたってシリア方面に遠征し、ダマスコを征服したからである。北王国でヨアハズを継いだヨアシュ(在位前八〇二—七八七年)は、直ちにアダドニラリ三世に朝貢し、アッシリアの保護下に入った。

この間の事情は旧約聖書には語られていないが、一九六七年にテル・エル・リマで出土したアダドニラリ三世の碑文によって確認できる。なお、列王記下一三5には、ヨアハズの時代にイスラエルをアラム人の脅威から救ったと言う匿名の「一人の救い手」についての不思議な言及があるが、これをアダドニラリ三世への示唆と見る研究者も多い(他方でこれを、ヨアシュ王自身、ないし預言者エリシャを指すと見る説もあるが)。ヨアシュはダマスコのアッシリアへの敗北に乗じて、三度にわたってダマスコを撃ち(王下一三18—19)、父ヨアハズが失った領土の大部分をアラム人から奪回した(王下一三25)。この戦いは、エリシャをはじめとする預言者たちによって支持されていた(王下一三14―19)。しかしそれは同時に、イスラエルを属国とみなしていたアッシリアの支持のもとに、アラム人を弱体化しようとするアッシリアの政策の一環として行われたものでもあったろう。

ユダの王アマツヤ

北王国のヨアシュの即位とほぼ同時期に、南王国では同名のヨアシュ王が臣下によって暗殺され、息子アマツヤ(在位前八〇一―七八七年、前七七三年没)が替って王となった(王下一二21―22)。もともとアタルヤの打倒後に民衆の支持によってダビデの王座につけられたヨアシュが、なぜ暗殺されたのかは不明である。ちなみに彼を継いだアマツヤもまた後に暗殺されている(王下一四19―22)が、いずれの場合にも、北王国では暗殺に必ず王朝交替が伴ったのに対し、南王国ではダビデ王朝の支配そのものは不動であり、あくまで王朝内部から次の王が擁立された。

アマツヤは父の暗殺者たちを処刑した後(王下一四5―6)、南方のエドム人を討ち、その首都セラを征服した(王下一四7)。これはかつてソロモンやヨシャファトがそうしたように、紅海に面したエイラトとエツヨン・ゲベルの港への道を確保するためであったと思われるが、アマツヤ自身の時代にはこの最終目標にはまだ達することができなかったようである。

アマツヤはエドム人への勝利の余勢を駆って、北王国の王ヨアシュに挑戦した。歴代誌下二五6—13によれば、その動機は、エドム遠征への参加をアマツヤに拒否された北王国の傭兵たちがユダの町々を荒したことによるらしい。しかし列王記下一四9の奇妙な言葉によれば、アマツヤが申し出た軍事同盟(政略結婚の要求!)をアッシリアの忠実な臣下であったヨアシュが拒否したことに関連するとも考えられる。ベト・シェメシュにおける両軍の戦いは北王国側の圧勝に終わった。アマツヤは捕虜となり、エルサレムの城壁は破壊され、神殿の宝物は戦利品として奪い去られた(王下一四8—14)。なおこの事件は、南北両王国の戦いで一方の首都が他方によって征服された唯一の例である。

アマツヤがいつ捕虜の身から解放されたのかは不明であるが、列王記下一四17によればアマツヤは北王国の王ヨアシュの死後なお十五年も「生き永らえた」(ただし「統治した」とは書いていないことに注意)。おそらくアマツヤの連行後その息子アザルヤがユダの民(おそらく「国の民」)により王位につけられたのであろう(王下一四21)。その後アマツヤはユダに帰還したが、前七七三年にラキシュで父王ヨアシュと同じように暗殺された(王下一四19—20)。これは彼が王位を回復しようと画策したためかもしれない。

イスラエル王ヤロブアム二世

前七八七年には、北王国でヤロブアム二世(在位前七八七―七四七年、なお、同一世との血統上の関係はない)が、南王国ではアザルヤ(別名ウジヤ、在位前七八七―七三六年)がほぼ同時に即位した。この時代にはダマスコのアラム人勢力はほぼ解体されて脅威を与えなくなっており、アッシリア自体も国内の分裂で一時的に衰退していたので、王国分裂以後の両王国にとってはめずらしい平和の時代となった。

北王国のヤロブアム二世は、父ヨアシュの領土回復政策をさらに推し進め、「ハマトの入口からアラバの海(死海)まで」をイスラエルに回復した、と言われる(王下一四25)。これは彼が、それまでアラム人、アンモン人、モアブ人によって支配されていた領土を奪回したことを意味する。さらに列王記下一四28には、彼がダマスコやハマトをも支配するに至ったことが示唆されているが、この部分のテキストは極めて曖昧である。いずれにせよこの時代のイスラエルが、ヨルダン川東岸地方を下るルート(「王の道」)やフェニキア諸都市から内陸に向かうルートなどの主要な通商路を支配下においたことは疑いない。このことは交易や通行税を通じて莫大な富を北王国にもたらした。

経済的繁栄と社会的問題の増大

ヤロブアム治下のイスラエルが、ソロモン時代に勝るとも劣らない経済的繁栄を享受したことは、サマリアで発掘されたこの時代の豪華な宮殿跡や、王室領から宮廷に運び込まれた物品(主としてオリーブ油と葡萄酒)を記録する六十三点のサマリア・オストラカ、サマリアの上層階級の人々の豪奢な生活ぶりを描く預言者たちの言葉(アモ四1、六4―6、ホセ八14、一〇1―2等)から推し測ることができる。しかしこのような経済的繁栄からの利益を得るのは、所詮は少数の特権階級の人々だけである。そして少数者への富の集中は、王国時代初頭以来始まっていた階級と社会層の分離に拍車をかけ、国民の間に貧富の格差を増大させた。

このことは、例えば一時は北王国の首都でもあったティルツァの遺跡などに目に見える形で証拠づけられている。すなわちそこでは、切石で建てられた堂々たる豪邸(アモ五11等参照)の立ち並ぶ「高級住宅地」と、粗末で小さな庶民の家が密集した「スラム街」とでも言うべき地域が歴然と区別されている。役人、高位の軍人、大商人等を中心とした富裕階級の人々は、その経済力を背景に大土地所有を推進し、農民の多くは没落して農奴化した。

注目すべきは、このような見せかけの繁栄と社会的矛盾の増大の中から、イスラエルの最初の記述預言者、アモスとホセアが登場してくることである。彼らは一方で強者による弱者の抑圧や不正の横行を告発し、他方では形骸化した礼拝や異教的要素の蔓延を糾弾し、神の避け難い審判を告知した(アモ四―五章、八章、九1―4、ホセ四―五章、七―八章、一〇1―8等)。

ユダの王アザルヤ(ウジヤ)

南王国の王アザルヤ(ウジヤ)もまた、領土の回復と経済発展に尽力した。彼はエイラトを要塞化してユダに復帰させたと言われるが(王下一四22)、これはアザルヤが父王アマツヤのなし得なかったエドム人勢力の排除と海上交易路の確保に成功したことを示している。歴代誌によればアザルヤは西のペリシテ人や東の遊牧民、アラビア人、メウニム人を討伐したと言うが(代下二六6―8)、これは言うまでもなくエジプトおよびアラビアに下る通商路を確保するためであろう。彼はまた軍事技術や兵制を改革し、防衛施設を補強し、農業や牧畜を振興した(代下二六9―15)。アザルヤは晩年になって祭儀的に穢れたものとされる皮膚病に罹患し、隔離されて生活するようになったので、息子のヨタム(在位前七五九―七四四年)が摂政を務めた(王下一五5、32―35)。エイラトのそばのエツヨン・ゲベルからは、ヨタムの印章のついた指輪が発見されている。

なおアザルヤの晩年は、次章で詳しく述べるように、アッシリアがティグラトピレセル三世のもとで体勢を立て直し、シリア・パレスチナに再進出してくる時期に重なるが、ティグラトピレセル三世の遠征碑文に言及されている反アッシリア勢力の一人ヤウダア(Yaudaa)の王アズリヤウ(Azriyau)がユダの王アザルヤ(ウジヤ)であったとすれば、(かつて北王国のアハブがそうしたように)北シリアで戦われた対アッシリア戦にユダも派兵したことになろう。これはあり得ないことではないが、この同定をめぐっては、研究者の間でも意見が分かれている。

アザルヤ治下のユダでも、きらびやかな繁栄の背後で宗教的・社会的退廃が進行したことは、次の時代の預言者イザヤやミカの言葉から推し測ることができる(イザ一10—17、21—23、三16—26、五6—12、ミカ二1—2、三1—12等)。

なお、ユダ南部のキルベト・エル・コム(ヘブロン西方約一四キロメートル)やシナイ砂漠の隊商中継地クンティレト・アジュルド(カデシュ南方約五〇キロメートル)から発見された、書体学的に前八世紀頃のものとされる陶片の碑文には、「ヤハウェと彼のアシェラ(女神名)」への言及が見られ、この時代には少なくとも庶民レベルでは多神教的な宗教形態が広まっていたことを証拠づけている。しかし、それが本来のヤハウェ一神教的信仰形態からの「堕落」を表現するのか、それともそのような一神教的観念の確立以前の状況を示すのかについては、宗教史研究者のあいだでも大きく解釈が分かれている。

第六章　アッシリアの進出と南北両王国の運命

（前八世紀後半—前七世紀）

第一節　アッシリアの西方進出

アッシリアとシリア・パレスチナ

前八世紀前半にイスラエル、ユダ両王国がともに有能な王のもとで表面上は比較的安定した時代を迎え、経済的繁栄さえ享受したことは前章の終わりの部分で述べた通りである。しかし、そのような太平の時代は長くは続かなかった。前八世紀の後半になると、メソポタミア北方の大国アッシリアの西方進出が本格化し、それがその後の両王国の運命に直接大きな影響を与えることになる。

この時期の北王国では、王権の不安定さが改めて顕在化し、再び血で血を洗うクーデターと王朝交代が繰り返されるようになる。同時に、オリエント世界全体の権力構造の枠組みの中で見ると、東(北)のアッシリアの進出に対抗しようとする西(南)のエジプトがシリア・パレスチナにさまざまな形で干渉を企て、イスラエルとユダはこのような二人超大国の「二極構造」の狭間で翻弄されることになる。

もちろん、アッシリアの西方への関心と具体的な軍事行動は、決してこの時代に始まったことではない。前九世紀のアッシュルナシルパル二世以来、アッシリア王たちはしばしばシリア・フェニキア地方に遠征し、地中海の水で剣を洗って自らが「四方世界の王者」であると誇示することを好んだ。前九世紀末のシャルマナサル三世やアダドニラリ三世の西方遠征がシリア(アラム)や(北)イスラエル王国に大きな影響を与えたことはすでに見た通りである。

しかし、それまでのアッシリア王が時おりシリア・フェニキア方面に遠征しても、多くの場合、諸国の服従の姿勢を形式上確認し、戦利品や貢を取り立てることで満足して本国に帰るのが常であった。これに対し、ティグラトピレセル三世(在位前七四五—七二七年)は、より「帝国主義的」な政策に転換し、アッシリアの国境そのものを広げていくことに努めた。すなわち、彼は服従した国家は属国として支配し、抵抗したり反抗を繰り返したりした国家は容赦なく滅ぼして属州としてアッシリア本土に編入し、直接アッシリア人の総督に治めさせた。イスラエルが辿るのはまさに後者の運命であり、そしてユダが選ぶのは前者の道であった。

ティグラトピレセル三世の軍制改革

ティグラトピレセル三世(別名「プル」、旧約聖書ではしばしばこの略称でも言及される。王下一五19等を参照)は、アッシリアの軍制を大改革して、それまでの主として自由農民や奴隷によって編成されていた軍隊を属州や属国から徴募され訓練された職業軍人による常備軍に替え、従来の二人乗りで六本幅の車輪の戦車に替えて大型の八本幅の車輪を持つ三人乗り戦車を採用した。また歩兵の武具や攻城具をも改良し、これによってアッシリアは強大な軍事力を獲得した。

他方でこの王は、以前からアッシリアがしばしば行ってきた反抗的な民族の集団移住政策を徹底させ、征服した諸民族を事実上相互に混合させて、征服民の民族的同一性を解体して反乱の可能性を断った。最近の研究によれば、ティグラトピレセルの二十年に満たない治世に総計で約四十回にわたる強制移住が行われ、各地で五十万人以上の人々が動かされたといわれる。ダマスコのアラム王国とイスラエル北王国は、まさにこのような政策の犠牲となるのである。

ティグラトピレセル三世の西方遠征と北王国における王朝交替の再発

ティグラトピレセルはまず、当時内乱状態にあったバビロニアのアラム系諸部族を平定して南部と東部の国境を固めた。次いで目を西方に向け、前七四三年から前七三八年にかけてシリア方面に繰り返し遠征してアルパド、ハマト、サムアル等のアラム系諸国家を征服した。

一方、北王国の太平の世は、前七四七年のヤロブアム二世の死とともにすでに終わっていた。ヤロブアムの死後その息子ゼカルヤが王となるが、彼は即位の六カ月後にギレアド出身のシャルムという男のクーデターで倒される。こうして、約百年間にわたって北王国を治めたイエフ王朝は打倒され、イスラエルではまたしても血なまぐさい王位簒奪劇が頻発するようになる。すなわち、そのシャルム自身もわずか一カ月後に、旧都ティルツァを拠点に勢力を増し加えたメナヘムによって倒される(王下一五8—15)。

このメナヘム(在位前七四七—七三八年)の治世の末期に、ティグラトピレセル三世の率いるアッシリア軍がシリア・パレスチナ地方に遠征する。メナヘムは前七三八年にティグラトピレセルに貢物を納めたが、彼はそのための銀を国内の土地所有者からの人頭税で掻き集めたと言われる(王下一五19—20)。この朝貢は、ティグラトピレセルの碑文によっても確認できる。同じ時期に、周辺諸国家、すなわちダマスコのレツィン、ティルスのヒラム、ビュブロス、カルケミシュの王たち、アラビアの女王サビベ等も進んでティグラトピレセルに恭順の姿勢を示し、貢を納めている。

メナヘムを継いだ息子のペカフヤ(在位前七三七―七三六年)は、在位二年目にして暗殺され、暗殺者ペカが王位に就いた(王下一五23―25)。この王権交替は、イスラエルの対アッシリア政策に決定的な転換をもたらすことになる。

なお、ティグラトピレセルはその後七三四年にもフェニキアとフィリスティアに遠征し(後述のアラム王レツィンを中心とする反アッシリア同盟の結成に関連するか?)、ガザを征服してエジプト、アラビア方面からの重要な通商路を確保した。この時彼は、さらにエジプトの入口のワディ・エル・アリシュに石碑を立てている。これによってアッシリアの支配領域は、名目上ではあるがエジプトと直接境を接することになった。

第二節　シリア・エフライム戦争から北王国の滅亡まで

シリア・エフライム戦争とその結果

さて、前述のペカ(在位前七三五―七三二年)のクーデターが、メナヘム王朝の親アッシリア的政策への反発を主たる動機とするものであったことは、ペカが直ちにダマスコを都とするアラム王レツィンと結んで反アッシリア同盟の結成を企てたことに示されている。ペカのクーデターがもともとレツィンに支援されたものであった、という可能性も大いにありうる。ペカとレツィンは南王国ユダをもこの同盟に参加させようと働きかけた。

当時の南王国の王はヨタムの息子アハズ（在位前七四四—七二九年）であった。アハズは病床に伏していた祖父アザルヤの存命中に、早死した父ヨタムを継いで前七四四年から摂政を務め、前七三六年のアザルヤの死とともに正式の王位に就いたものと思われる。アハズが反アッシリア同盟への加入を拒否ないし躊躇したため、前七三四年にレツィンとペカは、アハズを廃位してベン・タベアルなる人物を傀儡《かいらい》の王にしようと（イザ七6を参照）南王国を攻撃し、アハズをエルサレムに包囲した（王下一六5）。これがいわゆるシリア・エフライム戦争である。

この混乱に乗じて、アマツヤ、アザルヤ時代以来ユダに支配されていたエドム人が蜂起し、紅海北岸の港町エイラトをユダから奪回した（王下一六6）。同時に西方ではペリシテ人がネゲブやシェフェラー（ユダの西方丘陵地帯）を侵略したらしい（代下二八18）。こうしてユダ王国は四面楚歌の状況に追い込まれてしまった。

この時預言者イザヤはアハズに面会し、ヤハウェの助けを信頼するよう説き、軽挙妄動を戒めたというが（いわゆる「インマヌエル預言」、イザ七3—16）、アハズはこれを無視してティグラトピレセルのもとに使者を送り、貢物を納めて保護を求めた(王下一六7―8)。彼はいわば国家の独立を事実上アッシリアに売り渡すことによって、国家の延命を図ったのである。ティグラトピレセルはこれを受け入れたという(王下一六9a)。ただし、一小属国にすぎないユダの意向が大アッシリアの国際戦略に直接影響を与えたということは考えられない。一度服従を誓いながら(前七三八年)、反抗的な姿勢を見せたアラムとイスラエルに懲罰を加えることは、ティグラトピレセルの既定の方針だったことであろう。

なお、ティグラトピレセルの碑文からは、前七三四年におけるユダ王アハズ(ヤウハズィ)の朝貢が確認できる。ちなみにこの同じ年には、エドム、モアブ、アンモンの王もアッシリアに服従して貢物を納めている。そしてこれらのヨルダン川東岸の国々は、ユダ同様アッシリアの占領を免れている。

いずれにせよ、ティグラトピレセルはまず前七三三年にイスラエルを襲ってヨルダン川東岸地方、ガリラヤ、および海岸平野を占領し、それらを併合してギレアド(ガルアザ)、メギド(マギドゥ)、ドル(ドゥル)の三つの属州に再編した(王下一五29)。イスラエルは今や国土の三分の二を失い、事実上首都サマリアを中心とする小都市国家にすぎなくなった。

この時、イスラエル国内でまたしてもクーデターが起こり、ホシェアがペカを暗殺してティグラトピレセルに降伏し、貢物を納めた(王下一五30)。ティグラトピレセルはホシェアのイスラエルの王位を承認した(ティグラトピレセル碑文)。こうしてイスラエルの北王国と南王国は、ともにアッシリアの属国に堕すことになった。ティグラトピレセルはまた、翌前七三二年にはダマスコを討ち、レツィンを処刑して住民を捕え移した(王下一六9b)。

アッシリアの属国としてのユダ

ユダ王国のアハズは、一生の間アッシリアの忠実な臣下として留まった。彼は服従と恭順の意を表するために、ダマスコにいたティグラトピレセルを表敬訪問したが、そこで見た祭壇とそっくり同じ物をエルサレム神殿に作らせたという。従来のヤハウェのための祭壇は、聖所の片隅に追いやられてしまった(王下一六10―18)。

この措置は一般的に、ユダによるアッシリアの国家祭儀の導入を意味すると解釈されている。これが今や宗主となったアッシリア王の強制によるものか、それともアハズの自発的な意志によるものなのかについては議論があるが、いずれにせよこれにより南王国の国家聖所にアッシリアの祭儀が侵入したことは確かである。これは、ユダにおける一般的な宗教混淆に拍車をかけるものであった。前七二九年、アハズは死んで、息子のヒゼキヤがアッシリアの属国としてのユダ王国の王となった。

その後のティグラトピレセル三世

なお、その後のティグラトピレセルについて付記すれば、彼はシリア・パレスチナ地方の支配を固めた後に、東に転じてメディア人、マンナイ人などを破って東部山岳地帯を固めた後、前七二九年にはバビロニアを征服した。ティグラトピレセルは、アッシリア王として初めてバビロニアの直接支配に乗り出し、自らバビロニア王(在位前七二九―七二七年)に即位した。こうしてティグラトピレセル以降、アッシリアとバビロニアは同君連合国家(パーソナルユニオン)をなすことになる。ユーフラテス河口地帯にあった「海国」王メロダク・バルアダン二世も進んで朝貢し、ここにメソポタミアは名実ともに統一されたのである。

ホシェアの反乱と北王国の滅亡

さて、北王国最後の王となるイスラエルのホシェア(在位前七三一―七二三年)は、ティグラトピレセルの存命中は一応忠臣らしく振舞っていたが、大王が死ぬと、「エジプト王ソ」と結んでアッシリアへの貢納を中止し、アッシリアからの独立を企てた(王下一七3―4)。このソなる王がエジプトの誰に当たるかについては議論が分かれているが、最近ではこれを王名としてでなく、第二十四王朝の首都サイスとする見方が有力である。もしそうであるとすれば、相手の王は時の第二十四朝の王テフナクトであったろう。いずれにせよ、当時国内で四つの王朝が乱立し内戦状態にあったエジプトが、イスラエルに対し実効性のある援助を行うことができなかったことは明らかである。

ホシェアはティグラトピレセルを継いだシャルマナサル五世(在位前七二六―七二二/一年)によって撃ち破られ、捕えられてアッシリアに送られた。王を失った首都サマリアはその後も二年以上にわたって抵抗を続けたが、前七二二年ないし前七二一年に、アッシリア軍によりついに征服され、サマリア地方はアッシリアの新しい属州(サメリナ)とされた。これはシャルマナサルの治世の末期に当たると思われる。

北王国の解体といわゆる「失われた十部族」

その後、おそらくクーデターによってシャルマナサルの王位を奪ったサルゴン二世(在位前七二一―七〇五年)は、ティグラトピレセル三世以来の徹底した被征服民交換政策をサマリアに適用し、強制移住によってサマリアの指導者層をアッシリア領内の各地にばらまき、その替りにやはりアッシリアによって征服された複数の異民族をサマリア地方に入植させた(王下一七5―6、24)。

このような占領・移住政策が、被征服民の民族性を解体し、主体性も個性も持たない非

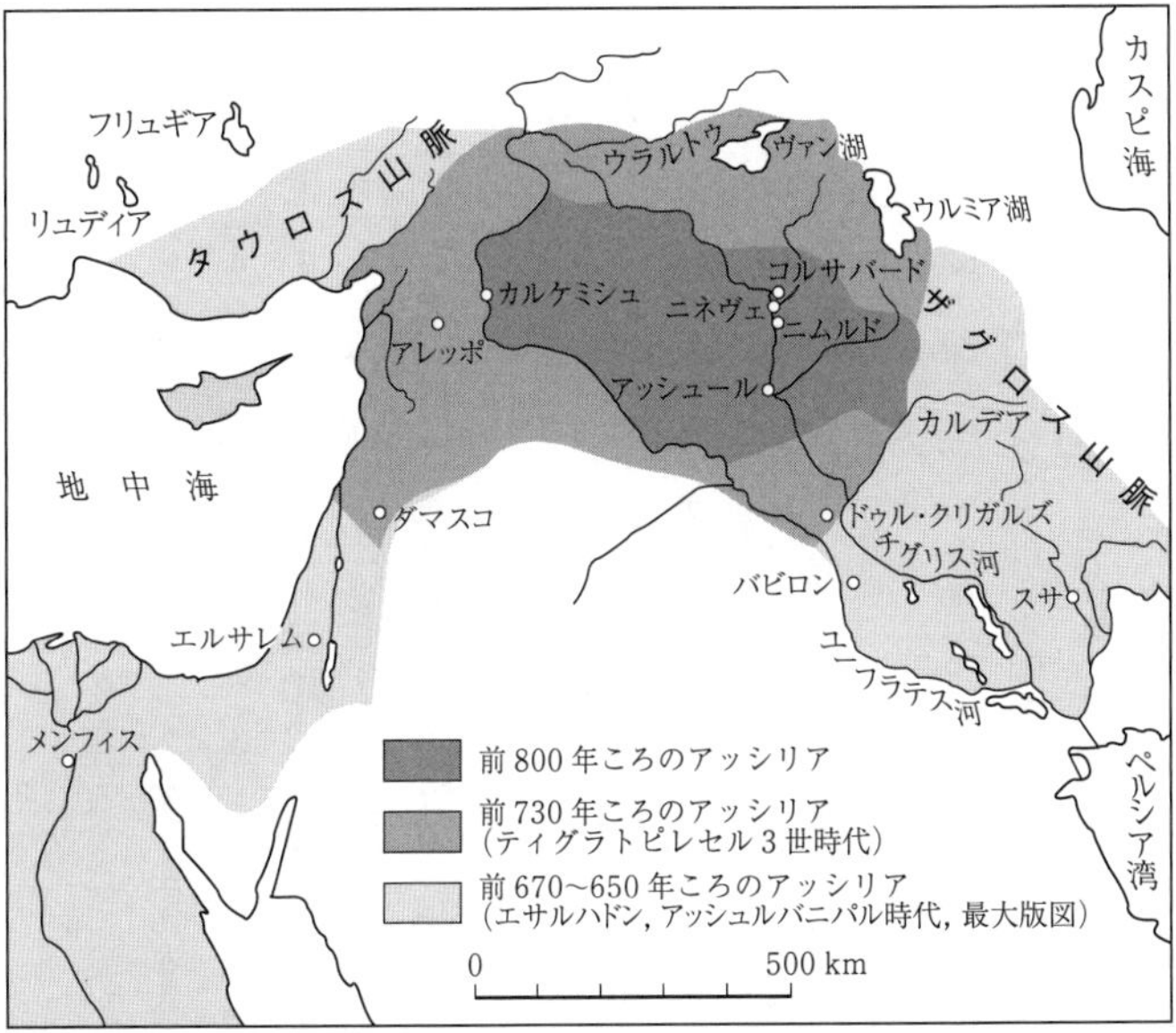

地図8　アッシリアの領土拡大(前8-7世紀)

力な混合体としての被支配者層を作り上げるうえでいかに有効であったかは、このようにして散らされた旧イスラエル国民が、やがて移住先の人々の中に吸収されてしまい、もはや「神の民」としての自己同一性を保ち得なかったことに示されている。それゆえ北王国を構成していた十の部族は、その後「失われた十部族」と呼ばれるようになる。ただし、アッシリアの文書からは、その後しばらくの間、旧イスラエル人の戦車部隊がアッシリア軍に組み入れられ、独自の部隊としてそれなりの活躍をしたことが知られている。

「サマリア人」の起源

他方サマリアに移住してきた人々は、残留していたイスラエル系の住民と混じり合った。こうして生まれた「サマリア人」たちは、ヤハウェと新参者が持ち来った異教の神々とを並べて崇拝する宗教混淆的祭儀を作り上げた(王下一七24—41)。これが、後の時代のユダヤ人とサマリア人の対立(エズ四1—5、ルカ九52—53、一〇25—37、ヨハ四9等を参照)の遠因ともなる。

なお、北王国の滅亡に至る混乱の中で、かなりの数の人々が難民として南王国ユダに逃れたと考えられる。このことは考古学的にも、前八世紀末以降エルサレムでもユダの地方部でも人口が大幅に急増し、居住地の範囲が広がっていることによって裏付けられる。おそらくこれらの北からの移住者によって、北イスラエル系の伝承(ヤコブやヨセフの物語、エリヤやエリシャの物語、預言者アモスやホセアの言葉、等)がユダに伝わり、後に加筆や増補を受けて最終的には旧約聖書の中に取り入れられることになったのであろう。

第三節　ヒゼキヤの治世

ユダの王ヒゼキヤ

前七二二／一年のサマリア陥落、北王国の滅亡により、「イスラエル」の歴史は残された南(ユダ)王国のみの単立王国時代に入る。ユダ王ヒゼキヤ(在位前七二八―六九七年)は初めのうちは、父王アハズの政策を継いで、表面上はアッシリアへの忠誠を保っていた。しかしヒゼキヤは、他のシリア・パレスチナ諸国の多くと同様、明らかにアッシリアの影響力から独立する好機をうかがっていた。

最初の機会は、前七一三年頃にフィリスティアのアシュドドで、反アッシリア派の人々が親アッシリア的な王を倒し、ヤマニなる人物を王として担いでアッシリアに反乱を起こしたことによって与えられた。ここでもまた、このような動きの背後には、シリア・パレスチナへのアッシリアの進出を恐れるエジプトの援助があったようである(イザ一八1―6

参照)。サルゴン二世の碑文によれば、当初はユダ(すなわちヒゼキヤ)、エドム、モアブ、およびおそらくキプロスの王たちもこの反乱に加わっていた。この反乱は二年ほどで鎮圧された。しかしサルゴンの報復がもっぱらアシュドドのみに向けられたことから見て、他の国々は手遅れにならないうちに手を引いたらしい。アシュドドは容易に征服され、エジプトに亡命したアシュドドの王はエジプト王シャバカによってサルゴンに引き渡されてしまった(イザ二〇1―6参照)。

ヒゼキヤの改革

このような失敗にもかかわらず、ヒゼキヤは決してあきらめなかった。彼は周到な準備を行いながら、次の機会を待った。すなわち彼は、攻城戦にそなえてギホンの泉の水をエルサレムの城内に引き入れるために全長五〇〇メートル以上にも及ぶシロアの地下水路を開削した(王下二〇20、代下三二30、イザ二二9)。この水路のトンネル内部からは、工事の模様を記したシロア碑文が一八八〇年に発見されたが、これはヘブライ書体史の貴重な資料となっている。

ヒゼキヤはまた、預言者イザヤの反対にもかかわらず、当時第二十五王朝(エチオピア系)のもとで国家再統一をなしとげていたエジプトの支援を求め(イザ三〇1―5、三一1―

3)、さらに東方における反アッシリア運動の急先鋒となっていたバビロニアのメロダク・バルアダン二世とも連携した(王下二〇12—19、イザ三九1—8)。なお列王記は、ヒゼキヤが神殿にあった蛇の像ネフシュタンをはじめとする異教的要素を取り除いたことを伝えているが(王下一八4—5)、その際には父王アハズが導入したアッシリアの祭儀も排除されたものと思われる。もしそうであるとすれば、ヒゼキヤのこのような祭儀改革的行動には、アッシリアへの政治的従属の拒否という象徴的意味が込められていたと考えられる。ただし列王記の編集者である申命記史家(後述一七四—一七五頁参照)は、宗教史的な問題にほとんど関心を払っていないため、この改革の具体的詳細については残念ながら不明のままである。ヒゼキヤが北王国の残留民を含めて、エルサレムで長らく中断されていた過越の祭を行ったという歴代誌の記述(代下三〇—三一章)が歴史的基盤を持つかどうかについては、研究者の間でも議論が分かれている。

ヒゼキヤの反乱とセンナケリブのエルサレム遠征

ヒゼキヤは、前七〇五年のサルゴンの死に伴うアッシリア国内の混乱に乗じて行動を起こした。今回の反乱では、まさにヒゼキヤが明らかに首謀者の一人であった。さきの反乱で手ひどい報復を受けたアシュドドとガザは今回は反乱に加わらなかったが、シドンの王とアシュケロンの王はヒゼキヤと行動を共にした。サルゴンを継いだセンナケリブ（在位前七〇五―六八一年）の碑文によれば、エクロンでは反アッシリア派の人々が親アッシリア派の王パディを捕えてヒゼキヤに引き渡し、反乱軍に身を投じた（王下一八8参照）。

ほぼこれと同時期にバビロニアでは、メロダク・バルアダンが乱を起こした。センナケリブはまず、バビロニアの反乱を鎮圧した後、前七〇一年になってシリア・パレスチナに遠征し、シドン、アシュケロン、エクロンを征服した。エジプトは援軍を差し向けたが、センナケリブによりエルテケ付近で撃退された（王下一九9参照）。ヒゼキヤはエルサレムに「籠の中の鳥のように」（センナケリブの碑文中の表現）閉じ込められ、ラキシュをはじめとするユダ側の拠点のほとんどはセンナケリブに征服された。なお、アッシリア軍によるラキシュ攻略の模様は、ニネヴェの王宮で発見された見事なレリーフ（大英博物館蔵）に詳しく記録されている（一五一頁の写真参照）。

ヒゼキヤは、結局はセンナケリブに降伏し、重い貢物を支払わねばならなかった（王下一八14―16）。エルサレム以外のユダの諸地域は、反乱に加わらなかったペリシテ人の諸国、すなわちアシュドド、ガザ、およびヒゼキヤのもとから解放されてセンナケリブにより復位されたパディのエクロンに分割された。

本来なら、この時エルサレムが占領されたり破壊されても不思議ではなかった。センナ

ラキシュを攻撃するアッシリア軍(ニネヴェ出土のレリーフ，部分)．左下には当時の「最新兵器」攻城車が見える(大英博物館蔵)

ケリブは後のバビロンの再度の反乱を鎮圧した後、この古都を徹底的に破壊している)。しかし、本国から何らかの異変を告げる報知を受けたためか(王下一九7)、あるいは自軍の中に疾病が発生したためであろう(王下一九35)、センナケリブは、エルサレムを最終的に征服せずに撤退した。

センナケリブの二度目のエルサレム遠征?

なお一部の研究者は、ヒゼキヤの降服を伝える列王記下一八14―16とセンナケリブのエルサレム征服失敗を伝える列王記下一九35―36、イザヤ書三六―三七章との矛盾や、列王記下一九9にエジプト王ティルハカ(タハルカ、在位前六九〇―六六四年)の名が記されていることから、ヒゼキヤの降服に終わった前七〇一年の遠征とは別に、前六九〇年以降にヒゼキヤが三度目の反乱を企て、センナケリブが二度目のパレスチナ遠征を行ったが、エルサレムを征服することはできなかったと想定する(ブライト、ホーン等)。しかし、このような想定は、一般的に認められているヒゼキヤの治世年代と合わないし、そのような遠征についてはアッシリア側の史料にまったく言及がないので、大多数の研究者は再度のセンナケリブの遠征を想定することには懐疑的である。

いずれにせよ、このような危機的状況の中で、何はともあれエルサレムが征服を免れたことは、エルサレムへの神の加護を説くイザヤの言葉(イザ一七12―14、二九5―8)とも相まって、神の都エルサレムの不落の信念を高めることになった(詩四六5―11、四八5―12等参照)。

第四節　マナセからヨシヤまで

ユダの王マナセ

ヒゼキヤの息子マナセ(在位前六九六―六四二年)は、祖父アハズと同様アッシリアの忠実な臣下であった。列王記(申命記史家)は彼を異教崇拝に没頭した極悪非道な王として描き(王下二一2―9)、約百年後のユダ王国の滅亡と捕囚という破局の原因を、究極的にはマナセの悪業に帰している(王下二一11―15、二三26―27、二四3―4)。このことは、マナセが父ヒゼキヤとは異なり、祖父アハズに倣ってアッシリアの属王としてアッシリアの祭儀を積極的にエルサレム神殿に導入したことと関連するものと思われる。

列王記下二一3、二三5の「天の万象」や列王記下二三11の「太陽の馬」への言及は、エルサレムでメソポタミア起源の星辰崇拝が行われたことを示唆している。この時期にヤハウェ宗教が後退し、異教的要素が蔓延したことは、預言者ゼファニヤの言葉からも窺い知れる(ゼファ一4—9)。それはヤハウェ宗教にとって明らかに冬の時代であった。

しかし客観的に見れば、マナセがアッシリアに服従し続けたことは、当時の国際情勢から見て賢明な政策だったと言えるであろう。というのも、この時期のアッシリアはセンナケリブ以降、エサルハドン(在位前六八一—六六九年)、アッシュルバニパル(在位前六六九—六二七年)といったいわゆる「サルゴン王朝」の有能な王たちの下で強盛の極みに達し、東はイラン高原から西はアナトリアまでを領有し、前六七一年以降はついにエジプトまでを支配して真の世界帝国の実現を達成していたからである。それは、アッシリアが圧倒的な力をもってオリエント世界全体を支配し、誰もこれに抵抗できないがゆえに、皮肉にも平穏(pax assyriaca)な時代であった。例えば、この時期に反乱を企てたフェニキアのシドンは徹底的に破壊され、その領土はアッシリアの属州に編入されてしまった。

マナセがアッシリアの忠実な臣下であったことは、アッシリア側の資料からも明らかである。エサルハドンは彼の宮殿建設のために建築資材を供出した西方の二十二人の王のうちにマナセの名を挙げており、またアッシュルバニパルは前六六七年のエジプト遠征に際して協力した十二人の王のうちにやはりマナセの名を挙げている。マナセはアッシリアの属王として、当然この遠征に兵を派遣したであろう。ことによるとマナセ自身もそれに参加したかもしれない。いずれにせよマナセが五十年以上も王としてユダに君臨したことや、その間ユダが少なくとも政治的には「平和」であったことは、このひどく憎まれた王がかなり有能な統治者であったことを示している。

このことは、マナセの時代に、ユダがかつてヒゼキヤの時代にペリシテ人諸都市に併合された領土の大部分を回復した事実(その経過は明確でないが)にも示されている。また、考古学的にも、センナケリブによる破壊後のマナセの時代のユダ各地に、堅固な要塞都市が建築ないし再建されている事実が確認されている。なお歴代誌下三三11―17にはマナセがバビロン(!)に連行された時、ヤハウェ信仰に回心し、帰国後自ら異教崇拝を排除したことが伝えられている。しかしこのエピソードは、この最も悪しき王が最も長い平穏な治世を全うしたという不合理を応報主義的観点から合理化したものと考えられ、歴史的基盤を持つものとは思われない。なお後のユダヤ教では、このエピソードから外典「マナセの祈り」が生まれた(いわゆる「旧約聖書続編」に所収)。

ヤハウェ宗教を守るための戦い――「原申命記」の成立

マナセの時代における異教の蔓延とヤハウェ宗教の後退の中にあって、伝統的なヤハウェ宗教に固執し、その復興を目指して戦い続けた人々も決して欠けてはいなかった。このような人々によって、旧約聖書中の「申命記」の中核部分(便宜上「原申命記」と呼ぶ)が形成されたものと考えられる。彼らは古い宗教的・社会的法伝統を新しい時代に適合させ、一つの神、一つの民、一つの聖所の理念のもとに(申六4—5、一二11等を参照)、モーセ時代のヤハウェ宗教に精神的に回帰することを目指し、また神との契約の現在的意味を強調した(申五3、二九13—14等を参照)。

この運動を担った人々の主力は、古い法的伝統の管理者であったレビ人祭司たちであったと考えられるが(申一七18—20等参照)、預言者に共通する精神が見られることから預言者的サークルの人々や、あるいは申命記の形式・内容にアッシリアの条約文書と共通する要素が見られることから、国際条約に精通していた宮廷の書記たちを担い手として想定する見方もある。この「原申命記」は、後のヨシヤ王の宗教改革に関連して大きな役割を果たすことになる。

ユダの王アモン

マナセの長い治世の後に王位に就いた息子のアモン(在位前六四一—六四〇年)は、即位の翌年には臣下の陰謀により暗殺された(王下二一19—23)。注目すべきは、このような混乱に対し、ヨアシュの即位の時と同様「国の民」が介入したことである(前述一二五頁参照)。彼らは暗殺者を処刑して、アモンの息子で当時八歳であったヨシヤを即位させ、ダビデ王朝の継続性を守った(王下二一24)。

ユダの王ヨシヤの改革と「律法の書」

ヨシヤ(在位前六三九―六〇九年)は、ユダ王国における最後の偉大な王となった(王下二三25参照)。この王の後の行動からは、即位時にまだ少年であったこの王に、申命記の思想の担い手たちが大きな影響を及ぼしたことが推測できる。列王記によれば彼の治世の第十八年(前六二二年頃)に、改修中のエルサレム神殿から一つの「律法の書」が発見され(王下二二3―13)、ヨシヤはこれに基づいて国民と契約を結び、一大宗教改革に着手したという(王下二三1―3)。この「律法の書」が今日ある申命記の原型であったことは、後述するようなヨシヤの具体的行動と申命記の内容との符合からほぼ確実である(ただしこの「原申命記」の範囲については議論百出の状況である)。

もちろん、列王記の記述をすべて文字通りに受け取る必要はない。「発見」の記述についても、その背景や詳しい事情については不明なままである。また、改革そのものの記述(王下二三4―24)についても、大いに単純化、理想化されている可能性がある。しかし少なくとも、申命記の思想と伝統の担い手たちが何らかの形でヨシヤ王に強い影響を与え、それが国家の建て直しを図る王の関心とも合致して、改革事業の着手に繋がったということは十分に言えるであろう。

ヨシヤの業績はほぼ三点に要約できよう。すなわち彼はまず、(1)エルサレム神殿からすべての異教的要素を排除し、祭儀をヤハウェ宗教的に純化した(王下二三4—7、10—14、なお申七5、一二2—3等を参照)。(2)彼はさらに、エルサレム以外のヤハウェの地方聖所をすべて廃止し、祭儀をエルサレム神殿に限定した(いわゆる祭儀集中、王下二三8—9、なお申一二5—14参照)。(3)ヨシヤはこれらの改革を、ユダ国内に止まらず、当時なおアッシリア領であったベテルやサマリアにまで広げたが(王下二三15—20)、このことはヨシヤが旧北王国領土の併合に着手したことを示している。おそらくヨシヤは、ダビデ・ソロモン時代の南北統一王国の再建を目指していたのであろう。

改革の前提条件——アッシリアの衰退

古代イスラエルにおいて政治と宗教は不可分のものであった。ヨシヤのヤハウェ主義的宗教改革は、同時にアッシリアの影響力からの離脱と民族国家の再生を表現するものであった。また祭儀集中は、王を中心とする中央集権秩序の強化を目指す政治・行政改革の一側面であった。

このような企てが実現した背景には、アッシュルバニパル死後(前六二七年頃)のアッシリアの急速な衰退があった。ヨシヤがその改革を行った時代に、アッシリアは王位争いや各地での支配下の民族の反乱など、内憂外患に悩まされ、国家としての存続すら危ぶまれるような苦境に陥っていた。すなわち、南ではナボポラッサル(バビロニア王、在位前六二五―六〇五年)の下でアラム系カルデア人がバビロニアを再び独立させ、東ではフラオルテス(メディア王、在位前六七五―六五三年)の下で国民的統一を成し遂げたメディア王国が、キュアクサレス王(在位前六二五―五八五年)に率いられてアッシリアにしばしば攻撃を加えた。

エジプトではプサメティコス一世(在位前六六四―六一〇年)がリュディア人やイオニア人の支援を得てアッシリア人を追い払い、エジプト人の第二十六王朝を再建していた。北からはしばしばスキュティア人やキンメリア人がアッシリア本土に侵入した。したがってアッシリアは、もはや西方地域の属国に有効な影響力を行使できない状態にあった。聖書は特に記していないが、このような展開の中でヨシヤが事実上アッシリアからの独立を果したことは確実である。

ヨシヤの死と改革の挫折

ヨシヤはダビデ時代の統一王国の復興を目指したが、彼は結局第二のダビデにはなれなかった。周辺の諸大国がいずれも衰退し、シリア・パレスチナ地方に一種の権力の真空状

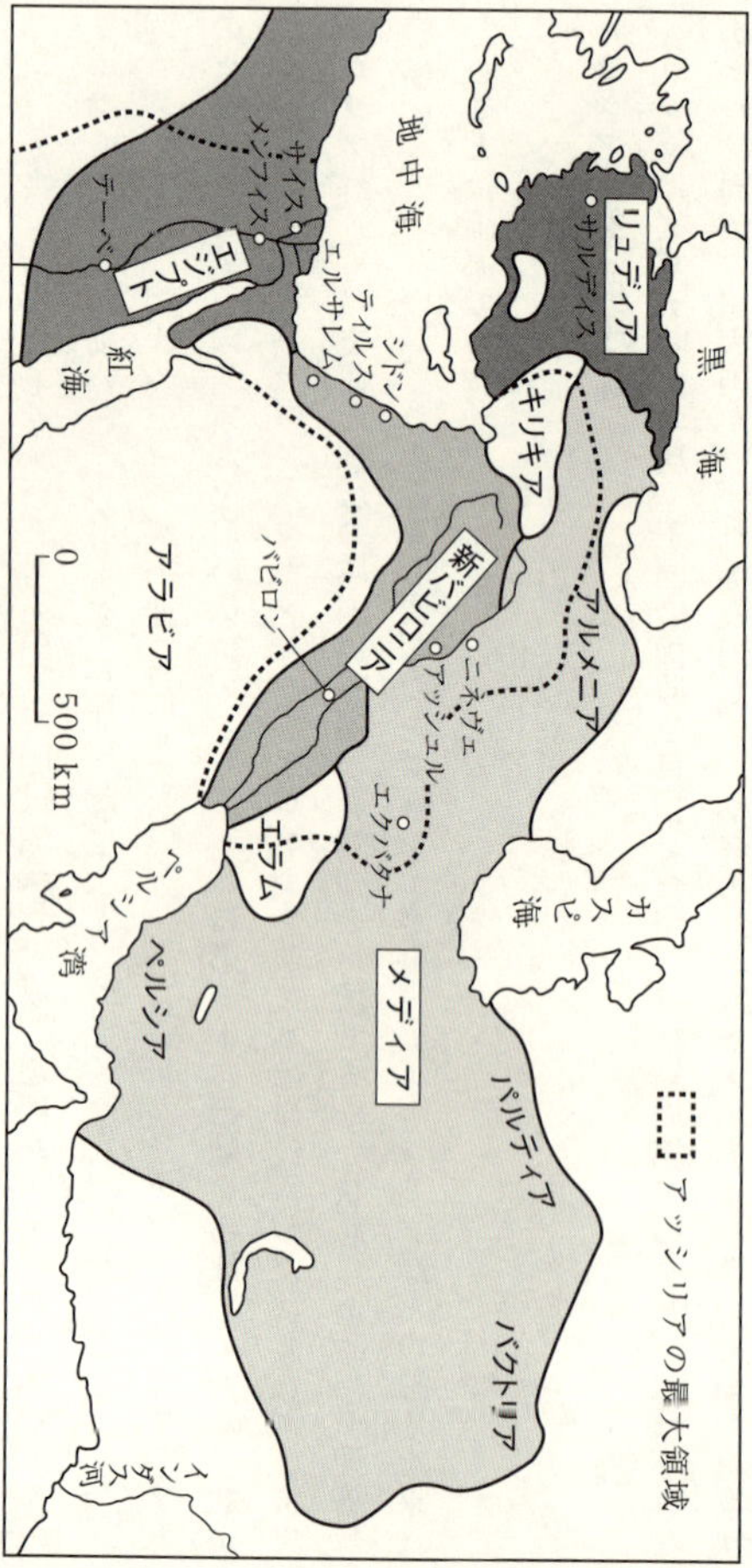

地図 9　アッシリア滅亡後のオリエント四大国(前 600 年頃)

態が生じていたダビデ時代(八七―八八頁を参照)とは、明らかに国際情勢が異なっていたからである。前述のように、当時南方ではエジプト第二十六王朝がプサメティコス一世およびネコ二世のもとで国力を回復させ、シリア・パレスチナ進出の機会を窺っていたし、東方ではナボポラッサル、ネブカドネツァル二世の新バビロニア帝国がアッシリアに替わるメソポタミアの覇者に伸し上がっていた。この両大国にとって、陸橋地帯のシリア・パレスチナを勢力下に置くことが大きな関心事であったことは言うまでもない。

破局は実にあっけない形でやってきた。前六〇九年の夏に、エジプトのネコ二世(在位六〇九―五九四年)は、新バビロニアとメディアの連合軍に破れて首都ニネヴェを追われ、シリアのハランに立て籠ってアッシュルウバリット二世(在位前六一二―六〇九年)のもとでバビロニアとの絶望的な戦いを続けていたアッシリアの残党を支援するために、パレスチナの海岸平野を北上してきた。エジプト王ネコとしては、アッシリアに替わって新バビロニアが強大な勢力になることを恐れたのであろう。その途上、ネコはメギドでヨシヤに出会い、彼を殺した。しかし、その経緯は必ずしも明確でない。

歴代誌下三五20―24の記述によれば、ヨシヤは軍を率いてメギドでネコに挑戦し、かえって返り討ちにあったということになる。これが史実とすれば、反アッシリア的立場にあったヨシヤは、エジプト軍がシリアでアッシリアに合流するのを阻止しようとしたということになろう。しかしより古い列王記下二三29―30の記述はもっと曖昧で、軍についても戦闘についても言及しない。新共同訳はこの個所をかなり歴代誌に近づけて解釈を加えて訳しているが、原文を直訳すれば、「ヨシヤ王は彼(ネコ)の方に(もしくは「彼に会うために」)行った。彼は彼を見ると、メギドで彼を殺した」となる。それゆえ一部の研究者は、ヨシヤの死は軍事衝突による戦死ではなく、海岸平野にエジプトの覇権を確立しようとしたネコがヨシヤをメギドに呼び寄せ、臣下としての忠誠を誓わせようとしたが、ヨシヤがあくまでこれに応じなかったことが原因だったと見る。真相は不明と言うしかない。

いずれにせよ、ヨシヤの死とともに、ユダの事実上の独立は短いエピソードで終わった。今やアッシリアに替ってエジプトがユダの支配者となった。宗教改革も挫折し、やがてユダ各地には再び地方聖所が開かれ(エゼ六1―6参照)、エルサレムの神殿でもまた異教的な祭儀が行われるようになった(エゼ八7―16参照)。しかしヨシヤ改革と申命記の精神は、一部の人々によって捕囚時代にまで継承されることになる(次章で述べる「申命記史書の成立」を参照)。

第七章　ユダ王国の滅亡とバビロン捕囚

（前六世紀前半）

第一節　ユダ王国の滅亡まで

疾風怒濤の時代

イスラエル・ユダヤ民族にとって前六世紀の百年間は、他のオリエント諸民族にとって以上に波瀾万丈、疾風怒濤の時代であった。彼らはこの時期に国家滅亡、いわゆるバビロン捕囚、そしてパレスチナ帰還を体験することになる。支配者も、アッシリアからエジプト第二十六王朝、新バビロニア帝国（同じくバビロンを首都としたハムラピ時代（前一七九二―一七五〇年頃）の「古バビロニア王国」と区別するため、この時代のカルデア人の帝国をこのように呼ぶ）、アケメネス朝ペルシアと目まぐるしく変わる。

エジプトとバビロニアの狭間で

前六〇九年にアッシリアが最終的に滅亡すると、権力の真空地帯となったシリア・パレスチナ地方の覇権を争ったのは、ナボポラッサル—ネブカドネツァル父子の新バビロニア帝国と、ネコ二世のエジプト第二十六王朝であった。なお、新バビロニア帝国の開祖ナボポラッサルは、前六〇九年にアッシリアの最後の拠点ハランを陥落させた後は、健康上の理由からか内政に専念し、対外遠征を王子ネブカドネツァル(別の読み方では「ネブカドレツァル」、エレ二一2、三九1等)の手に委ねた。新バビロニアがメソポタミアの支配権を固めている間に、エジプトのネコ二世はシリア・パレスチナをひとまずはエジプトの支配下に置いた。このことは、直ちにユダの王位継承に対するネコの干渉という形で現れた。

前六〇九年にヨシヤがメギドでネコによって殺された後、「国の民」は彼の息子で、エルヤキム(後のヨヤキム)の母違いの弟ヨアハズ(在位前六〇九年、三カ月間)を王位につけた(王下二三30)。彼が兄を差し置いて抜擢されたのは、彼のほうが有能で、父王ヨシヤの政策を引き続き推進できると期待されたからであろう(年齢差については王下二三31と36を比較のこと)。

パレスチナに覇権を確立しようと望んでいたエジプト王ネコにとって、当然親バビロン派に見えたヨシヤの政策を引き継ごうとする王は、不都合な王であった。そこでネコは滞

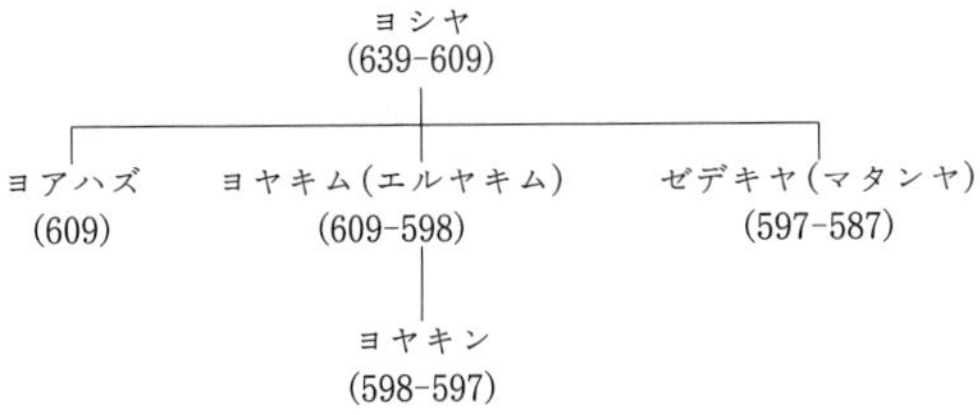

系図4　ユダ王国最後の王たち(年代は在位，紀元前)

在先のハマト地方のリブラからユダに介入し、ヨアハズを捕えてエジプトに送ってしまった(王下二三33—35、なおエレ二二10—12参照)。ないがしろにされていたエルヤキムは、国民に課税して集めた貢物を納めてネコに取り入り、その傀儡《かいらい》として王位に就いた(王下二三35—36)。ネコはこの属王への支配権を示すために、彼の名をヨヤキム(在位前六〇九—五九八年)と改名させた。ヨヤキムはしばらくの間はエジプトへの忠誠を保ち、国民に対しては暴君として振舞ったらしい(王下二三37、エレ二二13—17参照)。

ただしネコは、パレスチナ・シリアの支配を長く維持することはできなかった。前六〇五年、エジプト軍は新バビロニアのネブカドネツァルにユーフラテス河畔のカルケミシュとオロンテス川畔のハマトで徹底的に打ち破られ(エレ四六2—6)、ネコはパレスチナ・シリアの放棄を余儀なくされた(王下二四7)。こうしてパレスチナは、新バビロニアの支配下に入ることになる。前六〇五年に父王の死後バビロニア王となったネブカドネツァル二世(在位前六〇五—五六二年)がフィリスティアのアシュケロンを征服した時(エレ四七5—7参照)、ユダに対してまったく介入していないところを見ると、ヨヤキムはいち早くこのバビロンの新王に乗り換えたのであろう(王下二四1)。

ヨヤキムの反乱と第一次バビロン捕囚

しかし前六〇一年頃、ヨヤキムはバビロニアに叛旗を翻し、貢納を停止した。このことが、ほぼ同時期にネブカドネツァルがエジプト侵入を試み、かなりの損害を受けてネコに撃退されたことと関連するのは明らかである。おそらくヨヤキムはネブカドネツァルの力を見くびり、バビロニアとエジプトの力関係が再び逆転すると踏んだのであろう。また、エジプトからの働きかけもあったことであろう。実際にネブカドネツァルはエジプト戦後の体勢の立て直しに手間取り、すぐには正規軍を出動させることができず、バビロニア人の分隊や影響下のアラム人、モアブ人、アンモン人のゲリラ部隊を派遣して、時間をかせがざるを得なかった(王下二四1—2)。

ネブカドネツァルは、前五九八年の冬になってようやくパレスチナに到着した。その前後にヨヤキムは死んだが、おそらく戦死したか、国内の親バビロン派に暗殺されたのであろう(エレ二二18—19、三六30参照)。ヨヤキムの息子ヨヤキン(在位前五九八—五九七年、別名エコンヤ、代上三16、エレ二四1参照、またはコンヤ、エレ二二24―30参照）の治世は、バビロニア軍に包囲されている三カ月だけであった。彼には、聖書にあるような「悪を行う」（王下二四9）ほどの時間もなかったであろう。期待したエジプトからの援助も得られなかったようである（王下二四7）。まもなくエルサレムは開城し、この十八歳の王は、多くの指導者層の人々や役人、軍人、そして武器や要塞を造るための技術者、および神殿の財宝とともにバビロンに捕え移された（王下二四8―16）。その中には後の預言者エゼキエルもいた（エゼ一1―3参照）。これがいわゆる第一次バビロン捕囚である。なお、エレミヤ書五二28によればこの時バビロンに送られたのは三千二十三人、列王記下二四14によれば一万人、同二四16によれば八千人とされるが、この数字はおそらく家長だけを指し、実際には家族を含めその数倍になろう。ヨヤキンが長らくバビロンに拘留されていたことは、「ヤフド国の王ヤウキン」（バビロニア文書における表記）に対する油の配給を記録したバビロニアの文書からも確認されている。

ユダ最後の王ゼデキヤ

ネブカドネツァルは、ユダがエジプトとの緩衝国の役割を果たすことを期待したのであろうか、ユダを差し当たっては国家として解体しバビロニアの属州に編入することはせず、エルサレムも破壊しなかった。彼は、ヨシヤの別の息子でヨアハズの実弟（王下二三31と二四18を比較のこと）であったマタンヤを属王につけ、名をゼデキヤ（在位前五九七―五八七年）と改めさせた（王下二四17）。

そのゼデキヤは、頻繁にバビロンに使者を送ったり（エレ二九3）、あるいは彼自身バビロンを訪れたりして（エレ五一59）、ネブカドネツァルへの忠誠を示そうと努めた。しかしこの時代のユダでは、バビロニアの支配を国家と民族の罪に対する神の罰として受け入れるように説くエレミヤのような人々と、あくまでバビロニアへの反乱を主張する国粋主義的好戦派とが対立していたらしい（エレ二八章等参照）。しかし次第に好戦派が優位を占め、ゼデキヤに圧力を加えるようになった（エレ三八4―5）。また、同じくバビロニアからの支配からの独立を企てていたエドム、アンモン、モアブ、ティルス、シドンなどとの謀議もあったらしい（エレ二七3）。

今回もまた、当時のエジプト王プサメティコス二世もしくはアプリエス（エレ四四30の「ホフラ」）が援助を約束したことはほぼ確実である（エゼ一七15）。そこでゼデキヤはついに前五八八年頃、バビロニアに対して反乱を起こした（王下二四20）。

ユダ王国の滅亡と第二次バビロン捕囚

今回のネブカドネツァルの反応は早かった。彼は遅くとも前五八七年初頭までに、エルサレム、アゼカ、ラキシュの三要塞を除くユダ全土を征服した。エルサレムを除く二つの要塞も間もなく陥落した。ラキシュからは、この時の絶望的な状況を告げる緊迫した文体の通信文(いわゆるラキシュ・オストラカ)が出土している。エジプトは約束通り援軍を派遣したが、それはエルサレムの包囲を一時的に弱める影響力しか持たなかった(エレ三七5―11)。

エルサレムはバビロニア軍に包囲され、前五八七年の夏頃(前五八六年説もあり)、ついに城壁の一部が破れて陥落した。逃亡を企てたゼデキヤはエリコ付近で捕えられ、シリアのリブラにいたネブカドネツァルの前で反乱の報復として目をえぐられてバビロニアに送られた(王下二五1―7)。反乱で重要な役割を果たしたと認定された有力者約七十人は処刑され(王下二五18―21)、その他の政治的、行政的、宗教的指導者層の人々はバビロンに送られ(第二次捕囚)、貧しい農民たちだけが残された(王下二五12)。なお、この時の捕囚の規模については諸説あるが、エレミヤ書五二29の「八百三十二人」という数字は、家長だけを指すとしても小さすぎる。これはおそらく「エルサレムから」連れ去られた家長だけを指し、ユダ全体からではもっと多くの人々が捕囚に送られたと考えられる。後の帰還民の規模から考えても、数千人から数万人規模の人々がバビロンに送られたものと考えられる。

バビロニア軍は、今回はエルサレムを徹底的に破壊し、エルサレムへの神の加護の象徴であった神殿にも火を放った(王下二五9―10)。こうして、栄華を謳われた「神の都」(詩四六、四八等)は廃墟と化し(哀一―二章)、単独王朝としてはオリエント世界に他にはとんど類を見ない五百年近い万世一系の支配を誇ったダビデ王朝はついに断絶した。

総督ゲダルヤの暗殺とエジプトへの逃亡

ネブカドネツァルはユダをバビロニアの属州に編入し、親バビロニア派であった人々の中からゲダルヤを総督に任命した(王下二五22)。しかし潜伏していた反バビロニア派の人々は、絶望的な抵抗を試みた。彼らはイシュマエルという人物を指導者に、総督府のあったミツパでゲダルヤと駐在していたバビロニア人の役人を暗殺した。これを見た多くの人々は、バビロニアの報復を恐れ、ユダの地に止まるように戒めた預言者エレミヤを道連れにして、エジプトに逃亡した(王下二五25―26、エレ四〇13―四三7)。

エルサレム陥落の前後には、かなり多くの人々がエジプトに亡命したらしい。彼らの一部は、やがてエジプトに仕える傭兵となり、ナイル河中流の中洲をなすエレファンティネ島に、ヌビア方面に対する前哨として軍事植民地を形成し、後述するように、興味深いパピルスを残すことになる(後述二一三頁参照)。

エレミヤ書五二30によれば、前五八二年頃には第三次捕囚が行われ、さらに七百四十五人がバビロンに送られたという。詳細は不明であるが、このことは、その後も散発的に空しい抵抗や反乱が繰り返されたことを示唆している。

なお、シリア・パレスチナ地方で反乱を起こしたのはユダだけではなかった。ゼデキヤの反乱とほぼ同時期にフェニキアのティルスもバビロニアに背いた。ティルスはエジプトの支援を受けつつ、実に十三年間の攻城戦に耐えて抵抗を続けたが、ついに前五七三年に征服された(エゼ二九18―20参照)。

第二節　バビロン捕囚

アッシリアとバビロニアの征服政策の違い

さて、アッシリアによって滅ぼされた北王国と、新バビロニアによって滅ぼされた南王国とでは、征服者側の占領政策の微妙な違いが、民族のその後の運命に決定的な相違をもたらした。アッシリアもバビロニアも征服した民族に強制移住政策を行ったが、アッシリアが旧北王国の住民をアッシリア領土内各地に分散させ、また旧北王国領に他の地域の住民を移住させる双方向型移住政策をとり、結果的に被征服民を混合させてしまった(前述一四四―一四六頁参照)のに対し、バビロニアは旧ユダ王国の住民を比較的まとまった形でバビロン近郊に住まわせ、しかも一方向型移住政策で満足して、旧ユダ王国領土を放置し、そこに異民族を植民させなかった。それゆえユダの人々は、バビロンにおいても本土においてもその民族的同一性をかろうじて維持することができ、しかもバビロン捕囚終了後には故郷で民族の再建を図ることができた。

したがってイスラエル十二部族のうち、王国滅亡を越えて生き残ったのは、ユダ部族(および祭司部族であったレビ人と、南王国の住民であった一部のベニヤミン人)を中心とする旧ユダ王国の人々だけであった。このことから、やがて彼らはユダヤ人(ギリシア語で「イウダイオイ」)と呼ばれるようになる。これ以後われわれも、この呼称を用いることにする。

国家滅亡と捕囚の打撃

捕囚時代に人々がバビロンや本土でどのように生活していたかを直接叙述した文書はない。それゆえこの時代の状況については、預言者や詩編中の付随的な言及から推測するしかない。パレスチナ本土について見れば、王国の滅亡に乗じて南部のエドム人たちが侵入

彼らは後のイドマヤ人の祖先となる。

し、ヘブロン近くまでを占拠した(エレ四九7―22、オバ1―11、詩一三七7、哀四21―22)。彼らは後のイドマヤ人の祖先となる。

エルサレムとその周辺に残されたのは、主として下層の農民たちであった。彼らは数の上では捕囚に送られた人々よりも多数であったろうが、指導者を失い、征服者に対する有効で組織的な抵抗を行うことはできなかった。彼らはバビロニア人の役人、もしくは彼らの傀儡《かいらい》である総督のもとで農耕に従事したが(王下二五12、エレ三九10、四〇9―12)、その生活は悲惨なものであった(哀五2―18)。『哀歌』やいくつかの詩編(詩七四、七九等)からは、廃墟となった聖所の跡で、自分たちの罪を悔い、神の憐みを乞う嘆きの儀式が行われていたことがうかがわれる。おそらく定期的な断食も行われたことであろう(ゼカ七5、八19)。エレミヤ書四一5からは、なお各地からエルサレムへの巡礼が続けられていたことが知られる。おそらく聖所跡に祭壇が設けられ、細々と犠牲も捧げられ続けたのであろう。

国家の滅亡は、政治的・社会的な大変動をもたらしただけではなく、宗教的にも大きな問題を提起した。古代世界の常識によれば、民族間、国家間の戦いは同時に神と神との戦いであった。したがってユダ王国の滅亡とダビデ王朝の断絶は、イスラエルの神ヤハウェがバビロニアの神マルドゥクに敗れたことを意味しかねなかった。

かつてヤハウェは、神の都エルサレムの不滅と(詩四六5―10、四八5―12等)ダビデ王朝の永遠の存続を約束した(サム下七12―16、詩八九20―38)。それにもかかわらず、エルサレムの神殿が灰燼《かいじん》に帰し、ダビデ王家最後の王がみじめな姿で捕囚に連れ去られた」という厳然たる事実は、ヤハウェの約束と力とに対する深い疑念を呼び起こした(詩八九39―52参照)。それゆえ王国の滅亡と捕囚という事態は、深刻な信仰の危機をもたらしたのである(エレ四四16―19参照)。

申命記史書の成立

このような挑戦を受け止め、それを克服するために尽力した人々の一部は、歴史家たちであった。彼らはおそらくユダ宮廷で公的記録の編纂に携わっていた役人(書記)たちで、ヨシヤ王時代の改革に大きな影響を受けた人々であった。彼らはエルサレム陥落後、自分たちの手元にあった豊富な史料を持ってミツパに逃れ(王下二五23参照)、おそらくはそこでイスラエルのカナン定着から王国滅亡に至るひと続きの長大な歴史書(ヨシュア記、士師記、サムエル記、列王記)を編集した。この史書は、用語的・思想的に申命記と著しい共通性を示すために、ドイツの旧約学者マルティン・ノート以来、一般に『申命記史書』と呼ばれている。

彼らがこの史書を編集したのは、単に過去の事実を書き残すためではなく、何よりもまず、前述したような、王国滅亡と捕囚がもたらしたヤハウェの力への懐疑に応答し、事態を神義論的に解明するためであった。すなわち彼らは、イスラエルの歴史を民の側の罪と契約違反の歴史と描き出すことにより(ヨシ二三12―16、士二11―22、サム上一二12―25、王下一七7―18、二一1―15等)、王国の滅亡と捕囚という破局が神からの正当な罰であり、その責めはもっぱら民の側にあることを示し、この事態が決してヤハウェの敗北や無力を表わすものではなく、むしろまさにヤハウェの義と歴史における力を示すものであることを論証しようとしたのである。他方で彼らは、登場人物たちの口や行動を借りて、罪の悔い改めとヤハウェへの立ち帰りを説き(王上八33―40、46―50、王下二三24―25等)、民族復興の希望を与えようとした(申四29―31、三〇1―10等)。

なお最近では、申命記史書の基本的部分はヨシヤ王の改革に関連してすでに王国時代末期に成立しており、それが王国滅亡後に増補改訂を加えられて、右に述べたような今日ある形になったとする見方が英語圏の研究者の間で有力になりつつある。他方ドイツ語圏では、この史書は、捕囚時代から捕囚後の時代にかけていくつかの段階を経つつ漸進的に形成されたと見る研究者が多い。

預言書の編集

ヤハウェ宗教の立場からこの信仰の危機を克服しようとした人々の中には、さらに、預言者の言葉の伝承者たちもいた。彼らは、この時代の破局をすでに発せられていた預言者たちの災いの預言の成就とみなし、そのような立場から預言者の言葉を編集し、同時に預言者たちの救済預言を強調(ないし拡張)して、絶望的な状況の中にある人々に希望の光を与えようとした。捕囚時代以前の預言者の言葉は、いずれもこの時代に書物の形に編集されたものと思われる(アモス書、ホセア書、イザヤ書の前半、ミカ書、エレミヤ書、おそらくはさらに、ゼファニヤ書、ハバクク書)。特にエレミヤ書の編集者と申命記史書の編集者は、同一ないしかなり近いサークルの人々であったと考えられている。

捕囚の地での生活

バビロンに捕え移された人々も、彼ら独自の仕方でこの宗教的危機を克服しようとした。通常用いられている「捕囚」という言葉は、誤解を生じやすい。バビロンでのユダヤ人たちは、決して拘禁されていたわけでも、(出エジプト時代のイスラエル人のように)奴隷として虐待されていたわけでもないからである。本来の意味で「捕囚」されたのは、前五九七年に連行されたユダの王ヨヤキン(およびおそらく彼にごく近い少数の人々)だけであった。しかし彼も、前五六一年にはバビロン王エビル・メロダク(アビール・マルドゥク)により幽閉から解放された(王下二五27―30)。

一般のユダヤ人たちはニップル付近のケバル川(おそらく灌漑用運河の一つ)のほとりのテルアビブ(エゼ一1、三15)やその他の土地(エズ二59、ネヘ七61参照)に自分たちの集落を設け、もちろんバビロニア人の監視のもとにではあろうが、長老たち(エゼ八1、一四1、二〇1、3)を中心にある程度自治的な生活を営むことができたらしい。特に技術者などはバビロンの建築活動に参加することを義務づけられたかもしれないが、一般人は自分たちで家を建て、農耕を行い、妻を娶って家族を増やすこともできた(エレ二九5―6)。彼らは自分たちだけで集会を開くことができた(エゼ三三30―33)。そのような場所で、預言者たちがかなり自由に発言できたことは、後述するエゼキエルやいわゆる「第二イザヤ」の活動から知ることができる。

捕囚民には、ある程度の移動や職業選択の自由も与えられていたらしい。後にはユダヤ人の中から、商業に従事し豊かな富を蓄える者も出てきた。バビロン時代やペルシア時代の経済文書からは、バビロンでユダヤ人がさまざまな職業を営み、なかにはかなりの経済力を持つ者もいたことが確認できる。バビロン「捕囚」が決して苛酷なものでなかったことは、ペルシアによる解放後もかなりの数のユダヤ人が自発的にバビロンに留まったことにも示されている。

望郷の念と回復の希望

それゆえバビロンのユダヤ人にとってのより大きな問題は、宗教的、精神的なものであった。何よりもまず、彼らにとっては聖地から引き離されたということが大きな苦しみであり、エルサレムに対する彼らの望郷の念はつのるばかりであった(詩一三七1—6)。本土に残った人々の場合と同様、バビロンに移されたユダヤ人にとっても、王国の滅亡と捕囚という事態は、ヤハウェの力と救いの意志に対する抜き難い疑念を引き起こした(エゼ一八25、三七11、イザ四〇27、四九14、五〇2参照)。とりわけ、勝利者であるバビロンの神々の本拠に移された彼らにとっては、異教の誘惑が深刻な問題となった(イザ四四9—17、四六1—13参照)。

これに対し捕囚時代初期の預言者エゼキエルは、旧約聖書における最初の死者の復活の比喩を借りて死に瀕した民族の再生を預言し(エゼ三七1—10)、また捕囚時代末期の匿名の預言者「第二イザヤ」(その言葉がイザヤ書四〇—五五章にまとめられていることから、一般にこのように呼ばれる)は、宇宙における神の唯一性(イザ四四6—8、四五5—7、四六9—13)と太古の救済の業を凌駕する「第二の出エジプト」たるバビロンからの解放(イザ四三16—20、五一9—11)を告知することによって、それぞれ絶望しつつある民に救済の希望を与えようとした。なお、「第二イザヤ」はこの希望を、当時台頭しつつあったペルシアのキュロス大王に結び付けることになる(イザ四四28、四五1—7、次章参照)。

民族の自己同一性

バビロンに移されたユダヤ人にとってとりわけ切迫した問題であったのは、異民族の地でイスラエル＝ユダヤ人としての民族的同一性を維持することであった。国家と国土とを失った彼らにとって、民族としての同一性を保つための唯一の支えば、彼らの宗教であった。しかし、ヨシヤ改革以降伝統的礼拝の可能な唯一の場所となっていたエルサレムの聖所から引き離され、穢れた異教の地に移された彼らにとって、巡礼や祭礼や犠牲といった従来の仕方での宗教生活を守ることは不可能になっていた。それゆえ彼らは、長老や知識人を囲む集会で、宗教的文書の朗読や説教、祈りを中心とした言葉の礼拝を行うようになったと考えられる。そしてこのような伝統は、やがて後のシナゴーグにおけるユダヤ教の礼拝の原形となったのである。

ユダヤ的生活習慣と祭司文書の成立

右に述べたような状況の中で、従来のヤハウェ宗教の諸要素のうち、特定の聖所と結び付きを持たず、また異民族からユダヤ人を区別する指標となる諸要素が特に重要な意味を持つようになった。その典型的なものが、安息日、割礼、食物規定である。

安息日の起源は不明であるが、それは十戒(出二〇8—10)や初期の預言者(イザ一13、ホセ二13、アモ八5)によっても言及される古い習慣で、おそらく原始的なタブーの観念に由来するものと思われるが、それがこの時代には一方では天地創造と結び付けられ(創一1—二4a、出三一17)、他方ではそれを破ることが生命に関わるものとされるようになった(出三一14—15、エゼ二〇12—25)。

割礼もまた、もともとは性に関わる原始的・呪術的な観念と結び付いた慣習であったと思われるが、バビロニアにはこの習慣がなかったことから、この時代には契約の民に属することの「しるし」と再解釈されるようになった(創一七9—14)。

食物規定(レビ一一1—23、申一四3—20)も、食生活を通じてユダヤ人を周辺世界から文化的に遮断する上で重要な機能を果たした。ちなみにモーセ五書の最後の層をなす祭司文書(いわゆる「P資料」、祭司を意味するドイツ語の Priester に由来)が編集されたのもおそらくこの時代である。祭司たちは一方で、安息日や割礼を神学的に意味づけ(創一1—二

4a、一七9―14、出三一13―17)、他方では中断された神殿祭儀が再開される日を信じて、自分たちに伝わる祭儀的伝統を正確に文書化した(レビ記などの祭儀律法)。

安息日、割礼、食物規定を中心とした律法の体系は、その後さまざまな異民族によって支配されながら、どこにおいても、ユダヤ人がユダヤ人であり続けるための基盤となった。このような習慣の非合理性を、より普遍主義的な立場から批判することは容易であろう。しかしそれらは同時に、後七〇年以降ユダヤ人が、民族的離散(ディアスポラ)の中で諸民族の間を転々としながら、実に二千年にもわたって一民族の自己同一性を保ち続けたという奇跡の最大の根拠となるのである。なお、宗教史的には、捕囚以降の律法を中心とした宗教を「ユダヤ教」と呼び、捕囚以前の「古代イスラエル宗教」ないし「ヤハウェ宗教」と区別して扱うのが一般的である(マックス・ヴェーバー等の「古代ユダヤ教」という用法はむしろ例外的)。

第三節　バビロニアの盛衰

バビロニア王ネブカドネツァル

最後に、勝利者・支配者であった新バビロニア帝国の方にもう一度目を向けておこう。

ヴェルディのオペラ『ナブッコ』の主人公としても知られるネブカドネツァルは、国内では経済活動を振興した。シリア、フェニキアの商権を押えたことは、バビロニアに莫大な富をもたらした。この時代にバビロンは、文字通りの世界商業の中心としてハムラピ時代をしのぐ繁栄を享受した。

ネブカドネツァルはまた、首都バビロンを大規模に拡張した。彼はバビロン全市を全長一八キロメートルにも及ぶ二重の城壁で囲み、その数箇所に「イシュタル門」(ベルリンのペルガモン博物館蔵)をはじめとする巨大で豪華な城門を取り付けさせ、バビロンを南北に縦断する大行列道路を建設した。彼はまた神殿と神官団を尊重し、父王ナボポラッサルが着手した聖塔(ジックラトゥ)「エ・テメン・アン・キ」(「バベルの塔」の物語の原形?)の再建を完成し、エサギラをはじめとする由緒ある神殿を修復し、また多くの神殿を新設した。ネブカドネツァルの時代には、バビロン市内にマルドゥクの神殿だけで五十五を数え、総数千以上の大小の神殿があったという。またジックラトゥと並んで世界の七不思議に数えられた「空中庭園」(一種の屋上庭園)は、メディアから嫁いできた王妃アミュティスの郷愁を慰めるために建設されたものである。

バビロニアの没落

しかし、新バビロニア帝国の真の意味での絶頂期は、ネブカドネツァルの治世約四十年間だけであった。ネブカドネツァル時代の末期になると、優遇されたマルドゥク神官団と商業を通じて経済的実力を得た商人や金融業者たちの対立が表面化し始める。

ネブカドネツァルの死後、息子のアビール・マルドゥク(在位前五六二―五六〇年、旧約聖書のエビル・メロダク、王下二五27―30参照)は神官団の力を制限しようとしたが、かえって神官団の反発に押され、彼らに支援された自分の義兄弟のネリグリッサル(在位前五六〇―五五六年、旧約聖書のネレガル・サル・エツェル(?)、エレ三九3参照)に倒された。神官団はこの傀儡王《かいらいおう》の死後、後を継いだ幼い王ラバシ・マルドゥク(在位前五五六年)が自分たちの意のままにならないのを知ると、即位後わずか三カ月でこれを暗殺し、自分たちにとってより都合のよい者を王位につけようとした。こうして即位したのがハラン出身のナボニドスであった。しかしこの新王は、マルドゥク神官団が期待した王とは程遠い人物であった。

バビロニア王ナボニドス

新バビロニアの最後の王となるナボニドス(在位前五五六―五三九年)は、ハランの月神シンの女神官の息子で、生粋のバビロニア人(カルデア人)ではない。はじめのうちこそ彼は、マルドゥクの諸神殿を改修したり新築して、バビロニアの王としての義務を果たしたが、母の感化からか次第にハランやウルのシン祭儀を偏重したために、マルドゥク神官団と不和に陥るようになる。このためか、彼は前五五二年頃からは国政を王子ベルシャツァル(ダニエル書五章に書かれているように「王」ではない)に任せきりにし、バビロンの恒例の新年祭も放棄して、ベドウィンのようにアラビア砂漠を放浪し、ついにははるか後にムハンマド(マホメット)の拠点となるメディナ(ヤスリブ)にまで至ったという。その後彼は、前五五一年には北アラビアの砂漠の要塞都市テマを占拠し、同地で十年近くも隠遁生活を送った(前五五一―五四三年)。このようなナボニドスの「奇行」は、旧約聖書にも(ネブカドネツァルの物語として!)反映している(ダニ四25―30)。

前五四三年頃にバビロンに帰還した後も、ナボニドスは、ペルシアのキュロスが台頭してメディアとリュディアを滅ぼし、バビロンへの包囲網を強めてきているという国際情勢をほとんど顧みず、狂信的な月神崇拝に熱中し続けた。このため、ペルシア王キュロスがついにバビロンに進軍した時、ナボニドスにもはや愛想を尽かしていた神官団や民衆はむしろこれを歓迎し、前五三九年、バビロンは無血開城した。こうして新バビロニア帝国は、アッシリアの支配からの独立後百年を待たずしてその終末を迎え、バビロニアはペルシア帝国の一属州となる。それは同時に、ユダヤ人にとってはバビロン捕囚の時代の終わりを意味した。

第八章　ペルシアの支配

（前六世紀後半―前四世紀中葉）

第一節　捕囚の終わりとパレスチナ帰還

ペルシア王キュロスの台頭

世界史の中では、それまで辺境の群小民族の一つにすぎなかったものが、ただ一人のすぐれた政治的・軍事的指導者の出現により、わずか数年間で一大帝国へと成長するという現象が繰り返し見られる。オリエント世界では、かつてのハムラピのバビロン王国やダビデのイスラエル王国、ネブガドネツァルの新バビロニア帝国、そして後のアレクサンドロス大王のマケドニア帝国がその好例である。

ペルシア帝国の建設者、アケメネス家のキュロス二世（大王、在位前五五九―五三〇年）も、そのような天才的な英雄の一人である。ペルシア人は前六世紀の中頃まではメディア人に支配され、キュロスの父カンビュセス一世もメディア王国に仕えるパールサ地方(「ペルシア」の語源)の一領主にすぎなかった。このカンビュセスは、メディア王アステュアゲスの娘マンダネを与えられ、キュロスをもうけたと言われる。

そのキュロスは、まず前五五九年にアンシャン(旧エラム地域)の領主となり、血統からいえば祖父に当たるメディア王アステュアゲスに仕えていたが、メディアとバビロニアの争いに際し、アステュアゲスからバビロニアとの内通を疑われたことを機に、反乱に踏み切った。キュロスの軍は劣勢であったが、メディアの有力な将軍の一部がキュロス側に寝返ったため、パサルガダイでアステュアゲスを打ち破り、前五五二年にはメディアの首都エクバタナを征服してこの大国を滅ぼした。

メディアの優秀な兵力を自軍に加えたキュロスは、次に小アジアのリュディア王クロイソスの挑戦をハリュス川東方のプテリアで退けた。クロイソスは首都サルディスに撤退したが、キュロスは雪深いアナトリアの山中を短時間で突破して、前五四七年にサルディスを征服し、リュディアを属州として併合した。これにより、クロイソスが支配していた小アジア西岸のギリシア諸都市もペルシアの支配下に入った。前五四五年から前五四〇年頃まで、キュロスは東方に目を転じ、カスピ海東南のヒルカニアをはじめ、今日のイフン、アフガニスタンに当たるマルギアナ(メルヴ)、バクトリア(バルフ)、ソグディアナ(サマルカンド）諸地方を制圧し、インダス河付近までを支配下に収めた。

キュロスのバビロン征服とペルシアの寛容政策

前五三九年、キュロスはついに、残されたオリエント世界最大の都市バビロンの攻略に着手した。その際、前述のように非力で変人のバビロニア王ナボニドスをもはや見放していたバビロンの神官たちや民衆は、キュロスを積極的に迎え入れた。また、バビロン捕囚のユダヤ人の中にいた匿名の預言者（第二イザヤ）は、キュロスを「メシア（油を注がれた者）」とさえ呼び、その登場をイスラエルの解放者の到来として熱狂的に歓迎した（イザ四四28、四五1―7）。

キュロスは寛容な征服者であった。ヘロドトスの伝えるところによれば、彼はアステュゲスを捕えた後も敬意をもって遇したし、また火刑に処せられるはずのクロイソスを救い出させた（『歴史』第一巻八六―九〇、一三〇）。バビロン征服の際にも、内城に籠って抵抗を続けた王子ベルシャツァルは戦死したが（ダニ五30参照）、ナボニドスは捕えられた後もかつての王者として手厚く遇され、その死後には盛大な国葬さえ行われたという。

キュロスは特に、征服した民族の宗教的・文化的慣習を尊重した。彼はバビロンでは「ベル（主）・マルドゥクの手を取って」バビロン王として即位し、マルドゥクの神殿や神

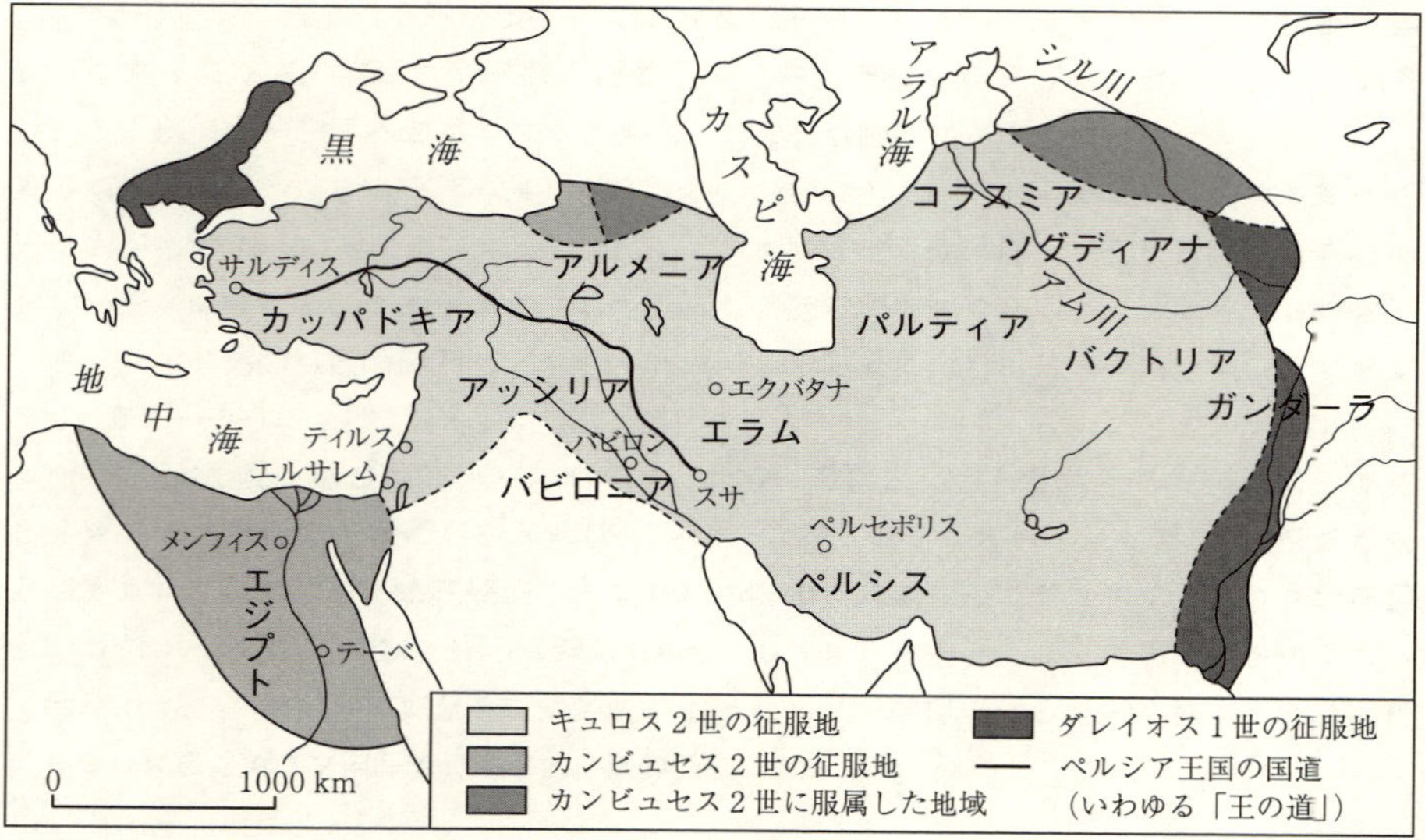

地図 10　アケメネス朝ペルシア帝国の領土拡大

官団を尊重し、あたかもバビロン人の王のように振舞った。彼はまた、後述するようにバビロン捕囚のユダヤ人を解放し、パレスチナ帰還と神殿再建を許可したが、エズラ記が伝えるように、キュロスがユダヤ人に対し、「天の神ヤハウェ」の名においてその解放の勅令を発布したということさえ、史実であり得ないことではない(エズ一2—4)。キュロスのこのような処置は、ユダヤ人に限られたものではなかった。キュロスの円筒碑文には、キュロスが戦利品としてバビロンに集められていた各地の神像を返還し、各地の神殿を再建し、移住させられていた諸民族を故郷に帰還させたことが自画自賛されている。

このような寛容な対被支配民政策は、その後のペルシアの支配者たちにも基本的に受け継がれた。徴税や賦役に関しては過酷と言える面もなくはなかったとはいえ(エズ四13、ネヘ五4等参照)、ペルシア人は、もちろん抑えるところは抑えたうえで、支配下に置いた民族が反乱を企てない限り、彼らの文化的・宗教的伝統を尊重し、彼らが固有の民族性を発展させることを妨げなかった。彼らはそのような政策を通じて、いわば「敬愛される支配者」たることを目指したのである。これは、征服地の神殿を破壊し、神像を「捕囚」に送り、被征服者たちの民族性を解体するために強制移住を行わせたアッシリア、バビロニアの強権政策とはまったく対照的なものであった。

そしてこのような寛容政策が事実極めて効果的であったことは、少なくともユダヤに関しては、その後の歴史によって実証される。ユダヤ人はその後ペルシアがアレクサンドロス大王によって滅ぼされるまで、反乱らしい反乱は起こさず、捕囚後のユダヤ人共同体復興の指導者であったゼルバベル、ネヘミヤ、エズラもペルシアの大王の忠実な臣下であった。旧約聖書には、エステル記をも含めて、ペルシアの支配そのものを批判的に述べた部分はほとんどない(例外ははるかに後代のダニ八3―4)。ここに、ペルシア帝国がその広大な領土を二百年以上にもわたって維持し得た大きな要因の一つがあったと言えるであろう。

キュロスの勅令——バビロン捕囚の終わり

バビロン捕囚の約六十年間は、世界史の流れから見ればごくわずかな期間にすぎないが、人一人の一生から見れば充分すぎるほどの長さであったろう。ペルシア王キュロスが前五三九年にバビロンを征服し、捕囚民を解放した時、エルサレムから捕え移された第一世代で生き残っていた人々は少数であったにちがいない(エズ三12を参照)。この救済に与ることができた人々のほとんどは、バビロンで生まれた新しい世代であったと考えられる。

いずれにせよキュロスは、バビロン征服直後の前五三八年に勅令を発布し、ユダヤ人のエルサレムへの帰還と神殿の再建を許可し、さらに、戦利品としてバビロンに没収されていた神殿の器物を返還し、神殿再建のための財政援助を約束した(エズ一2―4、六3―5)。

ほどなくして、シェシュバツァルの率いる帰還民の第一陣がエルサレムに向けて出発した(エズ一5—11)。なお、このシェシュバツァルは、歴代誌上三18の「シェンアツァル」と同一人物とされることが多いが、もしそうであれば、ダビデ王朝の血を引く人物ということになる。なお、ペルシア帝国が、帰順した地域の既存の支配者の家系の一員に引き続き同地域の実質的な統治を委ねるのは、めずらしいことではなかった。後に同じくダビデの家系に属するゼルバベルが「総督」(エズ五14)とされるのも、おそらくこのことと関連するであろう。

この時どのくらいの数の人々がシェシュバツァルと一緒にパレスチナに戻ったかは不明であるが(エズ二1—67、ネヘ七6—68の表はおそらく長い時代を通じた総数、ないし、ある時点でのエルサレムの住民全体を表わす)、それほど多数であったとは思われない。帰還民の波は、ネヘミヤやエズラの時代に至るまで、数多くの大小の集団をなしながら継続的にエルサレムに向かって流れ続けた。他方で、自らの意志によりバビロンに留まろうとする人々も少なくなかったことは前章でも述べたとおりである。

第二節　エルサレム神殿の再建

神殿再建事業とその中断

シェシュバツァルは帰還後直ちに、エルサレムの聖所跡に新しい神殿の基礎を据えた（エズ五14—16）。また、神殿の廃墟には祭司たちによりもとの場所に祭壇が築かれ、長い中断の後に再びヤハウェへの犠牲が捧げられるようになった（エズ三2—5）。しかし、やがて神殿再建の事業は中断を余儀なくされる。シェシュバツァルはいつのまにか姿を消し、国土を厳しい飢饉が襲ったので（ハガ一6、9—11、二15—17）、人々は自分たちの日々の生活の確保に精一杯になり、神殿再建に向けた士気はすっかりなえてしまった（ハガ一2、9）。聖所はその後二十年間廃墟のままであった。

この間、キュロスを継いだペルシア王カンビュセス二世（在位前五三〇—五二二年）は前五二五年にエジプト遠征を行い、メンフィスを中心とする下エジプトを征服したが、遠征中に事故死し、ペルシア本国は一時、王位をめぐる内戦状態に陥ったが、それを平定してペルシア王の地位に就いたのがダレイオス一世であった。

神殿再建事業の再開

このダレイオス一世（在位前五二二—四八六年）の治世となった前五二〇年に、エルサレムではようやく神殿再建工事が再開された。この時、民を叱咤激励したのが預言者ハガイとゼカリヤであり（エズ五1、六14、ハガイ書、ゼカ一—六章）、実際の工事を指揮、監督したのは「総督」ゼルバベルと、ツァドク家の祭司イエシュア（ヨシュア）であった（エズ五2、ハガ一1、12—14、二2—4）。

なお、この再建作業には、サマリアの住民が協力と参加を申し出てきたが、ゼルバベルとイエシュアは彼らの申し出を拒絶し、自分たちだけで神殿を再建することに固執した（エズ四1—3）。これは、サマリアの住民の多くがかつてアッシリアによりこの地に移住されてきた異教徒ないし異邦人の子孫であったからであろう（前述一四四—一四七頁参照）。このような排他的な態度は、サマリアの住民に反感を抱かせ、彼らは神殿再建事業を妨害するようになったという（エズ四4—5）。このような対立は、やがてエルサレムのユダヤ教徒とゲリジム山の聖所を中心とするサマリア教徒の対立にまで発展することになる（後述二一〇—二一一頁参照）。

ゼルバベルとイエシュアへのメシア的な期待と第二神殿の完成

預言者ハガイとゼカリヤは、ゼルバベルとイエシュア(ヨシュア)の活躍に、単なる神殿再建事業の指導者の役割りを越えて、メシア的な期待を結び付けたようである(ハガ二21—23、ゼカ三8—10、四6—14、六9—14)。特にゼルバベルの場合、系図によればダビデ王家の血を引くその末裔であり(代上三19)、彼にダビデ王朝復興の希望が結び付けられたとしても不思議ではない。このような希望は、カンビュセス二世死後のペルシア国内の王位継承権をめぐる混乱と一時的分裂によってより現実味を増したかもしれない。いずれにせよ、これは、旧約聖書時代史において、メシア的な救済者待望が具体的な歴史的個人に結び付けられたほとんど唯一の例である。

なお、神殿再建事業は、ダレイオス一世自身によっても承認され(エズ五6—六12)、約五年間にわたる工事の末、神殿は前五一五年についに完成した。ネブカドネツァルによる破壊(前五八七年)から数えて実に七十二年目のことであった。新聖所の落成は、盛大な奉献式と過越の祭によって祝われた(エズ六16—22)。初代の大祭司にはイエシュア(ヨシュア)が就任し(ゼカ三8、六11—13)、イスラエル・ユダヤの歴史はこれ以降いわゆる第二神殿時代(後七〇年のローマ軍による神殿破壊まで)に入る。

それにしても、ユダヤの「総督」とされたシェシュバツァル(エズ五14)とゼルバベル(ハガ一1、14等)が、それぞれの職務の途中で忽然と姿を消してしまうことは奇妙である。単に定期的な人事異動で本国に召還されたということもあり得るが、彼らがともにダビデ王家の家系に属したことや、特にゼルバベルが前述のようにメシア視されたことから考えて、単に宗教的自律を越えたユダヤ人の政治的独立を求める運動と結び付いたことにより、彼らがペルシア当局により何らかの形で「亡き者に」されてしまったと推測する研究者もある。しかし、真相は不明というほかはない。

いずれにせよこれ以降、ユダヤは政治的にはペルシアに支配されながら、神殿と大祭司を中心として民族的自己同一性を保ち続ける宗教共同体(教団民族)に留まり続ける。

第三節　ペルシアの支配下でのユダヤ人

ペルシア時代初期のユダヤの地位

この時代のペルシア帝国内におけるユダヤの法的地位については不明な点が多く、研究者の見方も分かれている。ほぼ確実なのは、この時代のユダヤがサマリアともども、ペルシア側では「川むこう」(アバル・ナハラー)と呼ばれるユーフラテス以西の州の太守(サトラップ)の管轄下に置かれていたことである(エズ五3、6、六6、13、ネヘ二7、9)。多くの研究者は、この州(サトラピー)の中で、ユダヤは独立性を持たずに、バビロニア時代同様サマリアの地方総督の支配下に置かれていたと考える(アルト、マクエヴェニュー等)。この見方に立てば、シェシュバツァルやゼルバベルが「総督」(ペハー)と呼ばれていること(エズ五14、ハガ一1、14等)は時代錯誤であるか、この場合の「ペハー」は「総督」や「長官」の意味を持たず、特任使節とかユダヤ人共同体の指導者程度の意味だったことになる。この立場の研究者たちは、ユダヤはネヘミヤの時代以降、はじめて独立した州に格上げされたと考える。この前提から見れば、後のネヘミヤの活動にサマリア総督らが強い反発を示すこと(ネヘ二10等を参照)もよく理解できる。

これに対して他の研究者は、ネヘミヤ自身が自分の前任者に言及することや(ネヘ五15)、この時代のユダヤから「ペハー」(マラ一8をも参照)の肩書きを伴う人物の印章や封泥(ブッラ)が発見されていることから、ユダヤはペルシア時代の初めから、サマリアとは独立した州をなしていたと見る(ウィデングレン、ウィリアムソン等)。この見方は、ユダヤがすでにネヘミヤ以前に「州」(メディーナー/メディンター)と呼ばれていること(エズ五8、ネヘ一3)にも見合っている。

なお、エズラ記四7—23によれば、すでにネヘミヤ時代以前に、ユダヤではエルリレムの市街や城壁を再建しようとする運動が行われたが、これは「川むこう」(アバル・ナハラー)の役人たちの干渉と妨害により、時のペルシア王アルタクセルクセス(一世)の命令で中止に追い込まれたらしい。

ペルシア帝国への服従

ペルシア時代を通じて、帝国各地(特にエジプトとバビロン)でしばしば反乱が起こったが、ユダヤ人たちは一貫して——前三六八—三五八年のユーフラテス河以西のサトラップたちの大反乱の時でさえ——ペルシア帝国の忠実で穏和な臣民として留まった。

このことの理由の一つは、前述のように、ペルシアが原則的に宗教的寛容策を敷き、大幅な信教の自由を与えていたからであると思われる。帰還後の教団民族としてのユダヤ民族再編が、後述するようにユダヤ人でありながらペルシア王の忠実な臣下であるネヘミヤやエズラによって行われたことも、このようなユダヤ人の従順さに関連したであろう。帰還直後こそ、ダビデ王国再建のメシア的期待がゼルバベルなどに結び付けられたが、そのような希望は、事実上何も起こらなかったことにより次第にしぼんでいった。ユダヤ人たちは、与えられた宗教的自由を越えて、政治的独立をもはや求めようとはしなかったのである。

第四節　エズラとネヘミヤ

社会的・宗教的秩序の混乱

第二神殿の完成(前五一五年)からネヘミヤ、エズラの登場までの約七十年間のユダヤの歴史は、史料不足から具体的なことがほとんど知られていない。しかし、ほぼこの時代のものと思われるマラキ書や後のネヘミヤ記からは、当時の一般的な状況を推測することができる。すなわち、神殿の再建にもかかわらず、それほど時を経ないうちに、礼拝や祭儀は形骸化し、社会的矛盾が拡大していた。国土の大半は廃墟のままであり(ネヘ一3)、人々は神殿への寄進を怠り(マラ三8—10)、傷ものの犠牲を捧げ(マラ一6—14)、信仰を失いかけているものも少なくなかった(マラ三13—15)。安息日は守られず(ネヘ一三15—16)、聖職者たちも堕落していた(ネヘ一三4—11、マラ二1—5)。また役人や富裕階級などの強者による弱者の抑圧が進み、貧しい者は没落して奴隷身分におとされ(マラ三5、ネヘ五1—5)、異教徒との結婚もあたりまえのこととして行われるようになっていた(ネヘ一三23—28、マラ二11—13)。

捕囚に送られた人々が主として政治的・宗教的指導者層であったのに対し、捕囚を免れパレスチナに残ったのは「貧しい民」(王下二五12参照)であったため、指導者を欠いて百年以上を過ごす間に、人々の宗教的・社会的なモラルが低下してきていたのであろう。バビロニアの異教的環境の中で自覚的にユダヤ人としての純粋性を守り抜いてきたネヘミヤやエズラのような帰還民にとって、このような状況はとりわけ由々しきことに思われたであろう。

なお、この時期にペルシア帝国は、ギリシアとの二度のいわゆるペルシア戦争(前四九〇年、四八〇―四七九年)に敗れるという大打撃をこうむっているが、旧約聖書中にはこの出来事への示唆はないし、ペルシアの敗戦がユダヤへのペルシア支配に何らかの影響を与えたという痕跡もない。国庫の建て直しのための増税がユダヤにも経済的な負担を増大させた可能性は大いにあるが(ネヘ五4参照)。

ネヘミヤのエルサレム派遣とエルサレムの城壁の再建

ネヘミヤは、バビロン捕囚終了後もメソポタミアに残留したユダヤ人の一人であり、おそらく彼自身の著述と思われるネヘミヤ回想録によれば、スサの宮廷でアルタクセルクセス王の献酌官(すなわち王に最も近い側近)に抜擢されていた(ネヘ一11、二1)。このペルシア王がアルタクセルクセス一世(在位前四六五―四二四年)であることは疑いない。

ある時ネヘミヤは、エルサレムが廃墟のままであるという惨状を聞き知り、ペルシア王に嘆願して、エルサレムの再建の許可を得た(ネヘ二3―8)。ことによるとネヘミヤのこのような行動は、エズラ記四7―23に記されたエルサレム再建運動の挫折を受けてのことだったのかもしれない。いずれにせよネヘミヤは、ペルシア王により「ユダヤの総督(ペハー)」(ネヘ五14、一二26)ないし「長官(ティルシャター)」(ネヘ八9、一〇2)として全権を委任された。このことが、ペルシア帝国内におけるユダヤの法的地位の大きな変更を意味するものであったのかどうかについては、前述のように研究者のあいだでも大きく解釈が分かれている。ネヘミヤがエルサレムに到着したのは、「アルタクセルクセス王の第二十年」(ネヘ一1、五14)、すなわち前四四五年のことであった。

エルサレムに到着すると、ネヘミヤは、ユダヤの独立した立場を強化すべく、まずエルサレムの城壁の再建に乗り出した(ネヘ二11―18)。自分たちと隣接する地域の勢力強化を喜ばぬサマリア州総督サンバラト(後述のエレファンティネ・パピルスに言及あり、二二三―二一四頁参照)やヨルダン川東岸地方の有力者トビヤ(侮蔑的に「アンモン人」とされているが、明らかにユダヤ人である)、アラビア人、ペリシテ人(アシュドド市民)、および彼らと通じ合ったユダヤ人の一部(ネヘ六17―18)のさまざまな妨害(ネヘ二19―20、三33―35、四1―12、六1―18)にもかかわらず、工事は総動員体制で進められ(ネヘ三1―31)、城壁はわずか五十二日で完成した（ネヘ六15―16、ただし、後のユダヤ人歴史家ヨセフス『古代誌』十一・一七九によれば、城壁の完成までには二年四ヵ月を要したという）。

ネヘミヤの改革

城壁完成後、ネヘミヤは廃墟であったエルサレムを再建し、都市として活気を取り戻させるために、各地の住民の一部をくじ引きで城内に移住させた（ネヘ七4―5、一一1―47）。このいわゆる集住政策は、同時に首都と諸地域の結び付きを強めるうえでも有効な施策であったと思われる。

ネヘミヤはまた、総督としてユダヤの地に正常な社会秩序を回復させるために、さまざまな社会・祭儀改革を行った。すなわち彼は没落した貧農を救済するために、負債の免除と、取り上げられていた土地や財産の返還を行わせ（ネヘ五10―13）、神殿の祭儀制度を整え、安息日の厳守を命じ（ネヘ一三10―22）、異教徒との結婚を禁じ、大祭司エルヤシブにヨルダン川東岸地方のトビヤやサマリアのサンバラトとの結び付きを断絶させた（ネヘ一三4―9、23―28）。

ネヘミヤはこのように、神殿を中心とする教団民族としてのユダヤの政治的・社会的秩序を再編し、それをヤハウェとペルシアとの双方に忠実な安定した属州に仕上げた。なおネヘミヤは、エルサレムで十二年間にわたって活動した後、一時ペルシアに召還されたらしいが（ネヘ五14、一三6―7）、ネヘミヤ記の記述は必ずしも年代順になっていないので、彼の活動を編年的に整理することは不可能である。

エズラのエルサレム派遣

ネヘミヤと前後する時期に、エズラがエルサレムで活動した。エズラもやはり捕囚終了後もメソポタミアに残留した人々の子孫で、大祭司の家系ツァドク家に属する祭司であり（エズ七1―5）、「天の神の律法の書記官」（おそらくペルシアの官職名）（エズ七12）としてペルシア王によりバビロンからエルサレムに派遣された。彼の使命は、ペルシア帝国からの寄進をエルサレムに届け、神殿祭儀を活発なものにし、また「（イスラエルの）神の律法」を民に教え、それによってユダヤを法的に秩序づけることであった（エズ七11―26）。

ペルシア王は明らかに、キュロス以来の寛容策に従い被支配民族の伝統的な宗教を振興し、また自律化政策にみあって、特に反ペルシア的なものでない限り、それぞれの民族の宗教的法規をそのまま「王の法」（エズ七26）として承認したのである。同様の措置は、ダレイオス一世の時代のエジプトや、アルタクセルクセス二世の時代のリュキアについても記録されている（いわゆる「帝国の欽定」〔Reichsautorisation〕）。ペルシアにとって、反乱を繰り返していたエジプトへの通路に当たるユダヤの秩序づけと安定化は、とりわけ望ましいものであったろう。

律法教育

エズラは新たな帰還民の一団とともに(エズ八1―20)エルサレムに到着した後、異民族、異教徒との結婚を解消させ(エズ九―一〇章)、また「律法」の言葉を民に読み聞かせ、その内容を解説し(ネヘ八1―12)、古式にのっとった仮庵祭を行わせた(ネヘ八13―18)。それは同時に律法の遵守を中心とする捕囚後の教団民族の宗教生活の秩序づけを確立することであった。このためエズラは、しばしば律法の宗教としての「ユダヤ教の父」などとも呼ばれる。なおこの時エズラが読み上げ、それに基づいてユダヤを秩序づけた律法が何であったか――いわゆる神聖法典(レビ一七―二六章)? 祭司文書? 今日「モーセ五書」に取り入れられている法文集の一部? あるいは「モーセ五書」(トーラー)の全体?――については、研究者の議論が大きく分かれている。

ネヘミヤとエズラの歴史的関係――エズラ先行説

ネヘミヤとエズラの活動の時間的・内容的相互関係は、旧約聖書時代史の中でも最も論争の多い問題の一つである。聖書の記述によれば、エズラがエルサレムに派遣されたのは「アルタクセルクセス王の第七年」(エズ七7)であり、もしこれがアルタクセルクセス一世を指すとすれば、エズラのエルサレム到着は前四五八年となり、エズラは同じ王の第二十年(ネヘ二1)に派遣されたネヘミヤよりも十年以上も前にエルサレムで活動したことになる。今日でも、この順序をほぼ史実通りとして受け取る研究者も少なくない(クロス、ウィリアムソン、ブレンキンソップ等)。しかし、もしそうであるとすればエズラは、エルサレムに到着し異民族結婚を解消した後に、本来の使命であるはずの律法の貫徹をネヘミヤ時代まで十三年以上も遅らせたことになる(ネヘ七—八章参照)。

むしろエズラとネヘミヤの活動のこのような交差は、エズラ・ネヘミヤ記の著者ないし編集者が、意図的にこの二人を同時代の人物とし、あたかも二人の偉大な改革者が協力しつつ活動したかのように見せようとした(ネヘ八9、一二26、36)作為に由来するように思われる。その際には、神殿再建時の「総督」ゼルバベルと「祭司」イエシュアの「二頭体制」がモデルになったのかもしれない。

ネヘミヤとエズラの歴史的関係——ネヘミヤ先行説

他方で、エズラがあれほど徹底的に異民族との結婚の解消を行ったのに(エズ九—一〇章)、ネヘミヤが同じ処置を講じなければならなかったこと(ネヘ一三23―27、ただしエズラとは異なりネヘミヤは離婚は命じていない)は奇異の念を抱かせる。またエズラがすでに、ネヘミヤが再建することになる城壁に言及するのは奇妙であるし(エズ九9)、エズラのエルサレムにおける活動の描写は、ネヘミヤ以前にエルサレムの人口が乏しかったとするネヘミヤ記七4と合わない。エズラ記一〇6に言及される大祭司ヨハナンの父エルヤシブは、ネヘミヤ時代の大祭司と同名である(ネヘ三1、20―21、一三4、7、28)。それゆえ他の研究者は、エズラの登場をネヘミヤよりも後に引き下げようとする。

その際に一部の研究者はエズラ記七7の(アルタクセルクセス王の)「第七年」を「二十七年」ないし「第三十七年」と読み変え、エズラの派遣をアルタクセルクセス一世の治世後半の前四三八年ないし前四二八年頃とし(ヴェルハウゼン、ノート、ルードルフ、ブライト等)、また他の研究者はエズラ記七7の「アルタクセルクセス」をアルタクセルクセス二世(在位前四〇四―三五九年)として、エズラの派遣を前三九八年頃に置く(ロウリー、ウィデングレン、アクロイド、ドンナー、ツェンガー等。私見によれば、この見方が最も無理のない解釈であるように思われる)。さらには、エズラなる人物の歴史的実在性を否定して、彼の活動をまったくのフィクションとさえみなす研究者もある(トーレイ、ガルビーニ)。もちろんこれらの見解にもかなりの反対論があり、問題の解決は程遠いというのが現状である。

第五節　ペルシア時代後半——属州イェフド

ペルシアの属州としてのイェフド

ネヘミヤ・エズラ時代以降のユダヤの歴史についても、史料不足のためほとんど具体的なことが分からない。意外なことにこの時期は、イスラエル・ユダヤ史における「暗黒時代」なのである。ネヘミヤ記一二22—23からは、ネヘミヤと同時代のエルヤシブ(ネヘ三1、一三4)以下、ヨヤダ、ヨハナン(エレファンティネ・パピルスに言及あり、エズ一〇6を参照)、ヤドアといった大祭司がユダヤ人共同体を指導したことが知られる。

またエレファンティネ・パピルスからは、ネヘミヤ時代よりも後の前四〇八年頃のエルサレムにバゴヒないしバゴアスというペルシア人のユダヤ総督がいたことが知られる(後述二一三頁参照)。さらに、前五世紀から前四世紀にかけてのユダヤからは、「イェノド(＝ユダ)」という刻印を持つ貢納用の甕や硬貨が多数発見されているが、これは、ユダヤが独自の貨幣体系を持つ自律性の高い属州として認められていたことを示している。またこの硬貨は明らかにアッティカのドラクマ硬貨を模倣したものであり、すでにヘレニズム文化の影響がユダヤにも及び始めていたことがうかがわれる。

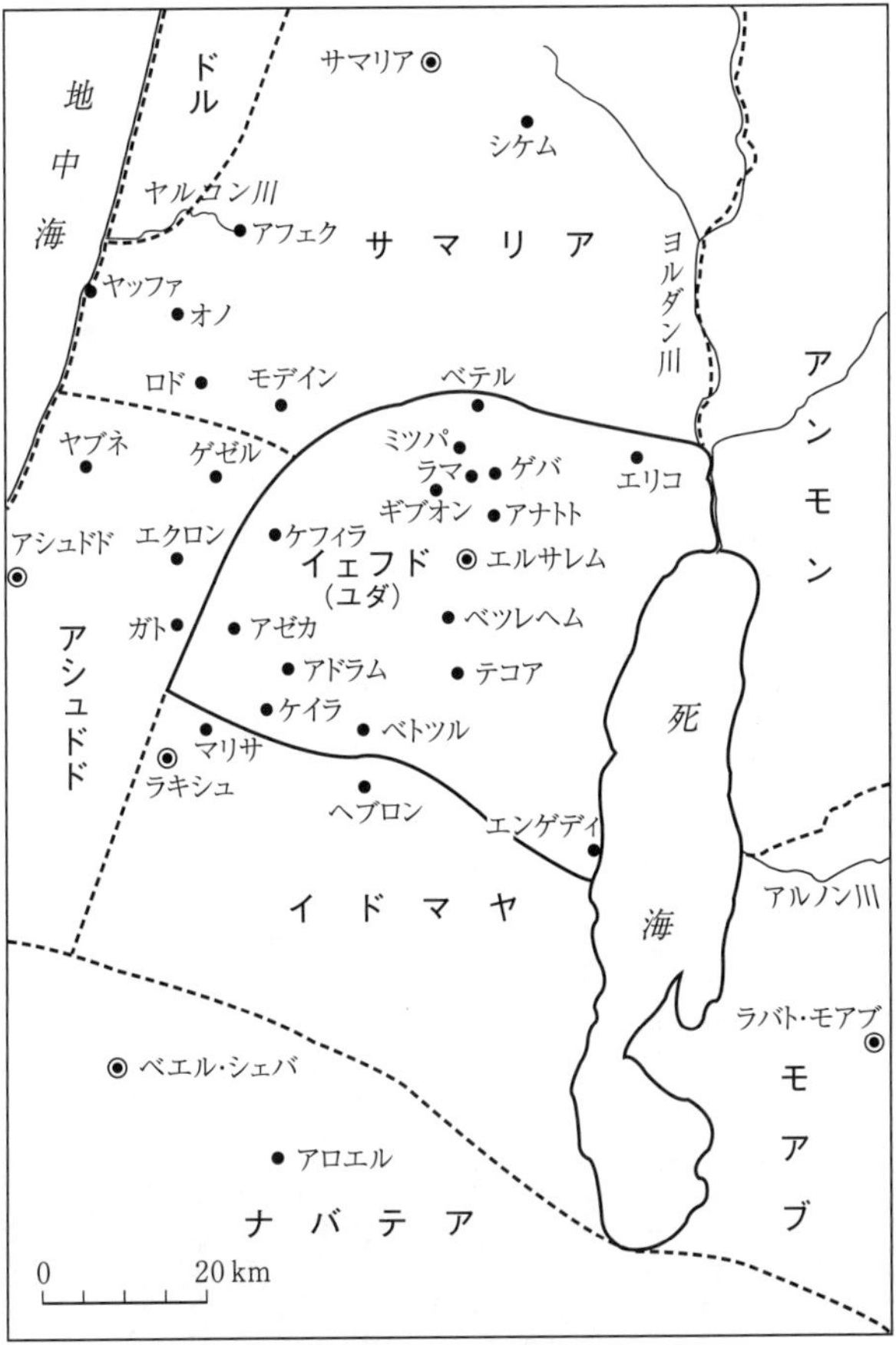

地図 11　ペルシア帝国の属州としてのユダヤ(イェフド)(前 400 年頃)
(山我哲雄・佐藤研『改訂版旧約新約聖書時代史』教文館,
1997 年, 110 頁所収の地図をもとに作成)

属州イェフドの範囲

ネヘミヤ時代以降、ユダヤ（イェフド）が独立したペルシアの州となったとしても、その範囲はどのようなものであったのだろうか。これについても、詳しいことは不明な点が多いが、エズラ・ネヘミヤ記に言及される地名の批判的検討や、「イェフド」の押印のある甕や硬貨の分布状況の検討、考古学調査、碑文史料の検討等からは、この時代のユダヤ（イェフド）がサマリア、アンモン、イドマヤ、アシュドドの各州に囲まれており、その範囲は王国時代のユダの領土よりもずっと小さかったことが推測される。

すなわち、エルサレムを中心にほぼ、北はミツパとベテルを含み、東はエリコからエンゲディ辺りまで、南はベトツルを含むがヘブロン、ラキシュ、マリサは除外し（イドマヤ領）、西はアドラム、アゼカを含むが、ゲゼル（アシュドド領）、ロド（リダ）（サマリア領）を除外する地域に限定されていたと考えられる（二〇七頁の地図11参照）。後のヘレニズム時代（プトレマイオス朝、セレウコス朝時代）になっても、この事態には基本的に大きな変化はなかったらしい。ユダヤの領土が飛躍的に拡大するのは、前二世紀後半のハスモン王朝時代になってからのことである（本書第十章参照）。

教団民族としてのユダヤ人共同体

ネヘミヤとエズラの活動により再編された捕囚帰還後のユダヤ人共同体は、ペルシアの政治的支配を受け入れたうえで、もっぱら共通の信仰と宗教的伝承、神殿礼拝と日常生活における律法遵守を通じて自己を周辺の他の民族集団から区別し、自己同一性(アイデンティティー)を維持する宗教共同体、すなわち民族自体が信仰の原理によって規定される教団民族として存続していくことになる。このことは、系図への異常なまでの関心(エズ二59―62＝ネへ七61―64、代上一―九章等)や異民族との結婚の解消(エズ九―一〇章、ネへ一三23―30)、サマリアの住民との対立(エズ四1―3)、「聖なる種族」の意識の確立(エズ九2)に示されるような血統的な意味での民族的純粋性への関心が高まる一方で、不信心な者の追放(エズ一〇8、ネへ一三28、イザ六六5)や、ユダヤ的信仰秩序を受け入れた者の改宗(イザ五六3―8、ゼカ二15、エズ六21、ネへ一〇29)が前提とされていることにも示されている。

異民族支配を前提にしたうえで、神殿礼拝と律法遵守を通じた宗教的原理によって民族の存続を維持していくという、教団民族としてのこのようなユダヤ人共同体のありかたは、後のヘレニズム時代から――ハスモン王朝による一時的な政治的独立の回復の時期(本書第十章参照)を例外として――ローマ時代に至るまで(あるいは見方によれば一九四八年のイスラエル国独立に至るまで!)、基本的に維持されることになる。

この時代には日常用語としてペルシアの公用語であったアラム語が浸透し始め、文字もアラム語系の方形文字(今日のヘブライ文字)が用いられるようになった。なお、エズラ記の一部(エズ四8―六18、七12―26)およびダニエル書の一部(ダニ二4―七28)はアラム語で書かれている。文学的にはモーセ五書の最終編集、いわゆる「第三イザヤ」(イザ五六―六六章)、エズラ・ネヘミヤ記、ハガイ書といわゆる「第一ゼカリヤ」(ゼカ一―八章)、ダニエル書の前半(一、三―六章)、マラキ書とおそらくはヨエル書が前五世紀後半から前四世紀前半に位置づけられるべきであろう。

サマリア人との対立

捕囚後から全ペルシア時代を通じて、エルサレムを中心に再建されたユダヤ人共同体と、北のシケムに中心地を持つサマリア人とは対立関係にあった。サマリア人もまたヤハウェ崇拝者であることを自覚していたが(サマリア総督サンバラトの息子たちは、デラヤ、シェレミヤなどヤハウェ系の名前を持つ。二一三頁参照)、前述のように、ユダヤ人たちは彼らを正統的な信徒とは認めなかった(エズ四1―5参照)。サマリア人は、かつての北王国の滅亡後、アッシリアによって強制移住させられてきた異民族の子孫と見なされていたからである(王下一七24―33参照)。ネヘミヤのもとでのユダヤの地位の強化は、両者の対立と分裂に拍車をかけたにちがいない。ユダヤ人とサマリア人の宗教的な分裂は、サマリア人たちがシケムのゲリジム山上に、エルサレム神殿に対抗する独自の神殿を立てたことによって決定的なものとなった(サマリア教団の成立)。

この出来事がいつ起こったかは確定できない。後一世紀のユダヤ人歴史家ヨセフスは、後述するように(二二一頁)それをアレクサンドロス大王のパレスチナ征服時に位置づけている(『古代誌』一一・三二一―四)。これについてのヨセフスの記述は多くの伝説的要素を含むので信憑性に疑問があるが、時代についてはほぼ正しいとみなすことができる。エルサレムの神殿はペルシア王の公認と支持を受けており、それゆえペルシア時代にはエルサレムに対抗する神殿の建設は不可能であったと考えられ、他方でサマリアの神殿は、マカベア時代にはすでに伝統と権威を持ったものとして認められていたからである(IIマカ六2、本書二四〇頁参照)。考古学的にも、サマリア聖所の建設はほぼ前四世紀後半に遡ることが確認されている。サマリア人たちは当時すでに正典的権威を持つものとなっていた「モーセ五書」のみを採用した(サマリア五書)。なお、サマリア教団は少数とはいえ今日なおシケム(ナブルス)周辺に存続し、ゲリジム山でのその独立した礼拝を守っている。

メソポタミアに残留したユダヤ人——東方ディアスポラ

ペルシア時代におけるユダヤ人の活動の舞台は、決してパレスチナに限られていなかった。ニップルから出土した前五世紀後半のバビロンの大金融業者兼不動産業者ムラシュ家の顧客リストによれば、この地域ではヤハウェ系の名前を持つユダヤ人が各方面で活躍していた。彼らの中には、ペルシアの役人になる者や、バビロンで運河の管理に携わる者や、私有地を抵当にして事業を行う者もいた。ネヘミヤやエズラが彼らの中から出たことから考えて、バビロンのユダヤ人たちは、厳格で正統的なヤハウェ宗教の伝統を維持していたと考えられる。

バビロンには(後述のエレファンティネとは異なり!)明らかにヤハウェ神殿がなかったので、彼らの宗教生活は捕囚時代同様、律法の研究と遵守、集会と言葉による礼拝を中心としたものであったと考えられる。(建物としての、および制度としての)シナゴーグの起源は複雑な問題であるが、これらの人々の中ではすでに事実上、後のシナゴーグ礼拝の基礎が確立していたと見てよかろう。ある意味でディアスポラ(ユダヤ民族の離散)は、バビロン捕囚とともに始まっていたのである。

エジプトのエレファンティネ島のユダヤ人

前章で述べたエジプトのナイル中流のエレファンティネ島にあったユダヤ人軍事植民地からは、数多くのアラム語パピルス(エレファンティネ・パピルス)が発見されている。この地のユダヤ人は独自の神殿を持ち、「ヤウ」ナイシ「ヤフ」という名でヤハウェを崇拝していたが、同時に——はなはだ興味深いことに——アシャム・ベテル、アナト・ベテル、アナト・ヤウという女神たちをも崇拝していた。このことは、辺境のユダヤ人の間では宗教混淆的な傾向がかなり進んでいたことを示唆している。

他方で彼らはエルサレムの神殿とも頻繁に連絡を取り、伝統的な宗教的習慣の保持をも心掛けていた。前四一九年にはペルシア王ダレイオス二世が、同地のユダヤ人の要請を認めて古式にのっとった過越祭を行うようエレファンティネに通達を送っている(いわゆる「過越祭のパピルス」)。エレファンティネの神殿は、前四一〇年にエジプトのクヌム神の神官たちによって破壊された。エレファンティネの人々はエルサレムの大祭司ヨハナン(エズラ記一〇6の大祭司と同一人物?)、ユダヤ総督バゴヒ(バゴアス)、サマリア総督サンバラトの息子デラヤとシェレミヤに手紙を送り、神殿の再建を援助するように嘆願している。エレファンティネのユダヤ人植民地は、前三九八年頃姿を消すが、この地のユダヤ人がペルシア王の臣下であったために、新興のエジプト第二十九王朝のネフェリテス一世によって破壊されてしまったのであろう。

第九章　ヘレニズム時代

第一節　アレクサンドロス大王の東征とヘレニズムの到来

マケドニアの台頭とギリシア世界の統一

古代のマケドニアは、バルカン半島北方の今日のギリシア北部、マケドニア、ブルガリア地方にあった小王国で、民族的にはギリシア人と同系であり、おそらくバルカン半島にギリシア人の一部と共に侵入し、南下せずにマケドニア地方に留まった部分と考えられる(最近では小アジアのフリュギア人との関係を指摘する声もある)。

早くから王政を廃止し、貴族政、民主政へと移行したギリシアの各ポリスとは異なり、マケドニア人はこの時代に至るまで、王を中心とした貴族たちの戦士集団の国家として、ホメーロス的世界の中に留まっていた。フィリッポス二世(在位前三五九—三三六年)は、長槍を武器とする農民の歩兵軍団と貴族たちの騎兵隊とを組み合わせて強力な軍隊を編成し、前三三八年にはギリシアの諸ポリスの連合軍を打ち破り(カイロネアの戦い)、それまで独立していたギリシア各地の諸ポリスをコリント同盟(ヘラス同盟)に統合して、事実上のギリシア世界の統一を果たした。しかしそのフィリッポスが前三三六年にマケドニアの貴族に暗殺されると、息子のアレクサンドロスが王位についた。

アレクサンドロス大王の東征とアケメネス朝ペルシアの滅亡

アレクサンドロス三世(大王、在位前三三六―三二三年)は、少年時代に哲学者アリストテレスの薫陶を受け、文武両道にすぐれた支配者であった。前三三四年、彼は亡父に替わるコリント同盟の盟主として、ペルシア戦争時のペルシアによるアテネの神殿破壊に対する報復を標榜し、ペルシア遠征に乗り出した。彼は約三万七千のマケドニア・ギリシア連合軍を率いてヘレスポントス(ダーダネルス)海峡を渡り、まずはグラニコス川畔でペルシアの駐留軍を打ち破り、その年のうちに小アジア全土を征服した。

翌前三三三年の秋にはシリアの入口のイッソスの戦いでダレイオス三世(コドマンヌス、在位前三三六―三三一年)と直接対決してこれを退け、シリア・パレスチナ海岸を南下してエジプトへ向かった。この時シリア、パレスチナ地方の諸都市のほとんどは無抵抗でアレクサンドロスに服従したが、ティルス(七カ月)とガザ(二カ月)だけは籠城して抵抗し、征

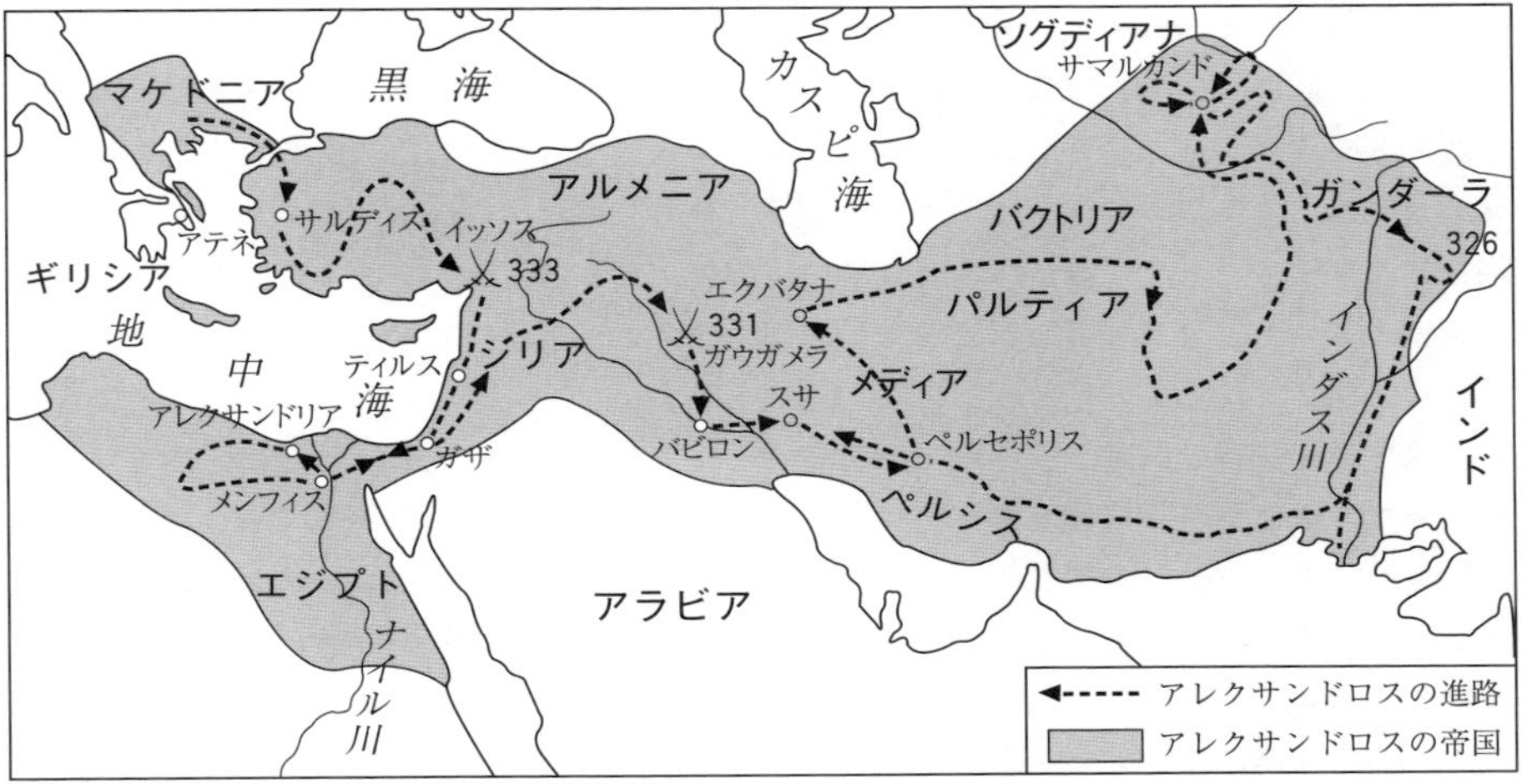

地図 12　アレクサンドロス大王の遠征路

服された（ゼカ九1―8はこれに関連するか?）。アレクサンドロスは内陸部の占領を将軍パルメニオンにゆだねたが、サマリアだけは抵抗して征服され、マケドニアの植民地とされて、後に主としてマケドニアの退役軍人が入植した。前三三二年、アレクサンドロスはエジプトのメンフィスに無血入城した。エジプト人にとってアレクサンドロスは、ペルシアの支配からの解放者であり、彼らはアレクサンドロスにファラオの称号を与え、神官たちは彼をアモン神の子と讃えた。アレクサンドロスはエジプトの地中海岸に港湾都市アレクサンドリアの建設を命じたが、これはオリエント各地における一連の同名の都市建設の嚆矢《こうし》となった。

エジプトで越冬したアレクサンドロスは、翌三三一年には再びシリア・パレスチナ地方を北上してユーフラテス、チグリス両河を渡り、ガウガメラの戦いでダレイオス三世に決定的な勝利をおさめた。逃亡したダレイオスはバクトリアで臣下に暗殺され、アケメネス朝ペルシアはここに滅亡した。アレクサンドロスはバビロン、スサ、ペルセポリス、エクバタナ等の重要な諸都市を次々と征服し、名実とともに「アジアの主」となった。なおアレクサンドロスによるペルシア帝国征服は、ダニエル書八章の黙示思想的な幻に反映している（ダニ八5―8、なおダニ一一2―3、Ⅰマカ一1―4をも参照）。

東征の中止とアレクサンドロスの死

ペルシア帝国を征服したことによって、ペルシア戦争への報復というコリント同盟の名目上の目的は果たされた。そこでアレクサンドロスは、前三三〇年春にエクバタナでコリント同盟軍を解散し、ギリシア人将兵を本国に帰還させた。しかしアレクサンドロスは、今やペルシアによるオリエント世界支配の継承者として、さらに東方の旧ペルシア領の併合を企て、マケドニア人将兵およびアジア人傭兵を率いてパルティア地方に出発した。

アレクサンドロスはヒンドゥークシ山脈を越えて前三二八年までに原地民族のゲリラ戦と戦いながらバクトリア、ソグディアナ地方を併合し、多くの「アレクサンドリア」市を建設した。翌前三二七年、彼は再びヒンドゥークシ山脈を越え、インド北西部(現在のパキスタン)のガンダーラ、カシミール地方に侵入し、前三二六年、ついにインダス河を渡った。アレクサンドロスは、インドを越えた世界の果て、すなわち「東の海」に達して世界制覇を完成することを目指していた。しかし翌前三二五年、インダス河の最後の分流ヒュダスペス川に至った時、長期にわたる遠征で疲弊の極に達していた全軍の将兵は、果てしなく広がるインドの地平線を見て士気をくじかれ、それ以上の前進を拒否した。アレクサンドロスは止むなくインダスを下り、撤収を開始した。全軍は困難な旅を続けながら、前三二四年、スサに帰還した。

前三二三年六月二十三日、アレクサンドロスは古都バビロンで新たなアラビア遠征の準備中に熱病(おそらくマラリヤ)に罹った。その十一日後、疾風のように世界を駆け抜け、歴史上初めてギリシア、エジプト、メソポタミア、北西インドを包括する一大帝国をわずか十二年で建設したこの英雄は、再び故郷を見ることなく死んだ。三十二歳の若さであった(Iマカ一5―7参照)。

ヘレニズム文化とユダヤ人

広大な領土を持続的に支配するためには、領内諸民族の融和と統合が不可欠である。かつてのアッシリアやバビロニアは、住民の強制移住によってそれを行おうとしたが、アレクサンドロスはそれを民族間結婚による血の融合によって行おうとした。彼は自らソグディアナの豪族の娘ロクサネおよびダレイオス三世の娘スタティラと結婚して範を示し、臣下のマケドニア人将兵をペルシア人の娘たちと集団結婚させて、混血を奨励した。このようなアレクサンドロスの融合政策は文化面でも大きな帰結をもたらした。アレクサンドロスの遠征は、ギリシア文化を東方にもたらしただけでなく、それをオリエント的諸要素と結合させ、折衷的なヘレニズム文化の基礎を築き上げた。それは同時に、世界観、人間観の上でも、従来のポリスや民族の枠組みを越えた世界市民主義(コスモポリタニズム)を芽生えさせた。

オリエント世界を震撼させたアレクサンドロスの大遠征であったが、ユダヤ人にとっては、直接的にはそれもいわば「蚊帳の外」の出来事であった。アレクサンドロスの目は常に東方に向けられており、彼はユダヤにもエルサレムにも関心を示さなかった。後のユダヤ人歴史家ヨセフスが伝える、アレクサンドロスがエルサレムを訪問してユダヤ人の神と大祭司に敬意を示したというエピソード(『古代誌』一一・三二六―三三九)やサマリア総督であったサンバラトがアレクサンドロスに嘆願してサマリアへの独自の神殿建設の許可を得たという記事は(『古代誌』一一・三二一―三二五)、歴史的根拠を欠く伝説以上のものではない。

大王の東征中、ユダヤやエルサレムが帝国内でどのように位置づけられ、どのように統治されていたのかは明らかではない。基本的には、エルサレムの神殿共同体としての自治が認められていたことだけは確かである。またユダヤ人の方でも、神殿礼拝と日常生活における律法遵守が保障されれば、名目上の支配権の帰属にはさしたる関心を持たなかったようである。しかし、大王の遠征後に活発になった人的・物的交流を通じて、ギリシア・ヘレニズム世界の文化的影響は着実にユダヤにも浸透し始めた。パレスチナには多くのギリシア系の兵士、役人、商人およびその家族らが定着し、各地にギリシア系住民のための居住地や軍事駐屯地が建設された。

第二節　プトレマイオス朝とセレウコス朝との狭間で

ヘレニズム諸国家の成立とディアドコイ戦争

アレクサンドロスの死後、その大帝国は、大王の後継者(ディアドコイ)を自らもって任じるアレクサンドロスのかつての将軍たちの対立によって瓦解し、大王の血族もこの争いに巻き込まれて次々と殺害され、マケドニア王朝は絶える。マケドニア、ギリシアを拠点とするアンティパトロス、カッサンドロス父子、フリュギア、シリアを拠点とするアンティゴノス、デメトリオス父子、トラキアのリュシマコス、エジプトのプトレマイオス、バビロンのセレウコス等の将軍たちは、相互に一時的な同盟を結んで血で血を洗う戦いを繰り広げ(ディアドコイ戦争、前三二三—二八一年)、前四世紀の末には、アレクサンドロスの大帝国の跡に、リュシマコス朝トラキア、カッサンドロス朝マケドニア、セレウコス朝シリア、プトレマイオス朝エジプトのヘレニズム四大王国が成立する(ダニ八8、一一4、Iマカ一7—9、『古代誌』一一・一—三参照)。これらの国家は、基本的には少数のマケドニア人およびギリシア人が支配階級を形成し、土着の民衆を支配するという構造のもので、公用語もギリシア語であり、国内各地にはギリシア風の都市が建てられた。

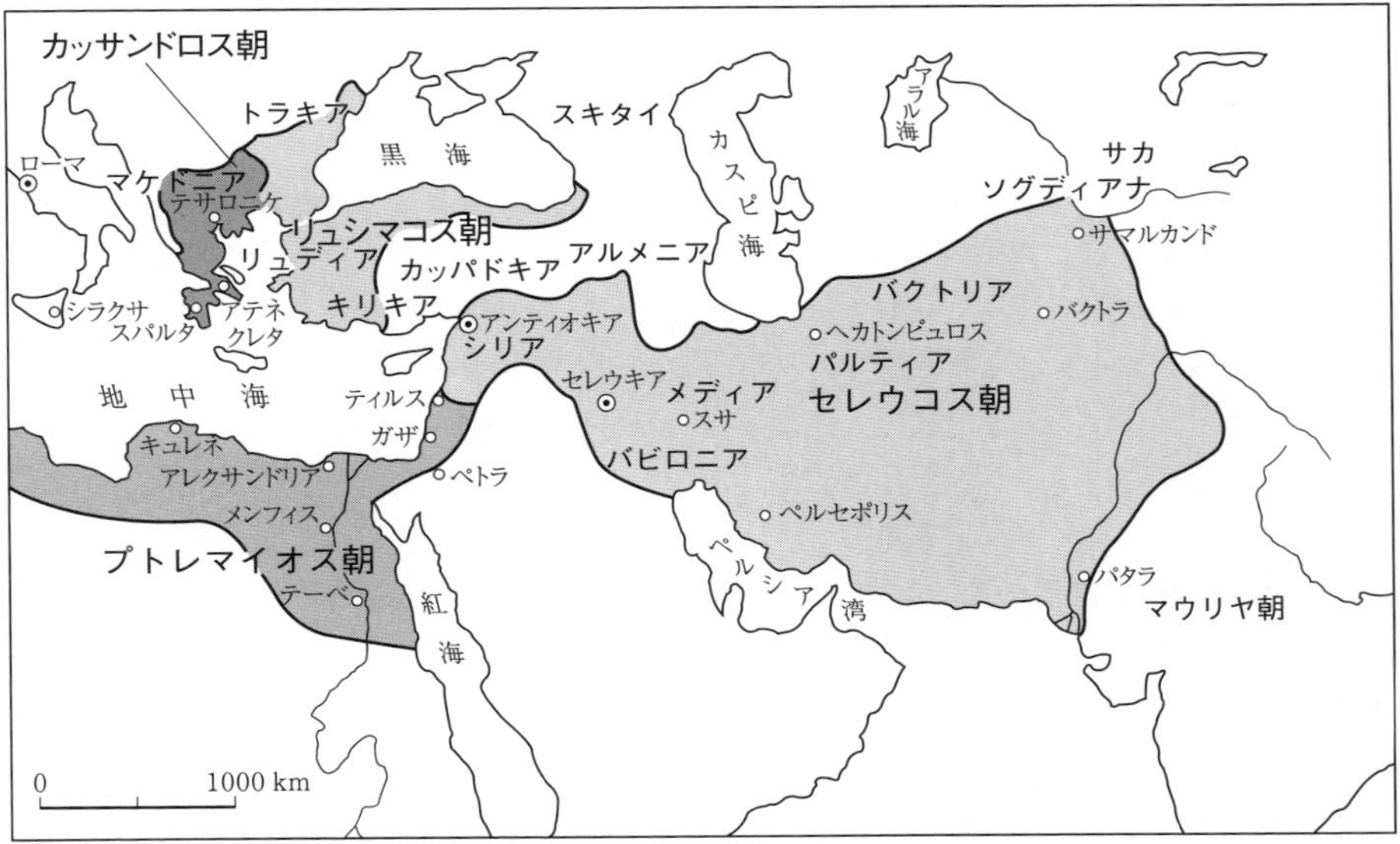

地図 13　ヘレニズム四王国(前 300 年頃)

エジプトとシリア・メソポタミアを結ぶ陸橋地帯として戦略的にも経済的にも極めて重要な位置にあったパレスチナは、セレウコス朝シリア、プトレマイオス朝エジプトの争奪戦の対象となり、両者はこの地をめぐって六度にわたる「シリア戦争」を戦うことになる。それはまた、かつてイスラエル・ユダヤ民族を苦しめた北のアッシリア、バビロニアと南のエジプトの「二極構造」的衝突の再現でもあった。この争奪戦の経緯については、ダニエル書一一5―39の黙示的ビジョン(実は預言の形式を借りた歴史的回顧)の中でかなり詳しく暗示される。

プトレマイオス朝エジプトとエジプトのユダヤ人

アレクサンドリアを首都に新エジプト国家を立てたプトレマイオス一世ソーテールは、アレクサンドロスの少年時代からの友人で、大王の死後エジプトの支配者となり、前三〇五年から王号を称した(在位前三〇五―二八三年)。ヨセフス(『古代誌』一二・四―九)によれば、プトレマイオスはアレクサンドロスの死後の早い時期にエルサレムを占領し、多くのユダヤ人をアレクサンドリアに連れ去った。ただしこのエピソードの真偽や、それが史実だったとしてもその年代(前三二〇年、三一二年、三〇二年、三〇一年の諸説がある)については、不明な点が多い。

プトレマイオスは、文化の振興に熱心で、アレクサンドリアに学士院（ムセイオン）、大図書館を建設し、ギリシア人の学者や文化人を招くなどしてこの地をヘレニズム世界の文化的・経済的中心地とした。彼と息子のプトレマイオス二世フィラデルフォス（在位二八五―二四六年、最初の数年間は父王と共治）のもとで、アレクサンドリアは人口百万を超えるヘレニズム世界最大の都市に発展し、「雪以外はないものがない都」と呼ばれた。

アレクサンドリアはまた、ユダヤ人の最大のディアスポラ居住地でもあり、プトレマイオス二世の時代にはこの地で旧約聖書（最初は「モーセ五書」）のギリシア語訳（いわゆる「七十人訳聖書」〔セプテュアギンタ〕）が成立した（旧約聖書偽典中の『アリステアスの手紙』およびヨセフス『古代誌』一二・一一―一一八参照）。世界の七不思議の一つとされた大灯台が建てられたのも、ヘリオポリスの神官マネトがギリシア語で『エジプト史』（現在のエジプト諸王朝の数字による数え方も基本的にこの書による）を著したのも、このプトレマイオス二世の治世である。

セレウコス朝シリア

メソポタミアに建国したセレウコス一世ニカトールは、アレクサンドロスの死後一時はエジプトのプトレマイオス一世に将軍として仕えたが（ダニ一一5を参照）、その後バビロニアを征服し、ユーフラテス河畔に新首都セレウキアを建設して支配を固め、前三〇五年から王号を称した(在位前三〇五―二八一年)。

初期のディアドコイ戦争は、主としてギリシア、マケドニア、小アジアで戦われ、ユダヤを含むシリア・パレスチナは、一時はプトレマイオスが占領したが、前三一五年頃には小アジア・ギリシアの支配者アンティゴノス一世がこの地を征服した。この地の帰属をめぐるヘレニズム諸国家間の最初の大規模な戦闘は、前三〇一年、フリュギアのイプソスで戦われた。これは基本的には小アジアをめぐるアンティゴノス一世リュシマコスおよびセレウコス一世の連合軍の戦争であった。この戦いでアンティゴノスは戦死し、セレウコスは支配をシリアおよび小アジア南東部に広げたが、シリア南部(コイレ・シリア)およびパレスチナは、直接は戦闘に加わらなかったエジプトのプトレマイオス一世が戦後の混乱に乗じて占領し、既成事実を作る形で獲得した。

シリア地方に支配を広げたセレウコスは、シリアのオロンテス川畔に第二の首都アンティオキアを建設した。アンティオキアはアレクサンドリアに次ぐ第二のユダヤ人ディアスポラ居住地となり、ヨセフスによればセレウコスはアンティオキアのユダヤ人にギリシア人、マケドニア人同様の市民権と特権を与えたという(『古代誌』一二・一一九―一二一)。セレウコスはその後前二八一年にはリュディア地方のコルペディオンの戦いでリュシマコスを破り、全小アジアを領土に加えたが、さらにマケドニアとトラキアに進出しようとしたヨーロッパ遠征のさなかに暗殺された。

プトレマイオス朝とセレウコス朝のシリア戦争

セレウコス一世を継いだシリアのアンティオコス一世ソーテール(在位前二八一―二六一年)は、パレスチナを奪回すべくプトレマイオス二世に挑んだが(第一次シリア戦争、前二七四―二七一年)、かえって撃退され、キリキアを中心とする小アジア南部を失った。しかし次のアンティオコス二世テオス(在位前二六一―二四六年)は第二次シリア戦争(前二六〇―二五三年)でエジプトからキリキアだけでなく、コイレ・シリア(レバノン山脈とアンチレバノン山脈の間の地域)をも奪還することに成功する。

この戦争の際に両国は講和のために政略結婚を行うが、これは後の両国間のさらなる衝突の遠因となる。アンティオコス二世に嫁いだプトレマイオス二世の娘ベレニケが、夫の死後、シリアでの政争に巻き込まれてその子らと共に迫害されたため(ダニ一一6参照)、エジプト王となっていた兄のプトレマイオス三世エウエルゲテス(在位前二四六―二二一年)がシリアに遠征し、アンティオコス二世の先妻ラオディケの子である新王セレウコス二世カリニコス(在位前二四六―二二六年)治下のシリアの主要都市、アンティオキアや地中海岸のセレウキアなどに大打撃を与えるのである。その後セレウコスは反撃のためエジプト侵入を試みるが、これはプトレマイオスに撃退される(第三次シリア戦争、前二四六―二四一年、ダニ一一7―9参照)。

シリア王アンティオコス三世

プトレマイオス四世フィロパトル(在位前二二一―二〇四年)の時代になると、シリアのアンティオコス三世メガス(「大王」、在位前二二三―一八七年)が先王たちの念願であったパレスチナ併合を果たすべく、ナバテア人と結んでフェニキアおよびヨルダン川東岸地方に侵入する(第四次シリア戦争、前二一九―二一七年)。アンティオコスは、当初は優勢に戦いを進めたものの、前二一七年六月にガザ南方のラフィアの戦いでプトレマイオスの軍に敗北し、撤退を余儀なくされる(ダニ一一10―12参照)。しかし前二〇四年にプトレマイオス四世が没し、プトレマイオス五世エピファネス(在位前二〇四―一八一年)がわずか五歳で即位すると、アンティオコス三世はマケドニア王フィリッポス五世と結んで戦勝後のエジプト分割を密約し、ガザを征服した。幼王プトレマイオス五世の将軍スコパスはこれに応戦したが(第五次シリア戦争、前二〇二―一九八年)、前一九八年にガリラヤ北部のパネイオン(後のカイサリア・フィリッピ)の戦いで決定的な敗北を喫した。これによりユダヤを含むパレスチナはついにセレウコス朝の支配下に移ることになる(ダニ一一13―16参照)。しかし、当初予定していたエジプト本土の征服と、マケドニアとのエジプト分割は実現しなかった。当時ポエニ戦争に勝利した共和政ローマが西方からマケドニア、小アジアに勢力を拡張させてきたからである。前一九七年、アンティオコスは少年王プトレマイオス五世に娘クレオパトラ一世を妻(!)として与えて和睦し(ダニ一一17、『古代誌』一二・一五四参照)、小アジアに戦力を集中させた。

アンティオコス三世は、その後カルタゴから逃れてきた名将ハンニバルとも共闘し、ギリシアに打って出てローマと直接対決したが、テルモピュライの戦い(前一九一年)、マグネシアの戦い(前一八九年)に連敗し、アパメイアの和議(前一八八年)ではタウロス山脈以西の小アジアの放棄を余儀なくされ、また多大な賠償金の支払いを強いられた。息子(後のアンティオコス四世)は人質としてローマに送られた。アンティオコス三世は帰国後、敗戦による財政破綻を立て直すべく東方に遠征し、スサのベル神殿を略奪しようとしたが、現地人の抵抗によって殺された(ダニ一一18―19参照。なお『新共同訳聖書』にはこの部分に重大な誤訳があるので注意を要する。19節の主語は18節の「軍人」ではなく、「彼」すなわち15節の「北の王」＝アンティオコス三世)。

シリア王セレウコス四世

アンティオコス三世を継いだ息子のセレウコス四世フィロパトル(在位前一八七―一七五年)は、ローマに対して忠実であった。彼は財政再建のためにユダヤ人のエルサレム神殿の宝物に手をつけようとしたが、ユダヤ人の抵抗により失敗したらしい(ダニ一一20、Ⅱマカ三4―40参照)。彼はまた、自分の息子デメトリオス(後のデメトリオス一世)を交換の人質としてローマに送り、弟のアンティオコス四世を解放した。このことは、後のユダヤ人の運命に大きな悲劇をもたらすことになる。セレウコス四世は、前一七五年、臣下によって暗殺された。

シリア戦争とユダヤ人

アレクサンドロス大王没後のディアドコイたちの抗争や、その後のパレスチナをめぐる上述のプトレマイオス朝エジプトとセレウコス朝シリアの攻防は、国土がしばしば軍靴に踏み荒されることは別として(『古代誌』一二・一三〇参照)、パレスチナのユダヤ人の宗教生活にそれほど大きな変化をもたらさなかった。ユダヤ人はペルシア時代以来異民族の支配には慣れきっており、前述のように、自分たちの神殿礼拝と律法遵守を中心とした宗教生活が保障される限り、反抗らしい反抗を試みなかったようである。

しかし、文化的なヘレニズム化の波は、時と共にますます勢いを増した。各地にはヘレニズム風の都市が建設され、ユダヤ人の中にはヘレニズム的な生活様式や思考様式を身につける者も現われてきた。このことを端的に示すのが、プトレマイオス朝支配時代に成立したと考えられる『コヘレトの言葉(伝道の書)』である。この書には、従来のイスラエルの宗教文学とは異質な、ギリシア・ヘレニズム的な厭世主義や無常観の影響が認められる。普遍主義的傾向を持った『ヨナ書』が書かれたのもこの時代であろう。他方でこれとは反対に極度に民族主義的な『エステル記』が書かれたのもほぼ同じ時代と考えられる。黙示文学的要素を含んだいわゆる第二・第三ゼカリヤ(ゼカ九―一一章、一二―一四章)や、神殿祭儀と応報史観の視点から王国時代史をまとめ直した『歴代誌』が成立したのもこの時代であると考えられる(ただし、後者についてはペルシア時代末期説もあり)。

プトレマイオス朝支配下のユダヤ

プトレマイオス朝が支配した時代(前三〇一―一九八年)には、パレスチナとその周辺にフィラデルフィア(旧ラバト・アンモン、現在のアンマン)、プトレマイス(旧アコ)などのエジプト王の名にちなむギリシア・ヘレニズム風の諸都市が建設されたほか、スキトポリス(旧ベト・シャン)、ガザ、アシュケロン、ヤッファ、ドル、ガダラ、マレシャなどの町々もヘレニズム風都市に変身した。

前述のプトレマイオス二世のもとでの律法翻訳事業奨励に見られるように、プトレマイオス朝の王たちはユダヤ人にペルシア時代同様の大幅な自治を認め、律法に従う宗教生活を続けることを許したようであるが、重税を取りたてた。パレスチナと南シリア全土は、徴税単位としてのいくつかの区(ヒュパルキア)に分けられていた。代表的な区としては、ユダヤ、サマリア、ガリラヤ、イドマヤ、カイサリアなどが知られており、これらと並んで、自治を認められたシドン、ティルス、プトレマイス(アコ)、ガザ、アシュケロンなどの一種の特別区としての都市(ポリス)が存在した。そのいずれにおいても、常駐のプトレマイオス朝の役人が行政や徴税に関して厳しい監督を行った。

エルサレム神殿の大祭司

ユダヤにおいて、プトレマイオスの宮廷に対し、納税と領内の秩序安定の責任を負ったのはエルサレムのツァドク系の大祭司であった。この時代からは主としてオニアス家に属するオニアス一世(前四世紀末、『古代誌』一一・三四七、一二・四三)、シメオン一世(前三世紀初頭、同一二・四三)、エレアザル(同一二・四三)、マナセ(同一二・一五七)、オニアス二世(前三世紀中頃、同一二・一五七―一五九)、シメオン(シモン)二世(同一二・二二四―五)などの大祭司の名が知られている。

前二五八年頃、プトレマイオス二世の財務長官であったアポロニオスの家臣ゼノンは、パレスチナにおける主君の領土を管理するためにパレスチナ各地に調査旅行を行い、多くの報告文書を残しているが(「ゼノン・パピルス」)、それらからは、パレスチナとエジプトの間で活発な経済交流が行われていたことがうかがい知られる。ユダヤ人の中には、そのような経済活動に加わって巨万の富を蓄積する者も現れた(コヘ四8、五9—14)。他方で貧富の差は拡大し、貧しい者の生活は悲惨なものであった(コヘ四1—3、五7、シラ四1—10、一三17—24)。

なおヨセフスの記述からは、シリア戦争の推移に呼応して、エルサレムのユダヤ人指導層の中で、親プトレマイオス朝的姿勢から親セレウコス朝的立場へ乗り換えようとする動きがあったことが読み取れる。第三次シリア戦争とほぼ同時期に、時の大祭司オニアス二世はエジプトへの納税を拒否したとされるが(『古代誌』一二・一五七—一五九)、これもそのような「路線変更」姿勢の現れであろう。

トビヤ家の台頭

この時代に台頭した資本家の代表がトビヤとその一族である。このトビヤは、おそらくかつてのネヘミヤの敵対者でアンモン地方の有力者であったとされる同名のトビヤ（ネヘ二10、六1等）の子孫で、ヨルダン川東岸のギレアド地方を拠点とし、息子ヨセフはアレクサンドリアの宮廷に出入りしてプトレマイオス三世の好意を得、シリア南部の徴税権を獲得して大祭司と対抗するほどの権勢を振い、またユダヤのヘレニズム化を進めた（『古代誌』一二・一六〇―二二四）。トビヤ家の一族もまた、次第に親セレウコス朝的姿勢に傾いていったようである。律法に忠実な大祭司の家系オニアス家と、ヘレニズム志向の強いトビヤ家は、この時代のユダヤを二分する勢力であり、その抗争はユダヤ人社会の分裂の傾向に拍車をかけた。

セレウコス朝支配下のユダヤ

パネイオンの戦いでエジプトがアンティオコス三世に敗れ、ユダヤがセレウコス朝シリアの支配下に入ると（前一九八年）、ユダヤ人はこれを歓迎し、エルサレムに駐屯していたエジプト軍守備隊を引き渡すなどしてこれに応えたというが（『古代誌』一二・一三一―一三三）、これはエジプトの重税や当時の社会的不公正に対する不満の表明であったと考えられる。アンティオコスはユダヤの新しい臣民の好意を得るために、ユダヤ人の宗教生活の自由と神殿祭儀への経済的援助を保証し、三年間の一般的免税と、それ以後については聖職者や長老議会議員の免税および一般人への三分の一の減税を約束した(『古代誌』一二・一三八—一四四)。

なおヨセフスの伝えるこの布告には、エルサレムの長老議会(ゲルーシア)の存在が初めて言及されているが(『古代誌』一二・一三八)、これはおそらく祭司階級の代表とエルサレムの有力門閥の代表者からなる議会で、後の最高法院(サンヘドリン)の先駆である。時の大祭司シメオン二世は、おそらくこのようなセレウコス朝の経済援助に基づき、エルサレム神殿を大改修して人々の賞讃を得た(シラ五〇1—24)。

この時代にはパレスチナへのヘレニズム文化の浸透がますます進み、ユダヤ人の中にはギリシア風の名前を名乗る者が少なくなかった。他方で律法の遵守を勧める『ベン・シラの知恵(シラ書)』や『トビト書』(いずれもいわゆる「旧約聖書続編」〔外典・アポクリファ〕に含まれる)などの民族主義的著作も現われた。このようなユダヤ人内部のヘレニズム派と伝統派の対立は、次のアンティオコス四世エピファネスの時代に頂点に達し、結局はマカベア家の反乱を引き起こすことになる。

第三節　アンティオコス四世のユダヤ教迫害

シリア王アンティオコス四世エピファネス

さて、シリアでセレウコス四世が前一七五年に暗殺されると、弟のアンティオコス四世エピファネス(在位前一七五―一六四年)が即位した(ダニ一一21、Iマカ一10、IIマカ四7)。彼は前述したように父アンティオコス三世が前一八八年にローマに屈して以来人質としてローマで生活し(二二九頁参照)、解放後もアテネに滞在していたことから、骨の髄までギリシア・ローマ文化の心酔者となっていた。彼は即位と同時にセレウコス王国のヘレニズム化のさらなる推進に着手し、各地に多くの新しいヘレニズム風の都市を建設したり、既存の都市をヘレニズム風に改造したりした。ユダヤに対しても、アンティオコスは半ば強制的にヘレニズム化を推進させた。このことは、すでに前三世紀のはじめから始まっていたユダヤ人内部における親ヘレニズム派と伝統派の分裂を拡大、加速させた。

親ヘレニズム的大祭司――ヤソンとメネラオス

シリアにおけるアンティオコス四世の即位に呼応するかのように、エルサレムでは前一七五年、大祭司の家系(ツァドク家)に属するにもかかわらず自らヤソンというギリシア語名を名乗っていたほどの親ヘレニズム派であったヨシュアが、アンティオコスに多額の賄賂を贈り、ユダヤのヘレニズム化を促進することを約束して、保守派で律法に忠実な兄の大祭司オニアス三世(Ⅱマカ三1、なおダニ九26の「油注がれた者」、ダニ一一22の「契約の君」はおそらくこのオニアス三世を指す)を退位させ、大祭司の地位を手に入れた(Ⅱマカ四7―9)。彼はエルサレムをギリシア流の「ポリス」に再編し、若者たちに積極的にギリシア風の衣服をまとわせ、ギリシア的な教育やギリシア風の生活様式の導入を推進し、エルサレムに競技場を建築して、人々にギリシア風の裸体による競技を行わせた。また、ユダヤ人の一部も、エルサレムの上層階級の人々を中心に、積極的にヘレニズム文化を受け入れ、律法や神殿祭儀を軽んじ、競技場やギリシア風の劇場に殺到するようになった。裸体の競技に参加するために、再手術によって割礼の跡を消してしまう者も現われた(Ⅰマカ一11―15、Ⅱマカ四12―20)。

その後エルサレムでは、前一七二年に大祭司の家系に属さぬメネラオスという一般祭司が、ヤソンよりも多額の賄賂をアンティオコスに約束してヤソンを追放させ、大祭司の地位をものにした。この賄賂を調達するために、メネラオスは神殿の宝物の一部を略奪したという。彼もまた、ユダヤのヘレニズム化を積極的に推進した(Ⅱマカ四23―50、『古代誌』

一二・二三七―二四一参照)。ヨセフスによれば、メネラオスの有力な支持者は、前述のトビヤ家の人々であった(『古代誌』一二・二三九)。

なお、この混乱の中で、元大祭司のオニアス三世はメネラオスの陰謀で殺害され(IIマカ四30―38)、正統的な大祭司の後継者であったオニアス四世(同三世の息子)はエジプトに亡命し、後には時のエジプト王プトレマイオス六世の庇護を受けてナイルデルタのレオントポリスに神殿を建設し、エルサレムに対抗した(『古代誌』一三・六二―七三)。

アンティオコス四世のエジプト遠征とエルサレム略奪

前一六九年、プトレマイオス五世と政略結婚させられたアンティオコス三世の娘クレオパトラ一世(二二九頁参照)との間に生まれたエジプト王プトレマイオス六世フィロメトル(在位前一八一―一四五年)が、(伯父に当たる)アンティオコス四世に挑戦し、第六次シリア戦争(前一六九―一六八年)が勃発すると、アンティオコスはエジプトを襲いプトレマイオスを捕虜にした(ダニ一一25―26、Iマカ一16―19)。アレクサンドリア市民はプトレマイオス六世の弟プトレマイオス八世エウエルゲテスを王に立てるが、アンティオコスは自分の手中にあった六世の後見人を自認してこれと戦う(ダニ一一27参照)。

この間、エルサレムではアンティオコス四世がエジプト遠征で戦死したという噂が流れた。これに乗じてヤソンは、大祭司職の奪回を図り、武力によってエルサレムを制圧した。メネラオスの援助要請を受けたアンティオコスは、エジプト遠征を中断してエルサレムに急行し、ヤソンを追い払い、おそらくは大祭司メネラオスの黙認のもとでエルサレム神殿の財宝を略奪した(ダニ一一28、Ⅰマカ一20―24、Ⅱマカ五5―16)。このような強制措置は、アンティオコス三世のローマへの敗戦後逼迫したものとなっていたセレウコス朝財政を立てなおすため、またより直接的にはエジプト遠征の戦費をまかなうためであったろう(アンティオコス四世はユダヤ以外でもさまざまな聖所を略奪している)。

翌前一六八年にもアンティオコスはエジプトに遠征し、アレクサンドリアを陥落寸前にまで追い込んだが、この時ガイウス・ポピリウス・ラエナスを代表とするローマが介入し、アンティオコスは撤退を余儀なくされる(ダニ一一29―30)。エジプトからの撤退後、アンティオコスはエジプト征服失敗の憤懣をエルサレムにぶちまけた。彼は傭兵の司令官アポロニオスにエルサレム略奪を命じ、これによりエルサレムは破壊され、多くのユダヤ人は殺されたり奴隷に売られた。アンティオコスはエルサレムの南東の丘(神殿の丘の北西の部分とする説もある)にシリア軍の守備隊を置く城塞(アクラ)を建設させ、そこにシリア人や親ヘレニズム派のユダヤ人を住まわせた(Ⅰマカ一29―40、Ⅱマカ五24―26、なお『古代誌』一二・二四八―二五二参照)。

アンティオコス四世のユダヤ教迫害

翌前一六七年、アンティオコスは、ペルシアおよびヘレニズム諸国家の支配者たちがとってきたユダヤに対する宗教的寛容政策を棄て、ユダヤを徹底的にヘレニズム化することを決意した。すなわち彼は、勅令を発してユダヤに対する過酷な宗教弾圧を開始し、律法の書を火で焼かせ、安息日や割礼などの律法に従う生活を禁じ、エルサレム神殿にはゼウス・オリュンピオスの神像を立て(ダニ九27、一一31、一二11)、またユダヤ各地に異教の祭壇を築き、ユダヤ人にゼウスやディオニソスの祭儀を行わせ、これに参加しない者やひそかに律法を守ろうとする者を処刑した(ダニ八10—12、一一31—33、Ⅰマカ一41—64、Ⅱマカ六1—11、『古代誌』一二・二五三—二五六)。アンティオコスはまた、サマリアに対しても同じように行い、ゲリジム山のサマリア教団の神殿にゼウス・クセニオスの神像を立てさせた(Ⅱマカ六2、『古代誌』一二・二五七—二六四)。

これはイスラエル・ユダヤ民族がかつて体験したことのなかった規模の宗教的迫害であり(前九世紀のアハブ・イゼベル時代や前七世紀のマナセ時代でさえヤハウェ宗教を奉ずること自体は禁じられなかった)、ユダヤ人一人一人に信仰をとるか生命をとるかの決断を迫るまさに「信仰告白的状況(status confessionis)」であった。これによってユダヤ人は、ユダヤ人とは何であるかという自己同一性に関わる問題の問い直しを迫られ、同時に自己の信仰を保つか棄てるかという決断状況に立たされることになった。前一六七年に始まる大反乱(マカベアの乱)は、このような問いと決断状況に対するユダヤ人の一つの回答であった。

迫害の原因

なお、古代史上でもほとんど他に例を見ない、このようなアンティオコス四世の宗教弾圧の原因ないし動機については大きな謎があり、研究者の見解もかなり分かれている。というのも、旧約聖書続編(外典)の『マカバイ書』やヨセフスの記述を見ると、あたかもこの弾圧は、ヘレニズム化を推進しようとするアンティオコス四世個人の恣意的な宗教的・文化的志向の表現であるかのように描かれているが、歴史的に見れば必ずしもそう言いきれない面があるからである。

何よりもまず、メソポタミアを含む広大なセレウコス朝王国の中で、このような宗教弾圧を受けたのはユダヤ地方のユダヤ人だけであり、同王朝の支配下にある他の民族が伝統的信仰を禁じられたという痕跡はない。シリア王国の首都であるアンティオキアのユダヤ人共同体でさえ、伝統的宗教生活の禁止命令や迫害を受けてはいないのである。

ヘレニズム主義ユダヤ人主導説

このことから一部の研究者は、このユダヤ教迫害の背景に、ユダヤ人内部の急進的なヘレニズム主義者(特にメネラオスとトビヤ家の人々)の積極的な役割を想定し、彼らが自分たちの主義の貫徹と利益のためにアンティオコス王の権力と武力を利用したと想定する(ビッカーマン、ヘンゲル等)。そのような側面もたしかに決して無視できない(ダニ一一30b、Iマカ一11、IIマカ一三3等を参照)。この立場から見れば、これに続く後述のマカバア戦争は、ユダヤ人内部の伝統主義者対ヘレニズム主義者の「内戦」という性格をも帯びることになろう。

反乱先行説

これに対し、弾圧のイニシアチブはアンティオコスに帰すものの、『マカバイ書』に描かれているように弾圧が反乱を生んだのではなく、弾圧が、すでに始まっていた反乱に対する回答であったとする見方がある(チェリコーヴァー、ブンゲ等)。すなわち、アンティオコスの神殿略奪や、エルサレムに駐留したシリア人兵士が神殿で自分たちの神々への供犠を行ったことが敬虔なユダヤ人の反乱や抵抗を招き、反乱の原因をユダヤ人の宗教性に見たアンティオコスがそれに対する禁止令を出したというのである。この見方によれば、アンティオコスの政策は裏目に出てかえってより大きな反乱を招いたことになろう。

逆境と復活信仰の芽生え

その原因がどこにあるにせよ、アンティオコス四世の命じたユダヤ教弾圧政策により、それまで親ヘレニズム的なユダヤ人と対立し、律法に厳格に従った伝統的な宗教生活を営もうとしていた「ハシディーム」(敬虔者)と呼ばれる保守派の人々の多くは殺され、もしくは荒野への逃亡を余儀なくされた(Ｉマカ二42、Ⅱマカ一四6)。思想史的に見て極めて注目に値するのは、まさにこのような逆境の中から、おそらくイスラエルで初めて明確な死者の復活の観念が生まれてきたことである(ダニ一二2―3、Ⅱマカ七9、14、22―23、28―29。なおこれ以前のエゼ三七1―14は、民族再生の希望を表現する比喩的なものと解されるべきである)。それは敬虔なる者の殉教という不条理を克服しようとする新しい信仰の芽生えであった。

第四節　マカベアの乱

マカベアの乱の勃発とユダ・マカバイオス

弾圧に対する反乱は、迫害の始まった前一六七年、エルサレムと今日のテルアビブのちょうど中間ぐらいの所にある小村モディインで始まった。この地に住む祭司でハスモン家に属するマタティア(マッタティアス)という人物が、異教祭儀の犠牲を強要した役人とそれに応じたユダヤ人を殺し、五人の息子たちを含むその一族とともにユダの荒野に逃れて弾圧への抵抗を開始したのである(Iマカ二1―41、『古代誌』一二・二六八―二七八)。

ハスモン家の戦いには、ハシディームをはじめとする多くの人々が呼応し、反乱は瞬く間にユダヤ全土と南部サマリアに広まった。マタティアたちは、律法の解釈を変更して安息日にすら戦いを続けることを決意し(Iマカ二29―47)、徹底抗戦を続けた。これに対しシリア軍は有効な反撃をなし得ないでいた。シリア軍が抑えていたのはエルサレムなどいくつかの大都市にすぎず、これに対してハスモン家側は地の利を生かした神出鬼没のゲリラ戦で対抗したからである。

この戦いのさなかにマタティアが死ぬと(前一六六年)、マタティアの三男でマカバイオス(「ハンマーの(ような)人」の意)と渾名されるユダ(ユダ・マカベア)が反乱軍の指揮を引き継いだ(Iマカ三1—9、IIマカ八1—7、『古代誌』一二・二七九—二八六)。ユダの活躍により、この戦いはマカベア(あるいはマカバイ)戦争(前一六七—一六四年)と呼ばれるようになった。

一年以上にわたる戦いを通じて、反乱軍は疲弊するどころかますます戦力を増し加えていった。ユダはこの時点でかなりの兵力を動員することができたらしい。彼らはサマリアやシリア南部から派遣されたシリア軍の援軍を次々と打ち破った(Iマカ三10—26、『古代誌』一二・二八七—二九二)。

アンティオコス四世の死とエルサレムの解放

この頃(前一六六年)、シリア本国ではアンティオコス四世がパルティアの進出に対抗するため東方遠征を余儀なくされたので、ユダヤの騒乱の鎮圧を摂政リュシアスに委ねて旅立った(Iマカ三31—37)。ちなみにこの遠征は、エクバタナやペルセポリスで一定の成功を収めたものの、アンティオコスは結局二度と故国の地を見ることはなかった。すなわち彼は、エリマイスでパルティア王ミトリダテス一世に敗れ、本国への帰路で病没したのである(前一六四年、Iマカ六1—16、IIマカ九1—8)。なお、このアンティオコスの最期とダニ一40―45の記述の矛盾は、ダニエル書の成立年代を扱う場合に重要な手がかりとなる。

この間、後を任されたリュシアスは前一六五年、ニカノル、ゴルギアスらの将軍をかなりの数の軍隊と共にシリア本国からユダヤに派遣したが、ユダはこれをもアマウスで敗走させた(Iマカ三38―四25、Ⅱマカ八8―33、『古代誌』一二・二九八―三一二)。これに対しリュシアスは、自ら大軍を率いてユダヤに進軍し、今度は逆にイドマヤを回って南からユダヤを討とうとしたが、ユダはこれを国境付近のベトツル(エルサレム南方約三〇キロメートル)で迎え撃ち、撃退した(Iマカ四26―35、Ⅱマカ一一1―12、『古代誌』一二・三一三―三一五)。

これにより、ユダヤ全土はエルサレムを除きほぼセレウコス朝の支配から解放された。ユダは攻勢に転じ、シリア軍と親ヘレニズム派ユダヤ人の牙城であったエルサレムに進軍し、神殿からゼウスの神像と異教の祭壇を取り除き、神殿を清めて以前の状態に復し、再奉献した(Iマカ四36―54、Ⅱマカ一〇1―8、『古代誌』一二・三一六―三二五)。前一六四年十二月十四日のこの出来事は、ユダヤ教における重要な年中行事の一つ「ハヌカ祭」の起源となった(ヨハ一〇22の「神殿奉献記念祭」)。

セレウコス朝との戦い続く

今やユダヤにおける事実上の支配者となったユダは、イドマヤやギレアド、ガリラヤなどに遠征して、周辺の異邦人の支配下に置かれている律法に忠実なユダヤ人同胞を救済し、ユダヤに連れ戻した(Iマカ五章、IIマカ一二章、『古代誌』一二・三二七—三三四)。彼はまた、前一六三年、シリア軍の最後の拠点であるエルサレムのアクラを攻撃した(Iマカ六18—27、『古代誌』一二・三六二—六六)。

前述のように、アンティオコス四世は当時すでにパルティア遠征で死んでおり、シリアでは摂政リュシアスが幼いアンティオコス五世エウパトルを名目上の王(在位前一六四—一六二年)に据え、実権を握っていたが、エルサレムに駐留するシリア軍守備隊からの援軍派遣要請を受け、リュシアスはアンティオコス五世とともに再びユダヤに遠征した(Iマカ六28—54、『古代誌』一二・三六四—三七四)。

今回はシリア軍のほうが優勢で、シリア軍は一時ユダをエルサレムに包囲したが(Iマカ六48—54)、その時アンティオコス四世のパルティア遠征軍の将軍であったフィリッポスなる人物が、王の死後遠征軍を掌握し、覇権を確立するためにアンティオキアに向かっているという報知が届いた。そこでリュシアスとアンティオコス五世は止むを得ずユダと講和し、アンティオコス五世は父王の発布したユダヤ教禁止令を撤回して引き上げた(Iマカ六55—63、IIマカ一三18—26、『古代誌』一二・三七五—三八二)。この時、エルサレムの親ヘレニズム派の頭目であった大祭司メネラオスは処刑された(IIマカ一三1—8、『古代誌』一二・

三八三―三八五）。

大祭司アルキモスと抵抗運動の分裂

前一六二年、シリアでは、かつてアンティオコス四世の身代わりとしてローマに人質に送られていたセレウコス四世の息子デメトリオス（二三〇頁参照）が、ローマを脱出して故国に帰り、従兄弟に当たるアンティオコス五世およびリュシアスを倒して、デメトリオス一世ソーテールとしてシリアの王位についた（在位前一六二―一五〇年、Ⅰマカ七1―4）。デメトリオスは処刑されたメネラオスに替えてツァドク家（ただしオニアス家ではない）に属するアルキモス（ユダヤ名ヤキム）をユダヤの大祭司の地位につけた（Ⅰマカ七9）。

ハシディームはこのアルキモスを新たな大祭司として受け入れたが、ユダをはじめとするハスモン家の人々がこれを拒否したので、アルキモスはシリア王デメトリオスに援助を要請した。そこでデメトリオスは将軍ニカノルにユダヤへの遠征を命じた（Ⅰマカ七6―7、Ⅱマカ一四3―10、『古代誌』一二・三九八―四〇一）。

ユダは激しい戦いの末、前一六一年三月二七日、ニカノルをエルサレムの北のアダサの戦いで戦死させた（Ⅰマカ七26―50、Ⅱマカ一四11―一五35）。この勝利の日もまた、ユダヤ教の祝日となった（「ニカノルの日」、Ⅱマカ一五36参照）。なお、この前後にユダはローマと接触し、同盟を結んでいる(Iマカ八章、IIマカ一一34—38、『古代誌』一二・四一四—四一九)。東方進出を狙うローマにとって、セレウコス朝の支配を制限する勢力の台頭は喜ぶべきことであったろう。ただしローマがユダヤへ援軍を派遣したという形跡はない。

ユダの戦死とヨナタン

これに対しデメトリオス一世は、前一六〇年の春、百戦錬磨の将軍バキデスをユダヤに派遣した。バキデスはエラサの戦いでユダ軍を打ち破り、ユダはこの戦いで戦死した(Iマカ九1—22、『古代誌』一二・四二六—三三二)。ユダの死後その弟ヨナタンがユダヤ人の指導者となり、ヨナタンはユダヤの荒野に撤退して困難な戦いを続けた。その後、前一六〇年の末か前一五九年のはじめに大祭司アルキモスが死に(Iマカ九54—56、『古代誌』一二・四一三参照)、バキデスはシリアに帰ったので、ユダヤには二年間の平和が訪れた(Iマカ九57、『古代誌』一三・二二)。

しかしやがて、ヨナタンの勢力回復を恐れた親ヘレニズム派のユダヤ人が再びデメトリオスに援助を要請したので、前一五八年、バキデスは再びユダヤに来襲したが、ヨナタンは今回はほぼ互角の戦いをすすめ、両者は力尽きて和を結んだ(Iマカ九58—73、『古代誌』一三・二三—三四)。

第五節　ハスモン家の大祭司職

ヨナタンの栄達——大祭司職就任

その後、デメトリオス一世自身も、ヨナタンとの関係改善を求めるようになった。というのも、前一五三年にはシリアでアレクサンドロス・バラスなる人物が、容貌が似ていることを利用して故アンティオコス四世の遺児を自称し、王位を主張したので、ユダヤ人を味方に付ける必要性が生じたからである。デメトリオスはヨナタンに捕虜を返還し、ヨナタンが独自の軍隊を持つことと、エルサレムに戻ってそれを要塞化することを認めた（Iマカ一〇1—14、『古代誌』一二・三七—四二）。他方アレクサンドロス・バラスもヨナタンに接近し、前一五二年、「シリア王」としてヨナタンに、アルキモスの死以来空位となっていたらしい大祭司の地位を与えた（Iマカ一〇15—21、『古代誌』一三・四三—四六）。

ヨナタンは、猪突猛進型の戦士であった兄ユダよりも遥かに政治的で、権謀術数に長けた人物であったらしい。彼は巧妙に立ち回って、互いに争い合う二人のシリア王の双方から最大の利益を引き出した後、最終的にはアレクサンドロス・バラスに与した。これはおそらく、アレクサンドロスがエジプトのプトレマイオス六世やローマの元老院の支持を受けていたからであろう。この選択は結局賢明であった。すなわち前一五〇年、デメトリオスはアンティオキアでアレクサンドロス・バラスに敗れて戦死した。正式に王に即位したアレクサンドロス・バラス(在位前一五〇—一四五年)は、エジプトのプトレマイオス六世の娘クレオパトラ・テアと結婚して政権を固めた。彼はまた、ヨナタンに数々の栄誉を与え、彼にすでに与えていた大祭司の地位と並んで「将軍」兼「地方長官」の地位を与えた(Iマカ一〇51—66、『古代誌』一三・八〇—八五)。

ハスモン家の大祭司職への疑念とクムラン宗団の成立(?)

このようなヨナタンの栄達は、ユダヤ内部におけるハスモン家の地位と意義に根本的な変化をもたらした。すなわち、それまで宗教迫害に対する抵抗運動とユダヤ人の解放戦線の指導者であったハスモン家の人々が、今やシリアの王権と結び付き、事実上その属王としてユダヤ人を支配する政治的・宗教的権力者となったからである。同時に、ハスモン家が大祭司の地位を手にしたことは、大きな問題をはらむものであった。第二神殿時代の大祭司職はアロン系のツァドク家によって独占され、それ以外の者はこの地位につけないはずであったからである。したがって一般祭司の家系にすぎないハスモン家の大祭司職就任は、この宗教的伝統に反するものであった。しかも、戦いの指導者で多くの流血と関わったヨナタンは、死と関わってはならないとされる大祭司の厳しい清浄規定(レビ二一10―12)から見ても大祭司にふさわしい人物ではなかった。保守的なユダヤ人の中には、このようなハスモン家の大祭司職掌握に反発を感じる部分も少なくなかったであろう。

少なからぬ研究者たちは、後述するクムラン文書(二六四頁参照)中に言及されるクムラン宗団の創設者「義の教師」に対立する「悪しき祭司」をハスモン家の大祭司の一人(ヨナタン、シモン、ヨハネ・ヒルカノス、もしくはアレクサンドロス・ヤンナイオス)と同定しようとする(ただし、より遡ってこれをメネラオスないしアルキモスと見る見解もある)。一部の研究者は、さらに一歩踏み込んで、前述のアルキモスの死後ヨナタンの大祭司就任までの七年間この地位が空位であったとするヨセフスの記述(『古代誌』二〇・二三七、二五〇頁参照)の信憑性を疑い(史実であったとすれば極めて異例)、実はこの期間に大祭司であった正統的なツァドク家の人物がヨナタンに失脚させられ、後に支持者と共にエルサレムを離れて「義の教師」としてクムラン宗団を設立したと推理する(H・シュテーゲマン、ブンゲ等)。興味深い想定であるが、これを直接裏付ける証拠は残念ながら何もない。

ヨナタンとシリアの内戦

その後シリアでは、デメトリオス一世の遺児デメトリオス二世がアレクサンドロス・バラスに復讐戦を挑んだが(前一四七年)、この時もヨナタンはアレクサンドロスの忠実な臣下として留まり、デメトリオスが任命したコイレ・シリアの総督アポロニオスを撃ち破ってアレクサンドロスを助け、褒美としてエクロン地域の領有権を獲得した(Iマカ一〇67―89、『古代誌』一三・八六―一〇二)。

しかし前一四五年、再度の戦いでアレクサンドロス・バラスがデメトリオス二世に敗れると、ヨナタンは再び巧妙に立ち回り、そのデメトリオス二世(ニカトール、在位一四五―一三八年、および一二九―一二五年)に莫大な贈り物をして大祭司の地位をはじめとするすべての役職を確認させ、さらにはサマリア南部(アファイレマ、リダ、ラマタイム)の併合と、ユダヤ全土の免税特権を獲得した(Iマカ一一20―37、『古代誌』一三・一二〇―一三〇)。ヨナタンはアンティオキアにおける反乱の鎮圧のために三千人の部隊を送るなどしてデメトリオスに仕えた(Iマカ一一38―51、『古代誌』一三・一三三―一四二)。

しかし、シリアで将軍ディオドトス・トリフォンがアレクサンドロス・バラスの遺児で当時わずか二歳であったアンティオコス六世エピファネス・ディオニュソス(在位一四五―一四二年)を擁立してデメトリオスに対抗すると、ヨナタンは形勢を見計ってアンティオコス／トリフォン側に寝返り、兄のシモンともども海岸平野の支配を獲得した(Iマカ一一54―59、『古代誌』一三・一四五―一四六)。

ヨナタンとシモンはアンティオコス／トリフォン軍の一員としてデメトリオス軍と戦い、多くの勲功をあげたが、いずれアンティオコス六世を亡き者にして王位を奪おうと企てていたトリフォンは、ヨナタンがユダヤ各地の防備を強化し、ローマとの同盟を確認したり、スパルタと接触した(Iマカ一二1―23、『古代誌』一三・一六三―一七〇)ことに脅威を感じ、前一四二年に計略をめぐらしてプトレマイス(アコ)でヨナタンを捕え、彼を処刑してしまった(Iマカ一二39―53、一三23、『古代誌』一三・一八七―一九三、二〇九)。なお、トリフォンはその後、実際に幼王アンティオコス六世をも殺害して自らシリアの王位(在位前一四二―一三八)に就いた(Iマカ一三31―32、『古代誌』一三・二一八―二二二)。

シモンの大祭司職就任とユダヤの事実上の再独立

前一四二年、亡弟ヨナタンに代ってユダヤ人の指導者となったシモンは、ユダの各地に要塞を建築するとともに、トリフォンに対抗してデメトリオス二世との同盟を復活させ、ユダヤに対する大幅な免税特権をも獲得し、大祭司としての地位を承認させた(在位前一四二―一三四年)。同時に、シモン以降、大祭司の治世に基づく年号が数えられ始めた(Iマカ一三36―42、『古代誌』一三・二一三―二一四)。

「イスラエルは異邦人の軛から解放された。イスラエルの民は公文書や契約書に、『偉大

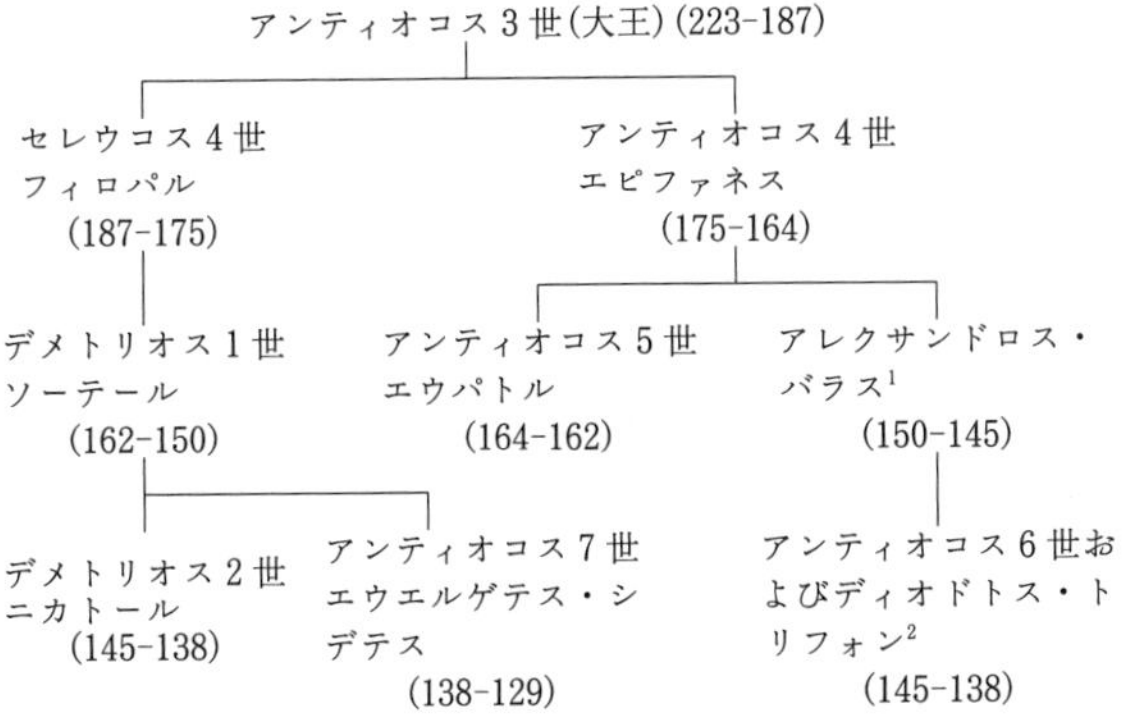

1. アレクサンドロス・バラスはアンティオコス4世の遺児を自称.
2. アンティオコスは6世は幼少でディオドトス・トリフォンの傀儡として即位, トリフォンはアンティオコス6世の名においてデメトリオス2世と内戦を戦う.

系図5 マカベア＝ハスモン朝時代のセレウコス朝シリア王
(年代は在位, 紀元前)

なる大祭司、ユダヤ人の総司令官、指導者であるシモンの第一年』と、記し始めた」(Iマカ一三41)

シモンはその後の前一四一年、シリア軍の最後の拠点であり、ユダヤに対するシリアの支配の象徴でもあったエルサレムのアクラ(城砦)からシリアの守備隊を追い払い、そこを異邦人の穢れから清めて自分のための宮殿を建てた(Iマカ一三49―52)。これは、ユダヤに対するセレウコス朝の支配の終焉を意味するものであった。以上のことは、ユダヤが事実上、前五八七年のユダ王国滅亡後実にほぼ四百五十年ぶりに独立国家として再生したことを意味する。

これ以後、前三〇年のローマによる征服までを「ハスモン王朝時代」と呼ぶ(ただし王号を称するのは二代後のアリストブロス一世から)。

第十章　ハスモン王朝からヘロデ大王まで

第一節　ハスモン王朝と支配の変質

ハスモン王朝と支配の変質

バビロン捕囚以来約四百五十年におよぶ異民族支配の後、ユダヤ人はハスモン王朝のもとで一時的にではあるが事実上の再独立を達成した。しかしハスモン王朝の支配もまた、さまざまな問題をはらむものであった。すでに述べたように、ハスモン家の運動は本来、セレウコス朝の支配とユダヤ教弾圧に対する抵抗・解放運動として始まったものであり、ハスモン家のリーダーシップは抑圧された民衆の代表といった性格を持つものであった。それが世襲的専制君主として君臨するようになったことは、このリーダーシップの性格の根本的変質を意味している。

本来のハスモン家の運動は、他方で、ヘレニズム文化の浸透とシリア王の権力によるその強制に対抗する民族主義的な文化闘争という側面をも持っていた。しかし王朝を形成するや、ハスモン家の支配者たちは、自らギリシア風の名を名乗り、ヘレニズム風の宮廷に住み、ヘレニズム風の硬貨を鋳造するようになり、むしろヘレニズムとユダヤ教の総合者としての役割を演ずるようになった。

ハスモン家の支配者は、大祭司の地位と政治的支配者(「王」)の地位を兼務したが、このような聖俗の権力の一本化は、イスラエル・ユダヤの歴史でもかつて一度も見られなかったものであり、むしろ新種の現象であった。しかも、ハスモン家にはそのいずれの地位に関しても、正統性に関して問題があった。前述のように、一般祭司の家系であるハスモン家は、本来なら大祭司の地位に就けるはずはなかった。しかもその地位は、異教徒であるシリア王の任命ないし承認によるものであった。他方でユダヤ人の中には、ユダヤの王位に就くのはダビデの末裔でなければならないという伝統的なメシア的理念も根強く残っていた。

それゆえ、ハスモン家の支配者による領土拡張などの度重なる対外的成功にもかかわらず、ユダヤ国内には常にこの王朝の支配に対するさまざまな反対論や疑念が残っており、それがしばしば反対運動という形で具体化した。このことに呼応して、ハスモン家の支配は時と共に暴君的性格を強めていく。

シモン

事実上セレウコス朝からのユダヤの独立を達成したシモン(大祭司在位前一四二―一三四年)は、その後各地に遠征してユダヤの領土を西はゲゼルやヤッファを含む海岸平野にまで広げ(Ⅰマカ一三43―48、一四5―8)、またローマやスパルタとの同盟を更新してユダヤの支配を固めた(Ⅰマカ一四16―24、一五15―24)。一方シリアでは、この間にデメトリオス二世がパルティア遠征で捕虜となってしまったので(Ⅰマカ一四1―3)、その弟のアンティオコス七世エウエルゲテス・シデテスがディオドトス・トリフォンを破ってシリア王(在位前一三八―一二九年)となっていた(Ⅰマカ一五10―14、37―39)。彼はシモンにエルサレムのアクラとシモンが新たに征服した地域とを返還させようと、前一三八年頃ユダヤに武力介入を行ったが、シモンは息子であるユダとヨハネにこれを迎え撃たせ、撃退させた(Ⅰマカ一五25―一六10)。

しかし敵はシモンの身内にもいた。彼の女婿であったプトレマイオスが、前一三四年にアンティオコス七世と結んでユダヤの支配権を握ろうと企て、シモンをその息子たちともども暗殺してしまったからである(Ⅰマカ一六11―17)。これに対してユダヤの民衆はプトレマイオスを支持せず、生き残ったシモンの息子ヨハネが、ヨハネ・ヒルカノス一世(在位前一三四—一〇四年）として大祭司に即位した（Iマカ一六18—24、『古代誌』一三・二三〇—二三五）。

ヨハネ・ヒルカノス

アンティオコス七世は直ちに出陣して、ヨハネ・ヒルカノスをエルサレムに包囲した。ヨハネは徹底的に抵抗したが、アンティオコスがユダヤ人の伝統的な仮庵の祭を尊重したことを機に講和が成立し、ヨハネは人質の差し出しおよび賠償金の支払いと交換にユダヤの支配権を確保した（『古代誌』一三・二三六—二四八）。

その後アンティオコス七世は、兄デメトリオス二世の奪還を目指して前一三〇年からパルティア遠征に出たが（これにはヨハネも同盟者として途中まで同行させられた。『古代誌』一三・二五〇—五二）、その途上で戦死し、その後セレウコス朝内部で王位争いが続いたため、ヨハネは今や大手をふってユダヤの支配権を拡張することができるようになった。

彼はまず手始めに、かつてトビヤ家が支配していたヨルダン川東岸地方でメデバ、サマガなどを征服し（『古代誌』一三・二五五）、南方のイドマヤに遠征してイドマヤ人（エドム人の子孫）に強制的に割礼を施し、ユダヤ教に改宗させた（『古代誌』一三・二五七—二五八）。これによりイドマヤ人が政治的にのみならず宗教的にもユダヤに編入されることになったが、このことは後のユダヤの歴史に重要な意味を持つ(すなわち、後にイドマヤからはヘロデ大王が出る)。ヨハネはまた、前一二八年頃、北のサマリア地方に侵入してシケムを征服し、ゲリジム山上のサマリア教団の聖所を破壊した(『古代誌』一三・二五五―二五六)。このことは、サマリア教団とエルサレム神殿を中心とするユダヤ教の間の亀裂を決定的にしたといわれる(後のユダヤ人とサマリア人の対立を参照)。

その後ヨハネは、晩年の前一〇八年頃にもサマリア地方を襲い、今回は州都サマリア自体を包囲した。サマリアは時のシリア王アンティオコス九世やエジプト王プトレマイオス九世の支援を求めて抵抗したが、ヨハネは翌前一〇七年にサマリアとスキトポリス(旧ベト・シャン)を征服した(『古代誌』一三・二七五―二八一)。こうしてイスラエル北王国が滅亡した前七二一年以来約六百年ぶりに、旧北王国領の南部がユダヤ人の手に戻った。ヨハネはまた、事実上の王権を象徴するかのように、自分の名による貨幣を鋳造させた。彼はまた、外国人の傭兵を大規模に採用した最初のユダヤの支配者であった。

サドカイ派

ヨハネ・ヒルカノスの時代に、ユダヤ教内部における諸宗派の存在が顕在化してくる。後のユダヤの歴史家ヨセフスによれば、ヨハネ・ヒルカノスはもともとファリサイ派(パリサイ派)に近い立場にいたが、彼らがヨハネの大祭司としての正統性に疑念を示したので、ファリサイ派と対立してサドカイ派を支援するようになったらしい(『古代誌』一三・一七一―一七三、二八八―二九八)。このヨセフスの証言は、両派の歴史的存在についての最初の言及である。もちろんこれらの宗派の形成は、この時代以前に、おそらくはマカベア戦争末期に始まっていたと考えられる。

サドカイ派の名は、おそらくは大祭司を擁する正統的な祭司の家系ツァドク家に由来し、祭司を中心に富裕階級の人々によって構成されていた。彼らは神殿における祭儀を宗教生活の最も中心的なものと重視し、律法に関しては成文律法(すなわち「モーセ五書」)のみを拘束力のあるものとみなして、ファリサイ派の律法の敷衍的解釈や口伝律法の権威を否定した。思想的には伝統的・保守的で、当時広がりつつあった天使、死者の復活、最後の審判といった「新しい」思潮を否定した(マコ一二18、使二三8参照)。政治的には現実主義的・迎合主義的で、ユダヤのヘレニズム化を許容し、マカベア戦争ではむしろ体制側を構成した人々である。正統派の祭司をもって任ずるサドカイ派が、非ツァドク系であるにもかかわらず大祭司の地位についていたハスモン家と結び付いたことは不自然であるようにも見えるが、彼らの政治権力への迎合姿勢から説明できなくもない。このようなサドカイ派の日和見主義的な態度は、後のローマによる支配の時代にも引き継がれる。

ファリサイ派

ファリサイ派とエッセネ派は、おそらくかつてハスモン家の人々と共にマカベア戦争を戦ったハシディームの流れを汲む人々で、これがハスモン家のヨナタンの大祭司即位を機にさらに分裂したものと思われる。ハシディームは、アルキモスの大祭司就任を認めたこと（Ⅰマカ七13―15、二四八頁参照）にも示されるように、宗教的自由の奪回によって戦争の目標は達せられたとし、さらに政治的独立（ないし政治的権力獲得）を求めて戦争を続行しようとしたハスモン家の人々と袂《たもと》を分かったのであろう。

ファリサイ派（「分離派」の意味。祭儀的な不浄や不敬虔な一般大衆から身を引き離すという意味か。もともとは対立する人々からの非難を込めた呼称とする説もある）の運動は、律法を解釈し説教する平信徒の律法学者（ラビ）たちを中心に、幅広い一般大衆や一部の祭司をも巻き込んで展開した、一種の信仰覚醒運動であり、神殿祭儀と並んで、生活のあらゆる領域で律法を厳格に遵守することを求め、特に、本来なら祭司のみに要求される厳格な祭儀的清浄さの維持を一般人にも要求した。また、日常生活における律法遵守の具体化のため、ファリサイ派は有力なラビたちの律法解釈（口伝律法）を成文律法と同等の権威を持ったものとして認めた。このような口伝律法の展開は、その後ユダヤ教律法の集大成文書である『タルムード』の中心部分をなす「ミシュナ」として結実する(後二〇〇年頃)。

思想的にはファリサイ派はむしろ革新的であり、天使や死者の復活や死後の審判の思想を受け入れ(使二三8)、またディアスポラを中心に異教徒への改宗運動を展開した。

エッセネ派とクムラン宗団

エッセネ派は、ファリサイ派よりもさらに厳格な律法遵守と独持の清浄規定によって結ばれた、閉鎖的、秘教的な結社をなし、財産の共有制に基づく自給自足的な規律正しい共同生活を営んだ。エッセネ派の集団の中には、市中での日常生活をまったく放棄して人里離れた荒野に隠遁し、外界との交りを絶って自分たちだけで修道院的な禁欲生活を営むものもあった。そのような集団の代表であるクムラン宗団の文書(クムラン文書、いわゆる「死海文書」)からは、彼らが強烈な二元論的色彩を持つ黙示思想的な終末論を信奉していたことが知られる。

クムラン宗団は、「アロンの子ら」と呼ばれる祭司団と平信徒からなっていたが、このことは、祭司たちのうちサドカイ派ほど迎合的でない部分が、特別に敬虔な平信徒たちと結び付いてこの宗団を形成したことを示唆する。エルサレムの神殿祭儀への反感(「義の教師と「悪しき祭司」の対立)は、前述のように、当時エルサレムを牛耳っていた「非正統的」なハスモン家の大祭司への反発を表現するものであろう(二五二頁参照)。彼らはまた、太陰暦に基づく通常のユダヤ暦とは異なる、独特の太陽暦に従って生活していた。

アリストブロス一世

前一〇四年にヨハネ・ヒルカノスは死んだが、彼は生前に妻を後継者にするように定めておいた。しかし彼の息子アリストブロス(ユダヤ名ユダ)は、この自分の母を投獄して餓死させ、兄弟たちを捕えたり殺して実権を掌握し、アリストブロス一世(在位前一〇四―一〇三年)として即位した(『古代誌』一三・三〇二―一〇)。ヨセフスによれば、彼は大祭司の地位に加えて王号を称した最初のハスモン家の支配者である(『古代誌』一三・三〇一。ただし、彼が鋳造させた貨幣に「王」の文字がないので、これを疑う研究者もある)。彼はガリラヤ北東部のイトゥレアに遠征し、イトゥレア人の一部に割礼を強制して、ユダヤ教に改宗させた(『古代誌』一三・三一八)。これによってハスモン王国の領土はガリラヤ地方をも含むことになった。

アリストブロス一世はわずか一年の治世で死に、彼の妻であったサロメ・アレクサンドラは、アリストブロスが幽閉していた彼の兄弟たち(すなわちヨハネ・ヒルカノスの息子たち)を解放して、その一人ヨナタンと結婚した(おそらく申命記二五5―6の規程による義兄弟姉妹結婚)。

アレクサンドロス・ヤンナイオス

兄である先王の妻との結婚を通じて王位継承者となったそのヨナタン、すなわちギリシア名アレクサンドロス・ヤンナイオス(在位前一〇三―七六年)は、ハスモン家の中でもおそらく最も有能で戦闘的な、同時に最も残忍な支配者であった。彼の約三十年の治世は戦いに明け暮れた。彼の野望は明らかに、約九百年前にダビデが樹立した統一王国の版図をイスラエルに回復することであった。そして彼は、この理想の実現のためにはあらゆる手段を――民衆の生活と心を踏みにじることさえ――辞さなかった。そしてこのことが、彼の生涯を波瀾に満ちたものとした。

アレクサンドロスの最初の目標は、フェニキアの重要な港町プトレマイス(アコ)であった。しかしアレクサンドロスの進出に対し、プトレマイス市民は当時キプロスを支配していたエジプト出身のプトレマイオス九世ソーテール(ラテュロス)の支援を求めたので、アレクサンドロスは撤退を余儀なくされ、またプトレマイオス九世との戦闘で多くの兵力を失った。そこで彼は、プトレマイオス九世と対立していたその実母、エジプトのクレオパトラ三世と同盟してプトレマイオスと対抗した(『古代誌』一三・三二四―三五五)。プトレマ

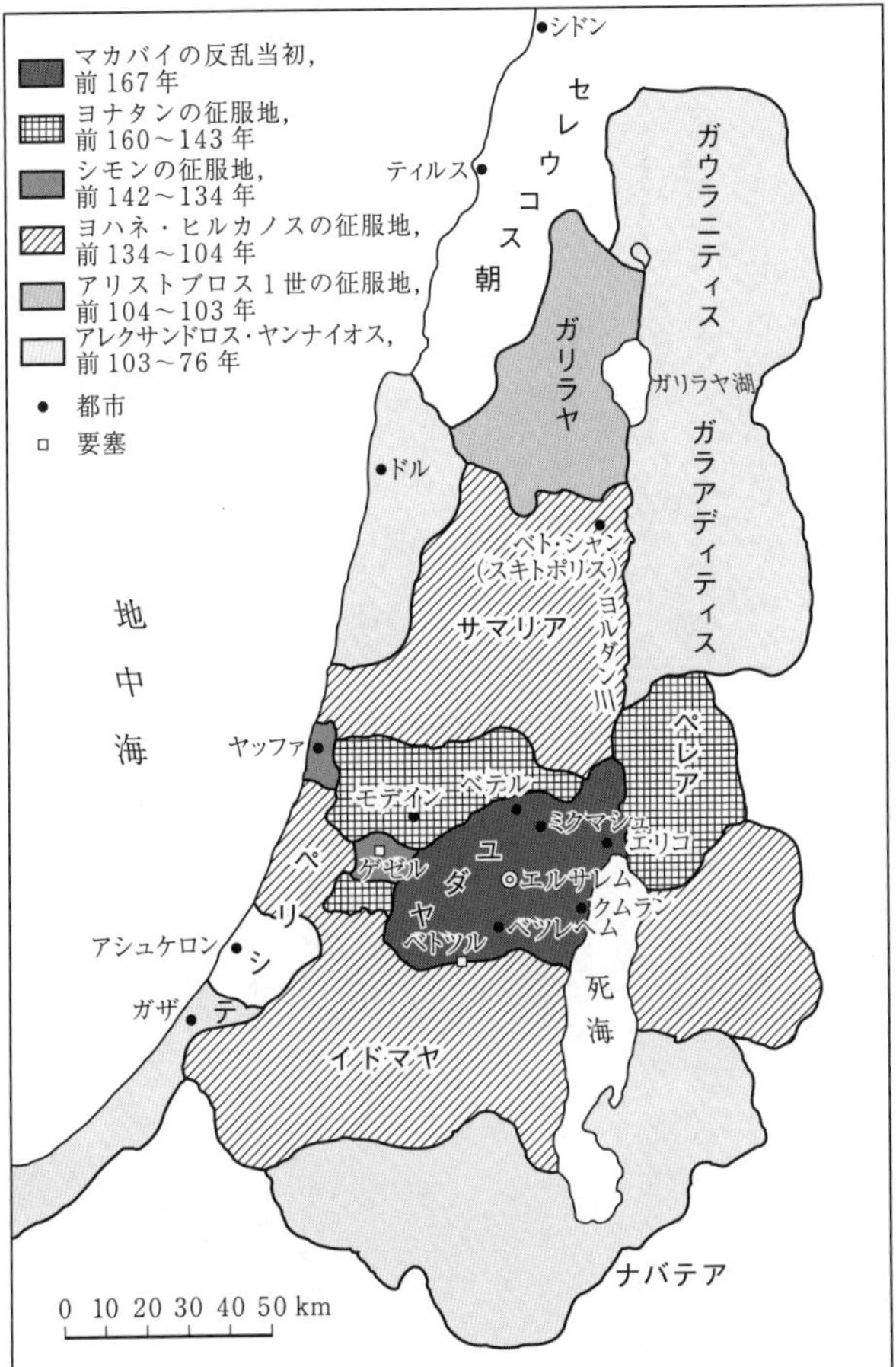

地図 14　ハスモン王国の領土拡大

イス自体は征服できなかったが、アレクサンドロスは北西の海岸平野のドルとストラトンの塔(後のカイサリア)を確保した。

アレクサンドロスは次に、ヨルダン川東岸地方に矛先を向け、ガダラとアマトゥスを征服し、次いで海岸地方のラフィア、ガザなどをも攻略した(『古代誌』一三・三五六―三六四)。これによりユダヤは、先任者のヨハネ・ヒルカノスやアリストブロスが征服したサマリア、ガリラヤに加え、フィラデルフィアを除くヨルダン川東岸地方と、アシュケロン地区を除く海岸平野を獲得し、その版図はほぼダビデ時代の統一王国に匹敵するものとなった(二六七頁の地図14参照)。アレクサンドロスは、アレクサンドレイオン、ヒルカニア、マケルスなど各地に要塞を築いた。

反対派の弾圧

このような華々しい戦勝にもかかわらず、ユダヤ国内ではアレクサンドロスに対する民衆の反感が高まっていた。それは彼の戦力が外国人の傭兵隊を主力とするためで、遠征も彼の支配欲と宮廷の財政を潤わせるものにすぎなかったからである。またファリサイ派を中心とするユダヤ教正統派の一部は依然として彼の大祭司職を認めていなかった。これに対してアレクサンドロスは、反対派六千人以上を処刑することによって応えた(『古代誌』一三・三七二―三七三)。これにより彼は、恐怖政治の独裁者としての正体をあらわしたのである。

その後、アレクサンドロスは再びヨルダン川東岸地方に遠征したが、そこでナバテア王オベダスと衝突し、大敗を喫してほうほうの態でエルサレムに逃げ帰った。これを機に、反対派の一部はアレクサンドロスに対する公然たる反乱に踏み切った。この内乱は約六年間続いたが、その間にアレクサンドロスは五万人以上の反対派を処刑したという(『古代誌』一三・三七四―三七六)。そこでファリサイ派の人々は、シリア王デメトリオス三世に支援を要請した。前八八年、アレクサンドロスは遠征してきたデメトリオスにシケム近郊で敗れた(『古代誌』一三・三七六―三七七)。しかし、シリア国内で内戦中であったデメトリオスは、長い間ユダヤに留まることができなかった。デメトリオスの撤退後、アレクサンドロスは体勢を立て直し、今回もまた多くの反対派に復讐を果たしたが、その際に彼は、十字架刑という残虐な処刑法をユダヤで初めて採用した(『古代誌』一三・三七九―三八〇)。

第二節　ハスモン家の内紛とローマの介入

アレクサンドロス・ヤンナイオスの遺言とサロメ・アレクサンドラ

その後もアレクサンドロスは、ユダヤを包囲する形で勢力を拡大していたナバテア王アレタス三世、およびこれと対立していたシリアのアンティオコス十二世ディオニュソスと三つどもえの戦いを繰り返さねばならなかった(『古代誌』一三・三八七―三九二)。アレクサンドロスは結局、ナバテア王の進出を抑え、ヨルダン川東岸地方の領土をゴラン地方にまで拡大したが、前七六年、ヨルダン川東岸地方への遠征中に病に倒れた。死期の迫ったのを悟ったアレクサンドロスは、妻サロメ・アレクサンドラを後継者に指名し、彼の生涯の宿敵であったファリサイ派と和解するようにという忠告を遺言として残した(『古代誌』一三・四〇三―四〇四)。このことは、彼がその激情的な性格にもかかわらず、ファリサイ派の勢力がもはや侮りがたいものとなっており、彼らとの対立を続ければユダヤの存続を脅かす可能性を冷静に分析していたことを示している。

なお、アレクサンドロス・ヤンナイオスの時代の飛躍的な領土拡大の背景には、この王の有能さと並んで、ユダヤを挟む二大強国セレウコス朝シリアとプトレマイオス朝エジプトの双方が王位争いをめぐり内戦状態にあり、ユダヤ・パレスチナの情勢に介入できる状態でなかったことも忘れてはならないであろう。

王位を継いだサロメ(ユダヤ名シェロムツィオン)・アレクサンドラ(在位前七六―六七年)は、イスラエル・ユダヤの歴史でアタルヤと並ぶただ二人の女王の一方であり、そして十分その称号に値する有能な君主であった。サロメは即位後、女性の身では大祭司に就任できないので、長男の（ヨハネ・）ヒルカノス二世を大祭司に任命したが、弟のアリストブロス二世は権力から遠ざけた。兄のヒルカノスは凡庸で人畜無害の性格の人物であったが、弟のアリストブロスは父の性格を受け継ぎ、野心と行動力に富んでいたため、サロメは彼を自分の権力を脅かす存在として警戒したのであろう。彼女は亡夫の遺言通り、ファリサイ派と和解し、また軍隊を増強して夫の征服した広大な領土をよく維持した（『古代誌』一三・四〇五―四〇九）。また、アルメニア王ティグラネスがシリアを征服し、フェニキアに迫ったときも、彼女は逸早く使節を送って協定を結び、ユダヤへの脅威を排除するという才覚を示した（『古代誌』一三・四一九―四二一）。

ヒルカノス二世とアリストブロス二世――兄弟戦争

しかし、権力から締め出されたアリストブロスの方は不満をつのらせた。そして、サロメのファリサイ派優遇策に反発していたサドカイ派を中心とする反ファリサイ派の勢力はアリストブロスを支持した。アリストブロスは、前六七年に母が危篤に陥ったのを機に支持者たちと叛旗を翻した（『古代誌』一三・四二二―四三二）。混乱の中でサロメは死に、息子の大祭司ヨハネ・ヒルカノス二世が一応は王位を引き継いだ。しかしヒルカノスは、たちまち弟のアリストブロスの軍に包囲され、王位と大祭司職をアリストブロスに譲り渡すこ

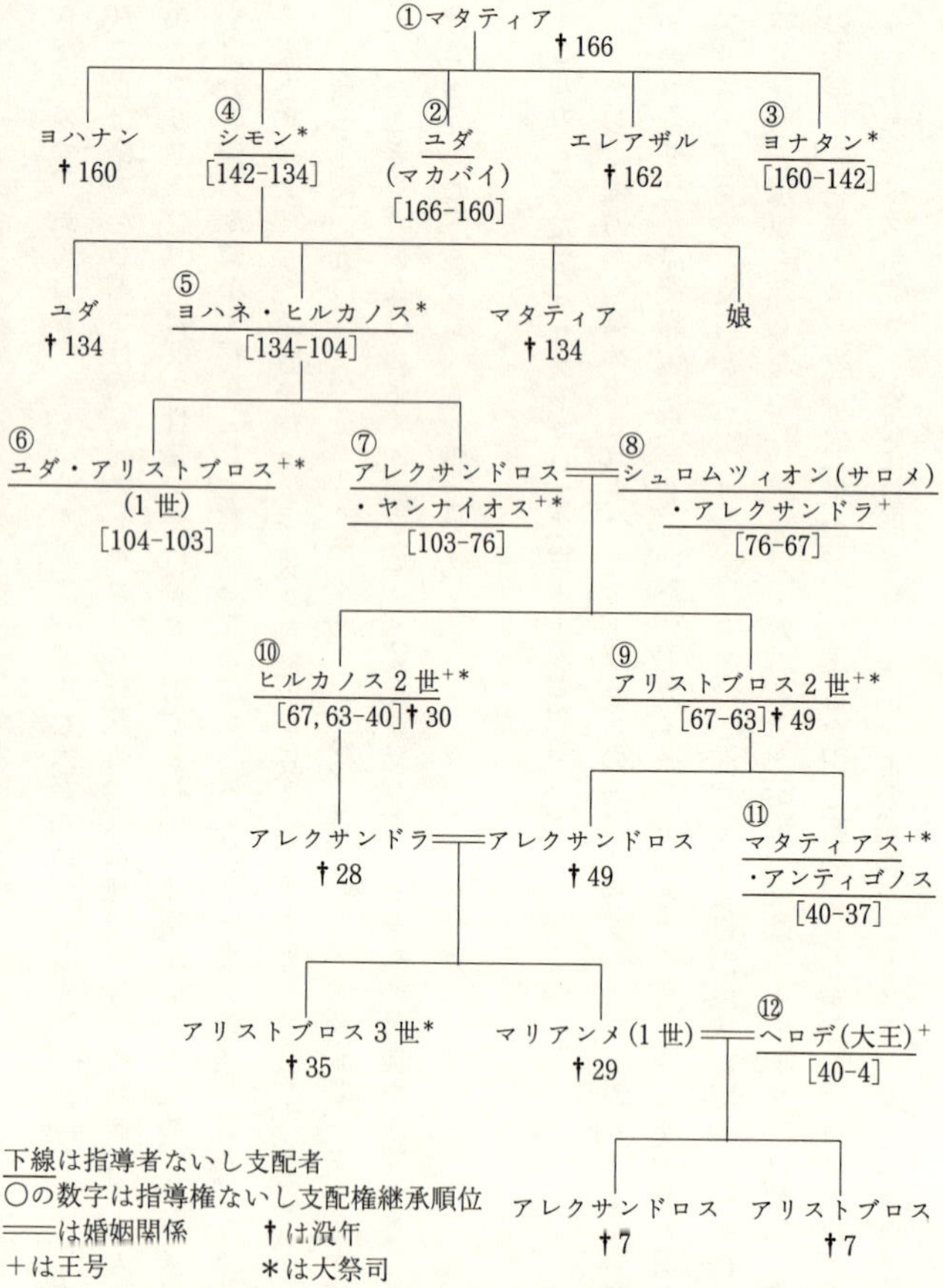
①マタティア
†166
ヨハナン
†160
④シモン*
[142-134]
②ユダ
(マカバイ)
[166-160]
エレアザル
†162
③ヨナタン*
[160-142]
ユダ
†134
⑤ヨハネ・ヒルカノス*
[134-104]
マタティア
†134
娘
⑥ユダ・アリストブロス+*
(1世)
[104-103]
⑦アレクサンドロス・ヤンナイオス+*
[103-76]
⑧シュロムツィオン(サロメ)・アレクサンドラ+
[76-67]
⑩ヒルカノス2世+*
[67,63-40]†30
⑨アリストブロス2世+*
[67-63]†49
アレクサンドラ
†28
アレクサンドロス
†49
⑪マタティアス+*・アンティゴノス
[40-37]
アリストブロス3世*
†35
マリアンメ(1世)
†29
⑫ヘロデ(大王)+
[40-4]
アレクサンドロス
†7
アリストブロス
†7
下線は指導者ないし支配者
○の数字は指導権ないし支配権継承順位
══は婚姻関係
†は没年
+は王号
*は大祭司

系図6　ハスモン(マカベア)家家系図

とを余儀なくされた(『古代誌』一四・四―七)。こうしてついにアリストブロス二世(在位前六七―六三年)がユダヤ王兼大祭司となった。

すべての権力を剝奪されたヒルカノスは、イドマヤ人で父の代(アレクサンドロス・ヤンナイオス時代)からイドマヤ総督であったアンティパトロス(アンティパテル)の手引きでナバテア王アレタス三世のもとに亡命した。そこでアレタスは、かつてアレクサンドロス・ヤンナイオスが征服したネゲブやヨルダン川東岸の町々をヒルカノスがナバテアに返還することを条件に、ヒルカノスのエルサレム復帰を支援することを約束した(『古代誌』一四・八―二〇)。しかしこれらすべてを策動したのはイドマヤ人アンティパトロスであった。彼は明らかに、無能なヒルカノスを傀儡《かいらい》として、自分がユダヤの実質的な支配者になることを目指していたのである(『戦記』一・一二三―一二六)。

ローマの介入

前六五年、アレタスはヒルカノスを引き連れてユダヤを襲い、反アリストブロス派のユダヤ人をも巻き込んで、アリストブロスと彼を支持する祭司たちを神殿に包囲した(『古代誌』一四・八―二一)。神殿の丘に立て籠もって抵抗するアリストブロスの敗北は時間の問題であるかのように見えたが、その時、誰もがまったく予想していなかった事態が起こって、この兄弟間の内戦を凍結することになった。ちょうどこの頃シリアを征服してセレウコス朝を滅ぼしたローマのポンペイウスの腹心アエミリウス・スカウルスが、ダマスコでユダヤの内戦について聞き知り、ローマ軍とともに突然エルサレムに現れたのである。アリストブロスとヒルカノスはともにスカウルスに贈り物をしてその支持を得ようとしたが、スカウルスはアリストブロスの地位を確認してアレタスおよびヒルカノスに撤退を命じた。その後スカウルスはシリアに帰ったが、アリストブロスとその支援者たちはヒルカノスとアレタスを追撃した(『古代誌』一四・二九―三三)。

ポンペイウスのエルサレム征服

前六三年の春にポンペイウス自身がダマスコに到着すると、アリストブロスとヒルカノスはそれぞれポンペイウスに会見し、相互に政敵を非難したうえで自分に対する正式な支持を訴えた(『古代誌』一四・四二―四五)。

興味深いことに、ヨセフスによればこの時にユダヤの「国民」(エトノス)から第三の使節団がポンペイウスのもとに送られ、アリストブロスとヒルカノスの双方に反対し、王制を廃止して、ユダヤをハスモン王朝以前の祭司政治に戻すように訴えたという(『古代誌』一四・四一)。しかし、ナバテア遠征を計画していたポンペイウスは判断を留保し、遠征が終わるまで現状を維持するように命じた。ポンペイウスとしては、ローマの傀儡政権にするには好戦的で血気盛んなアリストブロスよりも、無能なヒルカノスと有能なアンティパトロスのコンビの方が利用しやすいと考えていたふしがある(『古代誌』一四・四六―四七)。

アリストブロスがこの命令に反し、禁を破ってユダヤに戻り、自力で政権を固めようとしたので、ポンペイウスは怒ってナバテア攻撃用の軍隊をエルサレムに差し向けた。アリストブロスは止むを得ずエルサレムをポンペイウスに引き渡すことに同意したが(『古代誌』一四・四八―五七)、エルサレムの人々の一部はあくまで降伏を拒み、神殿の丘に立てこもって抵抗を続けた。三カ月の攻囲の末、ポンペイウスはついにエルサレム神殿を陥落させ、至聖所に足を踏み入れた(『古代誌』一四・六一―七六)。大祭司以外に立ち入りを禁じられている至聖所に異教徒が入ったことは、ユダヤ人にとって大きな衝撃であり、彼らに絶望感を与えた(旧約偽典『ソロモンの詩編』第二編等を参照)。

シリア総督スカウルス

アリストブロスとその息子マタティアス・アンティゴノスは捕らえられ(もう一人の息子アレクサンドロスは途上で逃亡した)、ローマに送られた。彼らは前六一年にポンペイウスがローマに凱旋したときには市内を引き回された。ヒルカノス二世には大祭司の地位が再び与えられたが、王号を称することは許されず、「民族統治者(エトナルケース)」を名乗るに留まった(『古代誌』一四・七三)。こうしてシモン以来のハスモン王朝のユダヤ支配には、百年を待たずして事実上の終止符が打たれた。

ポンペイウスはユダヤの領土を大幅に縮小したうえで、全土を新たに設けた属州シリアに編入し、この間にローマの最初のシリア総督に就任していたスカウルス(在位前六三—五七年)の支配下に置いたが、ユダヤ人居住区には貢納を課した上で大祭司の下に自治権を認めた(『古代誌』一四・七三—七四、『戦記』一・一四五—五一)。ユダヤ人に残された土地は海岸平野を除くユダヤとイドマヤ東部、ヨルダン川東岸地方南部のペレア、そしてガリラヤのみであった。なお、サマリアをはさんで飛び地のようにガリラヤにユダヤ人の土地があるというイエス時代の状況は、この時確定された。シケムのゲリジム山ではサマリア教団の祭儀が再開され、ヨルダン川西岸のスキトポリス(旧ベト・シャン)および東岸のフィラデルフィア、ゲラサ、ペラなどのヘレニズム化された諸都市は、シリア総督に直属する自由都市とされ、デカポリス(十都市)都市連合を形成した(『古代誌』一四・七四—七六、デカポリスについてはマコ五20、マタ四25等参照)。

シリア総督ガビニウス

前五七年、アリストブロス二世の息子でローマの手を逃れてユダヤに潜伏していたアレクサンドロスは、ユダヤの好戦派を組織化して反乱を企てた。時のシリア総督ガビニウス(在位前五七―五四年)は、将軍マルクス・アントニウスらを派遣してこの反乱を鎮圧させ、拠点であったアレクサンドレイオン、マケルス、ヒルカニアの要塞を破壊した(『古代誌』一四・八二―九〇)。なお、後にエジプトの女王クレオパトラ七世と結んで大ローマを二つに割るこのアントニウスは、カエサルの下でガリアで大成する以前は辺境のシリアでガビニウスに仕えていたのである。当時二十五歳であった。

反乱平定後、ガビニウスはヒルカノスから政治的実権を取り上げ、ユダヤの領土を縮小したうえでエルサレム、ガザラ(ゲゼル)、エリコ、アマトゥス(ヨルダン川東岸地方)、セッフォリス(ガリラヤ地方)の五つの行政区に分離した。後にユダヤの歴史家ヨセフスはこれについて、「人々は専制君主政から解放され、貴族政のもとで生きるようになった」と記している(『古代誌』一四・九一)。

アリストブロス父子の抵抗

しかし、このようなローマ側の強行措置も、ユダヤの反体制運動を抑えることはできなかった。前五六年頃には、ローマに捕らえられていたアリストブロス(二世)―アンティゴノス父子が脱出に成功し、ユダヤに戻って大衆の支持を得て復権を図った。ガビニウスはこれを平定し、アリストブロスを捕らえて再びローマに送った(『古代誌』一四・九二—九七)。その後ガビニウスはエジプトの内戦に介入し、親ローマ的政策のゆえにエジプトから追放されていたプトレマイオス十二世ネオス・ディオニュソスをエジプトに復位させるためにエジプトに下ったが(前五五年)、そのすきを突いてアリストブロスの息子アレクサンドロスが再び反乱を企てた。ガビニウスはアンティパトロスにこの反乱を鎮圧させた(『古代誌』一四・九八—一〇二)。

ガビニウスはこのような反乱の続発から、やはりユダヤの大祭司の権力を強化するのが得策と考え、彼自身が導入したユダヤの五分割を廃止して、ユダヤを再び大祭司の直轄下に置いた。ガビニウスはさらに東方のパルティアの内戦にも介入して、オロデス二世に対抗してミトリダテス三世を支援するなどしたが、前五四年には任を終えてローマに帰った。

ガビニウスに替わって、増大してきたパルティアの脅威に対抗するために、ローマのいわゆる三頭政治家の一人マルクス・ルキニウス・クラッススがシリア総督(在位前五四—五三年)として乗り込んできた。クラッススは戦費調達のためエルサレムの神殿の宝物を略奪した後(『古代誌』一四・一〇五—一〇九)、パルティアに遠征したが(第一次パルティア戦争)、カルラエの戦いでスーレンの指揮するパルティア軍に敗れ、戦死した。クラッススに替わってシリア総督になった(後のカエサルの暗殺者の一人)カシウス・ロンギヌス(在位前五三—五一年)は、ガリラヤ地方の反乱を鎮圧して、三千人のユダヤ人を奴隷として売り飛ばした(『古代誌』一四・一一九—一二二)。

第三節　アンティパトロスの台頭からヘロデの権力確立まで

ユリウス・カエサルとアンティパトロス

前四九年ごろローマで顕在化したポンペイウスとユリウス・カエサルの対立は、ユダヤにも大きな影響を与えた。カエサルは、ローマに捕えられていたアリストブロス二世を解放してユダヤに戻し、反ポンペイウス運動を行わせようとしたが、アリストブロスはまだローマにいるうちにポンペイウス派に毒殺された。これとあい前後して、本土で父の反乱に加わる準備をしていた息子のアレクサンドロスも、ポンペイウス派に捕らえられ、斬首された(『古代誌』一四・一二三—一二五)。

前四八年、ファルサロスの戦いでポンペイウスがカエサルに敗れると、これまでの事情から親ポンペイウス的な立場にあったヒルカノス二世とアンティパトロスは、エジプトでアレクサンドリア戦争を行っていたカエサルに援軍を送り巧みにその好意を得た。前四七年、カエサルはヒルカノスの大祭司および民族統治者（エトナルケース）としての地位を確認し、アンティパトロスにはユダヤ総督としての地位とローマ市民権を与えた『古代誌』一四・一二七―一四〇）。またエルサレム教団にも、宗教の自由や独立した裁判権、ポンペイウスに破壊されたエルサレムの城壁再建の許可、免税や徴兵の免除などの特権を与えた（『古代誌』一四・一九〇―二一六）。

これによりユダヤの実質的支配権は、ヒルカノスを傀儡《かいらい》とするイドマヤ人アンティパトロスに握られることになった。アンティパトロスは長男ファサエロス（ファサエル）をエルサレム知事とし、次男ヘロデ（当時二十五歳）をガリラヤの知事として、ユダヤの支配体制を固めた（『古代誌』一四・一五八―一五九）。後者が後のいわゆる「ヘロデ大王」である。

アンティパトロスとその息子たち

前四四年にカエサルが暗殺され、その下手人の一人カシウス・ロンギヌスが再度シリア総督（在位前四三―四二年）になると、アンティパトロスとその息子たちはこの新しい総督に忠誠を示すため、ユダヤから重税を取り立て、支払えない者は奴隷に売った。このことはユダヤ人の反発を招き、アンティパトロスは前四三年に暗殺されたが、ファサエロスとヘロデはカシウスと結んでこの反乱を鎮圧した（『古代誌』一四・二七一―二九九）。

翌前四二年、カシウスを含むカエサルの暗殺者たちがマケドニアのフィリッピの戦いでマルクス・アントニウスおよびオクタウィアヌスの連合軍に敗れると、ヘロデはいわゆるローマの第二次三頭政治でパレスチナを含む東方の支配者となったアントニウスに接近して、兄ファサエロスと自分をユダヤの四分領太守(テトラルケース)として認めさせた(『古代誌』一四・三〇一―三二九)。このように、その時々の情勢を機敏・的確に判断して最有力の権力者に接近し、大胆な行動と巧みな弁舌によってその好意と支援を獲得し、自己の権力を強化していくというのは、アンティパトロス・ヘロデ父子の天才的な行動パターンであった。このようにして彼らは、ポンペイウスからカエサルへ、カエサルからカシウスへ、カシウスからアントニウスへ、そしてアントニウスからオクタウィアヌスへと後楯を換え、その都度の危機を乗り切るとともに、着実に権勢を高めていったのである。

マタティアス・アンティゴノス

前四〇年、パルティアの王子パコロスの率いるパルティア軍がシリアに侵入して、ほぼシリア全土を征服した。当時アントニウスはエジプトでクレオパトラとの恋に熱中しており、これに対して有効な反撃をなし得なかった。アリストブロス二世の息子マタティアス・アンティゴノスは、この混乱に乗じてパルティア人の支援を受け、エルサレムでヒルカノス二世とファサエロスを捕え、自ら大祭司および王としての即位を宣言した(在位前四〇—三七年)。アンティゴノスは、伯父に当たるヒルカノスが二度と大祭司に復帰できないように彼の両耳をそぎ落としたが(体に傷のある者は大祭司になれなかった)、ファサエロスは敵の手にかかることを恥じ、岩に頭を打ちつけて自ら命を断った(『古代誌』一四・三三七—三六九)。

からくもアンティゴノスの手を逃れたヘロデは、一族をマサダの要塞にかくまった後、単身ローマにおもむき、アントニウスとオクタウィアヌスに支持を訴えた。ローマの元老院は、アントニウスとオクタウィアヌスの提案により、「ローマ人の友にして同盟者」としてのヘロデをユダヤの王として承認することを決議した(『古代誌』一四・三八一—三八五)。これは言うまでもなく、パルティア人の支援によってユダヤ王となったアンティゴノスに対抗させるためである。こうしてイドマヤ人ヘロデは、ユダヤの王となった(在位前四〇—四年)。

ユダヤの王ヘロデ

しかし名実ともにユダヤの王になるためには、ヘロデはまず自分自身の王国を征服しなければならなかった。前三九年、ローマの将軍でシリア総督(在位前四〇—三八年)となったプブリウス・ウェンティディウス・バッススがシリアからパルティア人を撃退したのを機に、ヘロデはプトレマイス(旧アコ)からユダヤに上陸し、まずガリラヤを征服した後、南下してマサダで攻囲されている親族たちを救出した。しかし、最初のエルサレム攻撃は成功しなかった。アンティゴノスがバッススや彼の副官たちを買収したため、ローマ軍の助力が得られなかったからである。ヘロデがマルクス・アントニウスの新たな支持と、新任のシリア総督ガイウス・ソシウス(在位前三八―三四年)の支援を受けてエルサレムを占領したのは、前三七年の夏のことであった。アンティゴノスは、アンティオキアに連行され、アントニウスの命令で斬首された(『古代誌』一四・四六八―一五・一〇)。これは同時に、ハスモン王朝の完全な終焉を意味した。

ただしヘロデは、エルサレムの攻囲中に、アンティゴノスの弟であるアレクサンドロスの娘で、ヒルカノス二世、アリストブロス二世双方の孫娘に当たるマリアンメ一世と結婚していた(『古代誌』一四・四六七―四六八、二七二頁の系図6をも参照)。これはハスモン家の血を引く女性との結婚によって、異国人でありながらユダヤの王権を継承することを正当化するためであった。ちょうどダビデが、サウルの娘ミカルとの結び付きを通じてサウル家からの王位継承権を確保したように(サム上一八27―28、サム下三13参照)。

ヘロデの人間的な弱み

ちなみに、この結婚には、ヘロデの政治的な打算と狡猾さだけでなく、彼の内面のある種のコンプレックスが表現されているように思われる。前述のヨハネ・ヒルカノスによるイドマヤ人の強制的ユダヤ教化政策(二六〇頁を参照)を通じて父の代からユダヤ教に改宗していたとはいえ、正統派のユダヤ人から見ればヘロデはあくまで「半ユダヤ人」にすぎなかった。また、彼のユダヤ王位はローマ人の承認と支持によるもので、ユダヤ人の中には、その正統性に疑義を抱いていた者も少なくなかった。

ヘロデは、新約時代史の文脈でより詳しく述べられるであろうように、エルサレム神殿の大改築などを通じてユダヤ人の歓心を買うことに異常なまでに腐心するとともに、ハスモン家の血を引く者が正統性を主張して政敵となることを極端に恐れ、病的なまでの猜疑心に駆られて、自分の親族をも含めて血なまぐさい粛清劇を繰り返すことになる。そこに、巧みな戦術家の仮面の背後にあるヘロデの人間的な弱みを見ることもできよう。

いずれにせよ、このようにして、ローマの後ろ盾のもとにヘロデがユダヤを支配するという、イエス誕生時の体制が確立した(マタ二1参照)。王としてのヘロデ、すなわち「ヘロデ大王」の治世については、別巻の『聖書時代史　新約篇』(佐藤研著)の記述にゆずろう。

あとがき

本書は、山我哲雄・佐藤研共著『旧約新約聖書時代史』(以下『時代史』、教文館、初版一九九二年、改訂版一九九七年)の「旧約聖書時代史」(山我哲雄担当)の部分を底本としつつ、それに大幅に改訂・増補・省略を加えたものである。これにより、底本とは書物としての性格も内容もかなり異なるものが出来上がったので、両者の関係と相違を明らかにする意味も兼ねて、まず本書の「前史」について説明させていただきたい。

「新約聖書時代史」執筆の佐藤氏と筆者の共同作業は、『旧約新約 聖書大事典』(教文館、一九八九年)の編集実務を共同で担当したことに遡る。その際に、同大事典の巻末付録として、我々はかなり詳細な聖書歴史年表を作成した。この年表は、聖書時代史の舞台となるイスラエル・ユダヤの歴史をほぼ中央に据え、その両側に、それと直接・間接に密接な関連を持つエジプト、メソポタミア、シリア、ギリシア、ローマの歴史を平行的に配置したものであった。この年表がその後望外の好評を得たことから、当時教文館出版部長であった故高戸要氏の発案により、この年表を再録しつつ、その内容を詳しく「解説」する形で、独立した書物として成立したのが前記の『時代史』である。

そのような成立事情から、教文館刊行の『時代史』は、章立ても年表の見開き両ページが一つの章に対応するようになっており、また年表の構造に対応して、イスラエル・ユダヤの歴史だけでなく、周辺諸地域の歴史もそれぞれ単元を立てて概観するようになっている。

今回、岩波書店からこの『時代史』をもとに、「旧約篇」と「新約篇」に分けて新たに文庫を刊行するというお話をいただいた際に、編集部と協議して改訂の方針として決めたのは、少なくとも「旧約篇」の場合、底本同様「文明のあけぼの」に始まる周辺世界の歴史にまで言及すると、文庫本としては分量的に大きくなりすぎるため、周辺諸地域の通史的扱いは割愛して、イスラエル・ユダヤの歴史に集中して論ずるということであった。この結果、内容はほぼ半分ぐらいとなり、書物としては「旧約聖書時代史」の性格を強めたものが出来上がった。もちろん、周辺諸地域の歴史でもイスラエル・ユダヤの歴史の理解に不可欠な要素は、本書の文脈に合わせて適宜取り入れてある。また、章立ても内容を顧慮して新たに設けたものである。最初の二つの章は本書のために新たに書き加えたものであり、その他の章も随所にかなり手を加えてある。それゆえ、少なくとも「旧約篇」に関しては、底本とはまったく別の書物になったと言えると思う。

なお、底本の大判見開きの年表を文庫本に収録するのは不可能なので、別に簡単なものを作って巻末に付した。詳細な年表とそれに密着した記述という点では、この文庫版が出ても、底本の『時代史』は存在意義を失わないであろう。

それにしても、底本の初版出版以後約十年間の間に、旧約聖書時代史研究をめぐる学界の状況はかなり大きな変化を体験した。その一つは、「まえがき」でも少し触れたが、旧約聖書の史料的信憑性について根本的な懐疑論を唱える過激な研究者たちが現れたことである。この立場の研究者によれば、歴史上の最初のイスラエル王国は聖書外史料にも言及のあるオムリ、アハブの王国であり、これに対しエルサレムなど前八世紀の終わりに至るまで「丘の上の村」にすぎなかった。北のイスラエル王国の滅亡後、その難民たちの流入などによって人口が増えたユダは、前七世紀頃になって初めて国家としての体裁を整えた、というのである。このような立場の研究者にとって、ダビデ・ソロモンの統一王国の歴史的信憑性など「アーサー王物語」のそれと同程度であり、むしろそれは、捕囚後のペルシア・ヘレニズム時代のユダヤ教共同体が自己のアイデンティティーの確立と自己正統化のために創案したフィクションにすぎないのである。

このような懐疑派と、従来の方法論を擁護しようとするより穏健な研究者たちとの論争は、相手陣営に「ミニマリスト」(最小限主義者)、「マクシマリスト」(最大限主義者)とレッテルを貼り合う対立から、一部では「ファンダメンタリスト」、「ニヒリスト」と非難し合う、あまり学問的とはいいかねる、感情的な誹謗中傷の応酬という由々しい傾向にまで発展に発展してきている。

そこに降って沸いたように現れたのが、一九九三年にテル・ダンで発見されたいわゆる「ダビデ碑文」である（本書一一九―一二一頁参照）。そこには、ユダ王国の王朝創始者としてのダビデの名が間接的に言及されていただけでなく、いわゆるイエフのクーデターに関連するイスラエルとアラムの関係について、旧約聖書の記述とは矛盾する事柄が記されていたのである。この碑文をめぐっては、一部で真贋論争まで発展したが、その解釈をめぐっては現在でも甲論乙駁の状態で決着がついていない。

旧約聖書時代史研究におけるもう一つの大きな変化は、イスラエルの土地取得とカナンの地におけるイスラエル民族の成立という根本問題に関わる。一九八〇年代の半ばまでは、この問題については「軍事征服説」と「平和的浸透説」、それに比較的新しい「農奴反乱説」の三つの理論的モデルが拮抗しており（本書四六―四八頁参照）、研究書や概説書でも三者を併記するのが普通であった。本書の底本でもこの立場が採られていた。

しかし、一九八〇年代の後半から一九九〇年代にかけて、従来の一点集中型のひたすら「掘る」考古学とは異なる、広範な表層調査に基づく居住パターンの変化の研究成果が次々と公表され、前一二〇〇年前後の中央山岳地帯を中心とする従来の辺境地域の居住状況に大きな変化があったことが明らかにされ、これがイスラエル民族の起源およびカナンの地における土地取得と密接に関連することがかなり広く認められるようになった（本書四九―五二頁参照）。

本書の刊行に当たっては、以上のような学説上の変化や新展開についても簡単に触れることができた。もちろん、これらの問題は現在でも専門家の間で議論が続けられているものであり、今後の研究や新しい発見によってさらに新しい展開が起こる可能性は十分あるが、少なくともこれらの問題をめぐる現時点での研究動向について、基本的な情報を提供する課題は一応果せたのではないかと考えている。

なお、底本出版後、著者は月本昭男・小林稔編《現代聖書講座》第1巻『聖書の風土・歴史・社会』（日本キリスト教団出版局、一九九六年）に「イスラエル王国時代史の諸問題」を、また朝日新聞社刊『旧約聖書が分かる』（アエラ・ムック第三十五巻、一九九八年）に「歴史書」と「イスラエルの歴史と旧約聖書」を執筆し、また、本書の改訂作業と並行して、古代王権研究会編『古代王権の誕生』（仮題・角川書店より近刊予定）のために「古代イスラエルにおける王権の成立と展開」と題する小論を執筆したが、本書と併せてお読みいただければ幸いである。なお、本書の執筆に当たっては、この三つの論考の一部をも手を加えつつ本文に取り入れたことをお断りしておく。

人名・地名等の表記は、底本では日本聖書協会口語訳(一九五五年)に準拠したが、本書では原則として同協会「新共同訳」(一九八七年)の方式に改めた。

年代体系については、史料の不足や絶対年代確定の定点となる日蝕同定の違い等の関係で、国や学派によってかなりの相違があり、古い時代に関しては百年近い差が出る場合もあるが、本書では、イスラエルについてはドイツ語圏で比較的広く用いられているイェプセン/ハンハルト/ドンナーのものを基礎にし、それに適宜筆者の判断で修正を加えた。イスラエル以外のオリエント世界については、比較的新しいクラース・ヴェーンホフの『アレクサンドロス大王の時代までの古代オリエントの歴史』(二〇〇一年)を参考にした。

本書の執筆・改訂の作業は、著者が二〇〇一年の秋から約一年間の海外研修の機会を与えられ、ミュンヘン大学福音主義神学部で旧約聖書研究の研修を行う時期と重なったため、ほとんどミュンヘンで行われた。作業に当たって、同学部図書室の充実した図書が利用できたことは幸いであった。ミュンヘン滞在の記念として、本書を、数々の学問的指導と助言はもとより、滞在中の日常生活上の諸問題をも含めてたいへんお世話になった、ミュンヘン大学教授でご自身、現在新しい「イスラエル史」を執筆中と聞くクリストフ・レビン(Christoph Levin)氏に、友情と感謝をこめて捧げたい。

最後になったが(last but not least)、『旧約新約聖書時代史』を基礎とした本書の企画に理解を示していただいた教文館現出版部長渡部満氏と、本書の担当者として数々の面倒な注文にも快く応じてくださった岩波書店編集部の林建朗氏とに心からの感謝を記させていただきたい。

二〇〇二年七月　ミュンヘンにて

山我哲雄

本書は山我哲雄・佐藤研著『旧約新約聖書時代史』(教文館、初版一九九二年、改訂版一九九七年)の「旧約聖書時代史」(山我哲雄担当)の部分を底本として大幅に改訂・増補・省略を加え、岩波現代文庫のために新しく編集されたものである。

岩波現代文庫[学術]

G467
コレモ日本語アルカ？
―異人のことばが生まれるとき―
金水　敏

ピジンとして生まれた〈アルヨことば〉は役割語となり、それがまとう中国人イメージを変容させつつ生き延びてきた。〈解説〉内田慶市

G468
東北学／忘れられた東北
赤坂憲雄

驚きと喜びに満ちた野辺歩きから、「いくつもの東北」が姿を現し、日本文化像の転換を迫る。「東北学」という方法のマニフェストともなった著作の、増補決定版。

2023. 6

G457
現代《いま》を生きる日本史
須田努
清水克行

縄文時代から現代までを、ユニークな題材と最新研究を踏まえた平明な叙述で鮮やかに描く。大学の教養科目の講義から生まれた斬新な日本通史。

G458
小国 ―歴史にみる理念と現実―
百瀬宏

大国中心の権力政治を、小国はどのように生き抜いてきたのか。近代以降の小国の実態と変容を辿った出色の国際関係史。

G459
〈共生〉から考える ―倫理学集中講義―
川本隆史

「共生」という言葉に込められたモチーフを現代社会の様々な問題群から考える。やわらかな語り口の講義形式で、倫理学の教科書としても最適。「精選ブックガイド」を付す。

G460
〈個〉の誕生 ―キリスト教教理をつくった人びと―
坂口ふみ

「かけがえのなさ」を指し示す新たな存在論が古代末から中世初期の東地中海世界の激動のうちで形成された次第を、哲学・宗教・歴史を横断して描き出す。〈解説＝山本芳久〉

G461
満蒙開拓団 ―国策の虜囚―
加藤聖文

満洲事変を契機とする農業移民は、陸軍主導の強力な国策となり、今なお続く悲劇をもたらした。計画から終局までを辿る初の通史。

岩波現代文庫［学術］

G452
草の根のファシズム
―日本民衆の戦争体験―
吉見義明
戦争を引き起こしたファシズムは民衆が支えていた――従来の戦争観を大きく転換させた名著、待望の文庫化。〈解説〉加藤陽子

G453
日本仏教の社会倫理
―正法を生きる―
島薗進
日本仏教に本来豊かに備わっていた、サッダルマ(正法)を世に現す生き方の系譜を再発見し、新しい日本仏教史像を提示する。

G454
万民の法
ジョン・ロールズ
中山竜一訳
「公正としての正義」の構想を世界に広げ、平和と正義に満ちた国際社会はいかにして実現可能かを追究したロールズ最晩年の主著。

G455
原子・原子核・原子力
―わたしが講義で伝えたかったこと―
山本義隆
原子・原子核について基礎から学び、原子力への理解を深めるための物理入門。予備校での講演に基づきやさしく解説。

G456
ヴァイマル憲法とヒトラー
―戦後民主主義からファシズムへ―
池田浩士
史上最も「民主的」なヴァイマル憲法下で、ヒトラーが合法的に政権を獲得し得たのはなぜなのか。書き下ろしの「後章」を付す。

2023.6

岩波現代文庫[学術]

G445-446
ねじ曲げられた桜(上・下)
—美意識と軍国主義—
大貫恵美子

桜の意味の変遷と学徒特攻隊員の日記分析を通して、日本国家と国民の間に起きた「相互誤認」を証明する。〈解説〉佐藤卓己

G447
正義への責任
アイリス・マリオン・ヤング
岡野八代
池田直子 訳

自助努力が強要される政治の下で、人びとが正義を求めてつながり合う可能性を問う。ヌスバウムによる序文も収録。〈解説〉土屋和代

G448-449
ヨーロッパ覇権以前(上・下)
—もうひとつの世界システム—
J・L・アブー＝ルゴト
佐藤次高ほか訳

近代成立のはるか前、ユーラシア世界は既に一つのシステムをつくりあげていた。豊かな筆致で描き出されるグローバル・ヒストリー。

G450
政治思想史と理論のあいだ
—「他者」をめぐる対話—
小野紀明

政治思想史と政治的規範理論、融合し相克する二者を「他者」を軸に架橋させ、理論の全体像に迫る、政治哲学の画期的な解説書。

G451
平等と効率の福祉革命
—新しい女性の役割—
G・エスピン＝アンデルセン
大沢真理監訳

キャリアを追求する女性と、性別分業に留まる女性との間で広がる格差。福祉国家論の第一人者による、二極化の転換に向けた提言。

2023. 6

岩波現代文庫[学術]

G440
私が進化生物学者になった理由
長谷川眞理子

ドリトル先生の大好きな少女がいかにして進化生物学者になったのか。通説の誤りに気づき、独自の道を切り拓いた人生の歩みを語る。巻末に参考文献一覧付き。

G441
愛について
—アイデンティティと欲望の政治学—
竹村和子

物語を攪乱し、語りえぬものに声を与える。精緻な理論でフェミニズム批評をリードしつづけた著者の代表作、待望の文庫化。〈解説〉新田啓子

G442
宝塚
—変容を続ける「日本モダニズム」—
川崎賢子

百年の歴史を誇る宝塚歌劇団。その魅力を掘り下げ、宝塚の新世紀を展望する。底本を大幅に増補・改訂した宝塚論の決定版。

G443
新版 ナショナリズムの狭間から
—「慰安婦」問題とフェミニズムの課題—
山下英愛

性差別的な社会構造における女性人権問題として、現代の性暴力被害につづく側面を持つ「慰安婦」問題理解の手がかりとなる一冊。

G444
夢・神話・物語と日本人
—エラノス会議講演録—
河合隼雄
河合俊雄訳

河合隼雄が、日本の夢・神話・物語などをもとに日本人の心性を解き明かした講演の記録。著者の代表作に結実する思想のエッセンスが凝縮した一冊。〈解説〉河合俊雄

岩波現代文庫創刊二〇年に際して

二一世紀が始まってからすでに二〇年が経とうとしています。この間のグローバル化の急激な進行は世界のあり方を大きく変えました。世界規模で経済や情報の結びつきが強まるとともに、国境を越えた人の移動は日常の光景となり、今やどこに住んでいても、私たちの暮らしは世界中の様々な出来事と無関係ではいられません。しかし、グローバル化の中で否応なくもたらされる「他者」との出会いや交流は、新たな文化や価値観だけではなく、摩擦や衝突、そしてしばしば憎悪までをも生み出しています。グローバル化にともなう副作用は、その恩恵を遥かにこえていると言わざるを得ません。

今私たちに求められているのは、国内、国外にかかわらず、異なる歴史や経験、文化を持つ「他者」と向き合い、よりよい関係を結び直してゆくための想像力、構想力ではないでしょうか。

新世紀の到来を目前にした二〇〇〇年一月に創刊された岩波現代文庫は、この二〇年を通して、哲学や歴史、経済、自然科学から、小説やエッセイ、ルポルタージュにいたるまで幅広いジャンルの書目を刊行してきました。一〇〇〇点を超える書目には、人類が直面してきた様々な課題と、試行錯誤の営みが刻まれています。読書を通した過去の「他者」との出会いから得られる知識や経験は、私たちがよりよい社会を作り上げてゆくために大きな示唆を与えてくれるはずです。

一冊の本が世界を変える大きな力を持つことを信じ、岩波現代文庫はこれからもさらなるラインナップの充実をめざしてゆきます。

（二〇二〇年一月）

聖書時代史 旧約篇

2003 年 2 月 14 日 第 1 刷発行
2023 年 7 月 14 日 第 12 刷発行

著 者 山我哲雄《やまがてつお》

発行者 坂本政謙

発行所 株式会社 岩波書店
〒101-8002 東京都千代田区一ツ橋 2-5-5

案内 03-5210-4000 営業部 03-5210-4111
https://www.iwanami.co.jp/

印刷・精興社 製本・中永製本

ISBN 978-4-00-600098-1 Printed in Japan

人名索引

本文に登場する人名を掲げた．注・写真・地図・系図に登場する人名は省略．太字で示した頁は，その人名が節・項の見出しになっている箇所を示す．

ア行

カ　行

サ　行

タ 行

ナ 行

ハ 行

マ　行

ヤ 行

ラ 行

旧約聖書歴史年表

（年代はすべて紀元前）

1500頃	族長時代（？）　イスラエルの祖先，遊牧生活．
1450頃	カナン，エジプト（第18王朝）の支配下に．
1350頃	カナンに「ハビル」出現，混乱を起こす． カナンの都市国家，衰退に向かう．
1250頃	エジプト第19王朝，ラメセス2世の支配． この頃，出エジプト（？）．
1207	エジプト王メルエンプタハ，カナンに遠征．遠征碑文で「イスラエル」に言及．
1200頃	カナンの山地に同時多発的に新しい居住地出現．
1150頃	部族連合としてのイスラエル，ほぼ成立． いわゆる士師時代．デボラの戦い．
1100頃	ペリシテ人，カナンに侵入，定着．
1010頃	イスラエルに王制導入．初代の王サウル．
1003	ダビデ即位（-965）．当初はユダのみの王，後にはイスラエル全体の王となる．当初の首都はヘブロン．
998	ダビデ，エルサレムに遷都．統一王国確立．
965	ダビデの死とソロモンの即位（-926）．その後国際交易により経済的繁栄．
955	シオンの丘に神殿建設．エルサレム，聖地に．
926	ソロモンの死．王国分裂．（北）イスラエル王ヤロブアム，（南）ユダ王レハブアムの支配．
921	エジプト王シシャク，カナン遠征．
906	（北）バシャのクーデター．その後も王権交替続発．

885	イスラエルとユダの紛争にアラム介入.
878	(北)オムリ王朝成立. サマリアに遷都.
871-852	(北)アハブの支配. ティルスと同盟. バアル宗教蔓延. 預言者エリヤの活動.
868-847	(南)ヨシャファトの支配. イスラエルと同盟.
853	アッシリア王シャルマナサル3世の西方遠征. これに対するカルカルの戦いにアハブも参加.
850頃	モアブ王メシャ, イスラエルに反乱. アラムの攻撃.
845	(北)イエフ, オムリ王朝を打倒. イエフ王朝成立. 預言者エリシャの活動. テル・ダン碑文(?). (南)アタルヤ, エルサレムでユダの王位を簒奪.
841	(北)イエフ, シャルマナサル3世に朝貢.
840	(南)祭司ヨヤダ, アタルヤを倒しダビデ王朝復興.
815頃	アラム王ハザエル, イスラエルとユダを攻撃. イスラエル, 事実上アラムの支配下に.
790頃	(北)ヨアシュ, アッシリアに朝貢. アラムに反撃. イスラエル(ヨアシュ)とユダ(アマツヤ)の戦い.
787-750頃	イスラエル(ヤロブアム2世), ユダ(アザルヤ), ともに国力安定し繁栄. 裏面に小農民の没落. (北)預言者アモスの活動.
747	(北)イエフ王朝クーデターにより滅亡. その後, 王権交替続発. 預言者ホセアの活動.
738	アッシリア王ティグラトピレセル3世の遠征. (北)メナヘム, アッシリアに朝貢.
734	シリア・エフライム戦争. イスラエル・アラム連合軍, ユダに遠征. ユダ, アッシリアの属国に. 預言者イザヤ, ミカの活動.
733	ティグラトピレセル, イスラエルの大部分を征服.

732	ティグラトピレセル，ダマスコを征服．アラム滅亡．
727-696	(南)ユダ王ヒゼキヤの支配．
724	(北)ホシェア，エジプトと結びアッシリアに反乱．
722/1	アッシリア王シャルマナサル5世，サマリアを征服．北王国滅亡． アッシリア王サルゴン2世，生存者を強制移住．
705	ユダ王ヒゼキヤ，アッシリアに反乱．
701	センナケリブ，エルサレムに遠征，反乱を鎮圧．
696-642	ユダ王マナセの支配．異教蔓延． 申命記運動始まる(?)．預言者ゼファニヤの活動．
639-609	ユダ王ヨシヤの支配．アッシリアのユダ支配後退．
622	ヨシヤ，宗教改革に着手．ヤハウェ宗教復興．
609	ヨシヤの死．ユダ，エジプト(ネコ)の支配下に．
605	カルケミシュの戦い．ユダ，バビロニアの支配下に．
601	ユダ王ヨヤキム，バビロニアに反乱．
598/7	ネブカドネツァル，エルサレムに遠征．反乱を鎮圧．第1次バビロン捕囚．預言者エレミヤの活動．
588	ユダ王ツェデキヤ，バビロニアに反乱．
587/6	ネブカドネツァル，エルサレムに遠征．反乱を鎮圧．ユダ王国の滅亡．神殿破壊．第2次バビロン捕囚．住民の一部エジプトに逃れる．哀歌の成立．
586-539	捕囚地での生活．預言者エゼキエルの活動． 申命記史書，祭司文書の成立．預言書の編集． 末期に預言者第二イザヤの活動．
561	ヨヤキン，バビロンで幽閉から解放される．
539	ペルシア王キュロスのバビロン征服．
538	キュロスの勅令．ユダヤ帰還開始．帰還の指導者シェシュバツァル，神殿の基礎を据えるも，やがて再建工

	事は中断.
520	神殿再建開始. 預言者ハガイ, ゼカリヤの活動. 建築指導者ゼルバベル, イェシュア.
515	エルサレム第二神殿完成. ハガイ・ゼカリヤ書成立.
500頃	ダレイオス1世の支配下でペルシア帝国最大版図. マラキ書, ヨエル書成立.
458頃	エズラ, エルサレムで活動(異説では398年頃). 「律法」に基づくユダヤの秩序確立.
445頃	ネヘミヤ, エルサレムで活動, 城壁と市街の再建. サマリア総督サンバラトとの対立.
420頃	エジプトのエレファンティネのユダヤ人植民地活動. 同地で過越祭行われる. エレファンティネ・パピルス.
400頃	日常用語としてアラム語の使用広まる.
398頃	エズラ, エルサレムで活動(異説では458年頃).
380- 350頃	エズラ・ネヘミヤ記, ダニエル書前半成立. モーセ五書の最終形態ほぼ完成.
333	アレクサンドロスの遠征, シリア, ユダヤを征服. ヘレニズ文化の流入始まる. 大祭司オニアス1世.
323	アレクサンドロスの死. ディアドコイ戦争始まる. サマリア教団, エルサレムから分離(?).
301	ユダヤ, プトレマイオス朝エジプトの支配下に. ユダヤのヘレニズム化進む. 大祭司シメオン1世.
274-240 頃	エジプトとセレウコス朝シリア間でシリア戦争(第1次—第3次)続く. 大祭司オニアス2世. アレクサンドリアで七十人訳成立. ゼノン・パピルス. ユダヤでトビヤ家台頭. 大祭司エレアザル, マナセ. エステル記, ヨナ書, コヘレトの言葉, 歴代誌成立.

220-	エジプトとシリア間でシリア戦争(第4，第5次)続く.
200頃	シリア王アンティオコス3世ユダヤに侵入.
	大祭司シメオン2世.
198	パネアスの戦い．ユダヤ，セレウコス朝の支配下に.
180頃	シラ書，トビト書成立．大祭司オニアス3世.
175	シリア王アンティオコス4世，ヤソンを大祭司に.
172	ヤソンとメネラオス，大祭司の地位を争う.
169-168	アンティオコス，エジプト遠征(第6次シリア戦争).
	エルサレム神殿を略奪．メネラオスを大祭司に.
167	アンティオコス，ユダヤ教を弾圧しギリシア宗教を強要．マカベアの乱起こる(-164)．ダニエル書後半成立.
166-165	マカベアのユダ，反乱軍を主導，シリア軍を連破.
164	ユダ，エルサレムを奪還．神殿を再奉献.
	アンティオコス，遠征中に死す．同5世シリア王に.
162	デメトリオス1世，シリア王に．大祭司アルキモス.
161	エラサの戦いでユダ戦死．ヨナタン指導を引き継ぐ.
153	ヨナタン，シリアの内戦に付け込み，勢力を拡大.
152	ヨナタン，大祭司に就任．クムラン宗団成立(?).
147-145	シリアでデメトリオス2世とアレクサンドロス・バラス内戦．ヨナタン，これに「二股」をかける.
142	ヨナタン暗殺．シモン，大祭司職を引き継ぐ．大祭司の治世による暦導入．事実上のハスモン王朝樹立.
134	シモン暗殺．ヨハネ・ヒルカノス大祭司職を継ぐ.
134-104	ヨハネ，領土をイドマヤ，サマリア地方に拡大.
	サドカイ派，ファリサイ派の台頭．マカバイ書成立.
104-103	アリストブロス1世，王号を名乗る．ガリラヤ併合.
103-76	アレクサンドロス・ヤンナイオス，領土を更に拡大.
	ファリサイ派等の反対派を弾圧.

76-67	サロメ・アレクサンドラ，女王としてユダヤを統治.
67	ヒルカノス2世，アリストブロス2世の兄弟紛争.
65	ナバテア王アレタス，イドマヤ人アンティパトロス，ユダヤの内紛に介入．更にローマ軍の介入.
63	ポンペイウス，ユダヤの内紛に介入．ユダヤ，ローマの属州シリアに編入．デカポリス成立.
57-49	アリストブロス父子，ローマの支配に抵抗.
54	シリア総督クラッスス，エルサレム神殿を略奪.
47	カエサルの支持でアンティパトロス，実権を握る.
43	アンティパトロス暗殺．息子のファサエロスとヘロデ，ローマの支持を受け，台頭.
40	パルティアの支持するアンティゴノスとローマの支持するヘロデ，ともに「ユダヤ王」を名乗る.
37	ヘロデ，ローマの支援でエルサレムを征服．ハスモン家のマリアンメと結婚．ユダヤ王としての支配権を確立.